AUDIÊNCIA DE CUSTÓDIA

Comentários à Resolução 213 do Conselho Nacional de Justiça

Dados Internacionais de Catalogação na Publicação (CIP)

A911 Audiência de custódia : comentários à Resolução 213 do Conselho Nacional de Justiça / Mauro Fonseca Andrade, Pablo Rodrigo Alflen, organizadores ; Caio Paiva ... [et al.]. 3. ed. rev. e atual. – Porto Alegre : Livraria do Advogado Editora, 2018.

191 p. ; 23 cm.

ISBN 978-85-9590-029-5

1. Audiência de custódia - Brasil. 2. Direito processual penal - Brasil. 3. Conselho Nacional de Justiça. Resolução n. 213 de 15 de dezembro de 2015. I. Andrade, Mauro Fonseca. II. Alflen, Pablo Rodrigo. III. Paiva, Caio.

CDU 343.139(81)

CDD 345.8105

Índice para catálogo sistemático:

1. Audiência de custódia : Brasil 343.139(81)

(Bibliotecária responsável: Sabrina Leal Araujo – CRB 10/1507)

Mauro Fonseca Andrade
Pablo Rodrigo Alflen
Organizadores

AUDIÊNCIA DE CUSTÓDIA

Comentários à Resolução 213 do Conselho Nacional de Justiça

Caio Paiva
Douglas Fischer
Eneas Romero de Vasconcelos
Fauzi Hassan Choukr
Gustavo Noronha de Ávila
Marcus Alan de Melo Gomes
Mateus Marques
Mauro Fonseca Andrade
Milton Gustavo Vasconcelos Barbosa
Orlando Faccini Neto
Pablo Rodrigo Alflen
Rodrigo da Silva Brandalise

— 3ª EDIÇÃO —
revista e atualizada

livraria DO ADVOGADO editora

Porto Alegre, 2018

Capa, projeto gráfico e diagramação
Livraria do Advogado Editora

Revisão
Rosane Marques Borba

Rua Riachuelo, 1300
90010-273 Porto Alegre RS
Fone: 0800-51-7522
editora@livrariadoadvogado.com.br
www.doadvogado.com.br

Impresso no Brasil / Printed in Brazil

Sumário

Apresentação à 3ª edição

Em um mercado editorial dominado pelos manuais e cursos de direito processual penal, o espaço dedicado aos temas monográficos vem se mostrando cada vez mais restrito, pois pouca importância tem se dado aos estudos em profundidade.

Quando os pesquisadores daquele ramo do Direito encontram quem acredite no seu trabalho, é impossível deixar de ter a sensação de dever cumprido. No entanto, quando também se verifica a receptividade que o público leitor confere à pesquisa apresentada pelos autores, o sentimento é de enorme gratidão a quem nos acompanha e a quem nos abriu essa porta.

É por isso que a apresentação de nossa 3ª edição não poderia deixar de prestar nossas homenagens e agradecimentos à Livraria do Advogado, em razão da confiança em nós depositada, e aos amigos que procuram, a cada dia que passa, obter mais e melhores informações sobre um instituto que segue provocando muito debate: a audiência de custódia.

Os acréscimos feitos a essa nova edição são fruto das pesquisas feitas no Grupo de Pesquisa "O Processo de Formação e Desenvolvimento dos Princípios e Garantias Processuais Penais. Tensões entre a História do Direito e as Posições Doutrinária e Jurisprudencial Contemporâneas", a cargo de Mauro Fonseca Andrade, professor do corpo docente permanente do Programa de Pós-Graduação *Stricto Sensu* (Mestrado) da Fundação Escola Superior do Ministério Público do Rio Grande do Sul – FMP; bem como, no marco do Projeto de Pesquisa "Fundamentos do Processo Penal Contemporâneo" executado no "Núcleo de Direito Penal Internacional e Comparado", da UFRGS, a cargo do Pablo Rodrigo Alflen, professor permanente do Programa de Pós-Graduação em Direito – PPGDir (Mestrado e Doutorado) da Universidade Federal do Rio Grande do Sul – UFRGS.

Boa leitura a todos.

Mauro Fonseca Andrade
Pablo Rodrigo Alflen
Organizadores

Apresentação à 2ª edição

Passados quase dois anos da entrada em vigor da Resolução nº 213 do Conselho Nacional de Justiça, é possível afirmar que a consolidação da audiência de custódia, em território brasileiro, ainda é um objetivo a ser alcançado.

Embora a resolução se constitua em um ato administrativo de abrangência nacional, o que se observa é que sua aplicabilidade vem sendo esvaziada por diversas Cortes brasileiras. Noutras palavras, se, por um lado, o Conselho Nacional de Justiça vem se empenhando para que haja a plena respeitabilidade dos pactos internacionais ratificados por nosso país, por outro, alguns Tribunais, em julgados específicos sobre a matéria ou em suas regulamentações locais, vêm buscando tornar facultativa a realização da audiência de custódia nos espaços territoriais sujeitos à sua jurisdição. Em meio a isso, a doutrina segue em sua cruzada pela pura e simples observância de uma norma que o Brasil se comprometeu a cumprir.

Fruto desse comportamento positivo da doutrina, hodiernamente, verificamos uma realidade completamente distinta daquela existente quando da 1ª edição da presente obra. Hoje, há um significativo incremento na produção doutrinária voltada ao estudo da audiência de custódia, o que muito nos ajuda a compreender o rápido esgotamento daquela 1ª edição.

Esse fenômeno, que transformou um singelo projeto voltado aos comentários da Resolução nº 213 em um clássico nacional sobre a audiência de custódia, motivou-nos a aceitar o desafio de apresentar sua 2ª edição, revista e atualizada. Além disso, também serviu para incorporar o instituto *audiência de custódia* dentre os temas objeto do grupo de pesquisa *O Processo de Formação e Desenvolvimento dos Princípios e Garantias Processuais Penais. Tensões entre a História do Direito e as Posições Doutrinária e Jurisprudencial Contemporâneas*, vinculado ao Mestrado acadêmico da Fundação Escola Superior do Ministério Público do Rio Grande do Sul (FMP), que tem, como área de concentração, as

Tutelas à Efetivação de Direitos Indisponíveis. Alguns dos resultados desse grupo de estudo estão sendo, agora, apresentados ao nosso leitor.

Em suma, é com grande orgulho que apresentamos a 2ª edição da obra *Audiência de Custódia. Comentários à Resolução 213 do Conselho Nacional de Justiça*, que renovadamente esperamos ajudar a romper com a resistência e o preconceito existentes em torno de um instituto consolidado em âmbito internacional.

Mauro Fonseca Andrade
Pablo Rodrigo Alflen
Organizadores

Apresentação à 1ª edição

Sem grandes esforços, é possível considerar a *audiência de custódia* como um marco no direito processual penal brasileiro. Em menos de cinco anos, ela deixou de ser uma ilustre desconhecida em nosso meio e se tornou o foco de uma enorme controvérsia, com direito a movimentações jurídico-políticas sem precedentes em nosso país, voltadas à sua implantação em todo o território nacional.

Em uma breve revisão histórica de sua curta vida em solo brasileiro, as primeiras manifestações voltadas à efetivação da audiência de custódia no Brasil tiveram início em 2010, com ação civil pública ajuizada pelo Ministério Público Federal da Seção Judiciária do Ceará e com estudos realizados pela Defensoria Pública de São Paulo. No ano seguinte, instituições de Estado e organizações não governamentais se movimentaram no plano legislativo, a fim de que houvesse uma norma legal regulamentando o direito de apresentação judicial de toda pessoa presa ou detida já assegurado em pactos internacionais há décadas ratificados pelo Brasil, quais sejam, o Pacto de San José da Costa Rica e o Pacto Internacional de Direitos Civis e Políticos.

Acolhida a iniciativa pelo Senado Federal, teve início o processo legislativo do Projeto de Lei do Senado nº 554, de 2011, momento em que, efetivamente, teve início toda a discussão sobre a incorporação, ou não, da audiência de custódia no Brasil, bem como, a forma como ela deveria ser concretizada. Além disso, outros projetos de lei – inclusive PECs – foram apresentados com o intuito de obstaculizar o trâmite do PLS 554, de 2011, em razão dos interesses de categorias profissionais claramente afetadas com a inserção da audiência de custódia em âmbito nacional, e nos moldes como este projeto propunha sua estruturação.

O cenário apontava para uma longa discussão no plano legislativo, com a produção de sinais cada vez mais claros de que a controvérsia envolvendo a implantação da audiência de custódia no Brasil seria resolvida pelas mãos do Poder Judiciário. Foi então que, prudentemente, o Conselho Nacional de Justiça, em conjunto com o Ministério da Justiça, deu início a um projeto-piloto de implantação gradativa da audiência de custódia junto ao Estado de São Paulo. Em convênio firmado com o Tribunal de Justiça daquele Estado no começo do ano de 2015, uma primeira experiência seria realizada exclusivamente na capital paulista, possibilitando ver os acertos e desacertos que a ideia de uma audiência de custódia poderia impactar nas rotinas historicamente estabelecidas junto às instituições envolvidas na sua realização.

Pouco a pouco, esse projeto-piloto foi sendo alargado a outros Estados da federação, sendo que, até setembro de 2015, praticamente todos os Tribunais de Justiça do país já o haviam firmado e dado início à sua implantação nas capitais brasileiras. Entretanto, nota marcante no projeto-piloto encabeçado pelo Conselho Nacional de Justiça foi a total ausência de um modelo de regulamentação preestabelecido, que vinculasse todos os Tribunais de Justiça do país a seguirem suas previsões. Efeito prático disso foi que cada Tribunal de Justiça possuiu plena liberdade para disciplinar a audiência de custódia em seu Estado, provocando, com isso, regulamentações diferentes para um instituto que deveria ser aplicado de modo uniforme no plano nacional.

Essa constatação fez com que o Conselho Nacional de Justiça voltasse suas atenções não mais à execução dos projetos-piloto que estavam em andamento, mas à necessidade de construção de uma regulamentação que permitisse o tratamento igualitário da audiência de custódia em todos os Estados da federação. Ou seja, não haveria mais o risco de a apresentação judicial da pessoa presa ou detida em um Estado ser totalmente diversa da forma como ela se operacionalizaria em outro Estado, como vinha ocorrendo.

Foi nesse contexto que o Conselho Nacional de Justiça publicou a Resolução nº 213, de 15 de dezembro de 2015. De construção minuciosa, e com uma nítida preocupação em não se limitar somente ao ato de apresentação judicial em si, essa resolução foi além, ao também estabelecer rotinas de trabalho a serem observadas pelas Cortes nacionais e pelos magistrados encarregados de realizar a audiência de custódia. Criou-se, inclusive, o SISTAC – Sistema de Audiência de Custódia –, que se trata de um banco de dados alimentado a partir das informações produzidas pela audiência de custódia realizada em todo o país. Também foram redigidos dois protocolos de atuação, que versam sobre rotinas de trabalho e procedimentos a serem adotados em caso de informações que indiquem a prática de agressões físicas ou psíquicas contra as pessoas apresentadas judicialmente.

Ainda que não se trate de uma norma legal, a Resolução nº 213, de 2015, trouxe, em vários aspectos, novidades na forma de entender e aplicar não só o instituto da audiência de custódia, mas também outros institutos vinculados àquele ato de apresentação. Por esse motivo, mais que necessário foi criar um ambiente de estudo daquele ato normativo, envolvendo juristas de renome nacional e com larga experiência em suas atividades profissionais, que puderam literalmente *dissecar* os dispositivos presentes naquela resolução, apontando seus acertos e desacertos no trato dos temas que ela se propôs a regulamentar.

O resultado desse estudo é agora apresentado ao meio acadêmico e de operação do Direito, como forma de contribuir para a melhoria no entendimento, implantação e execução da pronta apresentação judicial de toda pessoa presa ou detida em nosso país. É com o reconhecimento dos acertos daquela iniciativa do Conselho Nacional de Justiça, e com o apontamento dos (superáveis) problemas encontrados em sua proposição regulatória, que se espera uma melhoria, cada vez maior e mais rápida, no trato de tão importante instituto, sedimentado há anos em países de maior tradição e respeito na sua relação com o direito processual penal. Oxalá, em breve, possamos também ingressar nesse seleto rol.

Mauro Fonseca Andrade
Pablo Rodrigo Alflen
Organizadores

Resolução 213 do CNJ – artigo 1º

Art. 1º Determinar que toda pessoa presa em flagrante delito, independentemente da motivação ou natureza do ato, seja obrigatoriamente apresentada, em até 24 horas da comunicação do flagrante, à autoridade judicial competente, e ouvida sobre as circunstâncias em que se realizou sua prisão ou apreensão.

§ 1º A comunicação da prisão em flagrante à autoridade judicial, que se dará por meio do encaminhamento do auto de prisão em flagrante, de acordo com as rotinas previstas em cada Estado da Federação, não supre a apresentação pessoal determinada no *caput*.

§ 2º Entende-se por autoridade judicial competente aquela assim disposta pelas leis de organização judiciária locais, ou, salvo omissão, definida por ato normativo do Tribunal de Justiça ou Tribunal Federal local que instituir as audiências de apresentação, incluído o juiz plantonista.

§ 3º No caso de prisão em flagrante delito da competência originária de Tribunal, a apresentação do preso poderá ser feita ao juiz que o Presidente do Tribunal ou Relator designar para esse fim.

§ 4º Estando a pessoa presa acometida de grave enfermidade, ou havendo circunstância comprovadamente excepcional que a impossibilite de ser apresentada ao juiz no prazo do caput, deverá ser assegurada a realização da audiência no local em que ela se encontre e, nos casos em que o deslocamento se mostre inviável, deverá ser providenciada a condução para a audiência de custódia imediatamente após restabelecida sua condição de saúde ou de apresentação.

§ 5º O CNJ, ouvidos os órgãos jurisdicionais locais, editará ato complementar a esta Resolução, regulamentando, em caráter excepcional, os prazos para apresentação à autoridade judicial da pessoa presa em Municípios ou sedes regionais a serem especificados, em que o juiz competente ou plantonista esteja impossibilitado de cumprir o prazo estabelecido no *caput*.

PABLO RODRIGO ALFLEN[1]

1. Apresentação da pessoa presa à audiência de custódia

Ao "determinar que toda pessoa presa em flagrante delito, independentemente da motivação ou natureza do ato, [...] seja obrigato-

[1] Professor Permanente do Programa de Pós-Graduação em Direito - PPGD e do Departamento de Ciências Penais da Faculdade de Direito da Universidade Federal do Rio Grande do Sul - UFRGS. Doutor e Mestre em Ciências Criminais pela PUCRS. Membro do Conselho Científico do Centro de Estudos de Direito Penal e Processual Penal latino-americano da Georg-August Universidade de Göttingen, Alemanha.

riamente apresentada [...] à autoridade judicial competente", o art. 1.º, *caput*, da Resolução nº 213 do CNJ estabeleceu em caráter cogente a realização do ato que acabou por ser conhecido no contexto brasileiro sob a denominação de *audiência de custódia*. Tal disposição normativa veio regulamentar os ditames presentes no Pacto Internacional dos Direitos Civis e Políticos, adotado pela Resolução n. 2.200-A (XXI), da ONU, em 19 de dezembro de 1966, e, principalmente, na Convenção Americana sobre Direitos Humanos (o Pacto de San José da Costa Rica), aprovada pela OEA, em 22 de novembro de 1969, ambos ratificados pelo Brasil, o primeiro, por meio do Decreto nº 592, de 06 de julho de 1992, e, o segundo, por meio do Decreto nº 678, de 09 de julho de 1992.[2]

A observância às diretrizes instituídas pelos atos normativos internacionais ganhou especial relevo no cenário nacional, por ocasião do julgamento do RE 466.343, pelo STF, no qual a Corte firmou posição no sentido de que os Tratados Internacionais de Direitos Humanos aprovados por maioria qualificada e ratificados pelo Presidente da República têm *status* de Emenda Constitucional (admitindo, assim, o controle de convencionalidade concentrado e difuso), ao passo que aqueles não aprovados por maioria qualificada têm valor supralegal (admitindo, por conseguinte, o controle de supralegalidade ou o controle de convencionalidade difuso). De acordo com isso, a Corte reconheceu o *status* de norma supralegal à Convenção Americana sobre Direitos Humanos (na sequência CADH).[3]

Uma das consequências imediatas disso foi a de que, à luz do entendimento firmado pela Corte, e por força do disposto no art. 7º, 5, da CADH, a audiência de custódia passou a existir no plano interno enquanto instituto processual penal,[4] embora carecesse de regulamen-

---

[2] Maiores detalhes sobre isso, ver: ANDRADE, Mauro Fonseca; ALFLEN, Pablo Rodrigo. *Audiência de Custódia no Processo Penal brasileiro*. 3ª ed. Porto Alegre: Livraria do Advogado, 2018. p. 17 e ss.

[3] Tal entendimento do STF é no mínimo paradoxal, pois esta categoria denominada pelo órgão como "norma supralegal" (no sentido de que vale mais do a lei e menos do a Constituição) não possui previsão no art. 59 da Constituição Federal. Independentemente deste fator, pactuamos do entendimento manifestado na doutrina por Mazzuoli, no sentido de serem os Tratados Internacionais de Direitos Humanos não aprovados por maioria qualificada, *normas materialmente constitucionais* (as quais admitem controle difuso de convencionalidade), já aqueles aprovados por maioria qualificada, *normas material e formalmente constitucionais* (admitindo controle concentrado e difuso de convencionalidade), sendo que a supralegalidade seria reservada aos Tratados Internacionais comuns, cfe. MAZZUOLI, Valerio de Oliveira. *O controle de jurisdicional da convencionalidade das leis*. São Paulo: Revista dos Tribunais, 2009. p. 64 e ss.

[4] Apesar disso, é conveniente ter em vista que ato semelhante já havia sido instituído no âmbito nacional, antes mesmo da ratificação dos citados Atos Normativos internacionais por parte do Brasil e da própria Constituição Federal de 1988, no art. 263, § 2º, do Código Eleitoral (Lei nº 4.737/1965), o qual determina que, na ocorrência de *qualquer* prisão, será o preso imediatamente apresentado à autoridade judicial competente, a fim de verificar a legalidade ou ilegalidade da prisão, e, neste último caso, proceder ao relaxamento e responsabilização do coator. A semelhança com a audiência de custódia é manifesta, sobretudo, no que diz respeito aos fins. Para maiores

tação pormenorizada, o que, justamente, veio a ser realizado pela Resolução nº 213 do CNJ. Vê-se, no entanto, tratar de regulamentação tardia das normas de direito internacional humanitário, relativas à audiência de custódia, no plano interno, as quais visam, com este ato, sobretudo, a *fazer cessar* ou *evitar o risco de* incidência de um dos principais problemas verificados nessa fase inicial da persecução penal, que é a ocorrência de violações à incolumidade física e/ou psíquica, tais como tortura ou maus-tratos, dos indivíduos que tiverem sua liberdade privada em razão de prisão cautelar ou definitiva.

A norma dispõe que "toda pessoa presa *em flagrante delito*" deve ser obrigatoriamente apresentada à autoridade judicial competente.[5] Tal disposição se restringiu a fazer menção à hipótese de *flagrante-delito*, dando a entender, à primeira vista, que não teria abarcado as demais espécies de prisões cautelares previstas na ordem processual penal vigente, a exemplo da prisão preventiva. Evidentemente, a partir desta limitação normativa surgiria o questionamento acerca de que se, com isso, se procurou limitar a audiência de custódia tão somente às hipóteses de prisão em flagrante, não se admitindo, em nenhuma circunstância, sua realização nos casos em que a privação da liberdade se desse em virtude de qualquer outra prisão cautelar ou até mesmo definitiva.

Analisando-se os textos internacionais que estabeleceram a audiência de custódia como um direito a ser observado pelo Estado, observa-se que eles direcionam essa garantia a pessoas que tiveram sua liberdade restringida por haverem sido *presas* ou *detidas*, daí advindo, portanto, uma necessária diferenciação entre estas duas situações jurídicas. Assim, por exemplo, o Pacto Internacional dos Direitos Civis e Políticos, que, com a distinção entre pessoas *presas* e *detidas*, procurou criar o instituto da forma mais ampla possível, de modo a assegurar os direitos humanos da pessoa que, sob qualquer circunstância, seja privada de sua liberdade. Segundo a interpretação dada às suas disposições, a *pessoa presa* seria aquela que sofre privação de liberdade decorrente de condenação criminal, o que remete à figura do sujeito que dá início ao cumprimento de pena privativa de liberdade a ele imposta. Por outro lado, a *pessoa detida* aparece definida como toda aquela que sofre privação de liberdade que não seja consequência da imposição de uma pena; ou seja, o conceito de *pessoa detida* é apresentado a título de exclusão, em lugar de haver uma definição mais fechada em relação a ela.

---

detalhes a respeito, inclusive, com críticas veja ANDRADE, Mauro Fonseca; ALFLEN, Pablo Rodrigo. *Audiência de Custódia no Processo Penal brasileiro*. p. 20 e ss.

[5] Sobre a autoridade competente, veja infra, neste volume, a contribuição de Eneas Romero de Vasconcelos, títulos 5 a 8.

A mesma diferenciação entre *pessoa presa* e *pessoa detida* foi efetuada pela CADH, embora não tenha especificado quem seria uma e quem seria outra. Assim, coube à jurisprudência da Corte Interamericana de Direitos Humanos esclarecer, de modo fragmentário, quem seria o público-alvo da audiência de custódia, ao exigir sua realização quando alguém for privado de sua liberdade, a título de exemplo, por ordem do Ministério Público[6] ou decorrente de prisões em flagrante realizadas pela polícia.[7] Nesse sentido, a audiência de custódia foi estabelecida de modo a abarcar aquelas pessoas presas em situação de flagrante-delito, em decorrência de prisão preventiva ou temporária, bem como, aquelas pessoas presas a título de início de cumprimento de pena.

Considerando tal entendimento e, sobretudo, se tratar de norma supralegal, evidentemente, qualquer limitação que se pretendesse realizar por meio da Resolução implicaria flagrante violação à norma que lhe é superior e, portanto, considerando o controle de supralegalidade (ou de convencionalidade difusa), deveria ser invalidada. Em vista disso, há que interpretar o dispositivo em sua integralidade e levar em conta a parte final, em que se faz menção às "circunstâncias em que se realizou sua *prisão ou apreensão*", a qual, por conseguinte, abarca os casos em que a pessoa encontra-se presa em virtude de prisão cautelar ou definitiva.

Logo, há que se concluir que a menção especificamente à "pessoa presa *em flagrante delito*" consistiu em uma impropriedade decorrente de uma má técnica na redação do dispositivo, e não uma tentativa de limitação no alcance do instituto da audiência de custódia, a qual deve ocorrer em qualquer caso de privação de liberdade decorrente de prisão cautelar ou definitiva. O argumento no sentido de se tratar de impropriedade técnica, aliás, é corroborado pelo fato de o art. 13 da própria Resolução 213 do CNJ dispor expressamente que a audiência de custódia "também será assegurada às pessoas presas em decorrência de cumprimento de mandados de prisão cautelar ou definitiva". Logo, em virtude da incongruência verificada entre as próprias disposições da Resolução, deve o ato normativo ser alterado a fim de se proceder a sua uniformização.

Outro aspecto importante diz respeito à *apresentação* e sua realização na forma de audiência. Considerando os fins (*infra*) que se propõe alcançar com a apresentação da pessoa presa, evidentemente, seria inadmissível que a autoridade policial procedesse, pura e simplesmente,

---

[6] Cfe. CIDH, Caso Palamara Iribarne vs. Chile, §§ 154, 204 e 223, Sentença de 23 de novembro de 2005; ademais, CIDH, Caso Cabrera García e Montiel Flores vs. México, § 69, Sentença de 26 de novembro de 2010.

[7] Cfe. CIDH, Caso Acosta Calderón vs. Equador, Sentença de 24 de junho de 2005; ademais, CIDH, Caso López Álvarez vs. Honduras, § 64, Sentença de 1 de fevereiro de 2006.

ao ato de *entrega* da pessoa presa ao juiz competente, o que faria com que o Poder Judiciário se responsabilizasse por todos os atos de custódia a partir de então. E embora os tratados e convenções internacionais hajam simplesmente previsto a necessidade de toda pessoa presa ou detida ser, sem demora, *apresentada* a um juiz ou outra autoridade com poderes equivalentes, em nenhum momento aqueles textos referiram ser necessário o ato de audiência. Contudo, considerando a necessidade, por um lado, de verificação da ocorrência de lesões a partir de um exame *ictu oculi*, e, principalmente, por outro lado, a ouvida da pessoa presa a respeito da situação ocorrida, tem-se que isso somente seria alcançável por meio de audiência, sobretudo, em face da imediação que é lhe subjacente. Ademais, há que considerar a imprescindibilidade da presença do Ministério Público e de um Defensor (cfe. art. 4º da Resolução, *infra*), de modo que não haveria outra forma de proceder, senão por audiência. A experiência internacional, aliás, corrobora tal ideia, na medida em que, por exemplo, na Itália faz-se referência à *"udienza di convalida dell'arresto in flagranzia o del fermo"*,[8] e no Chile, com sua *"audiencia de control de la detención"*,[9] bem como na Alemanha, em que se faz referência, no próprio § 118a do StPO, à *"mündliche Verhandlung" (audiência oral)*.

2. Os objetivos da audiência de custódia

O simples fato de se tratar de instituto processual decorrente de Tratado Internacional Protetivo de Direitos Humanos já permitiria concluir, de imediato, ser objetivo da audiência de custódia proceder ao asseguramento dos direitos humanos da pessoa presa. De modo mais específico, pode-se afirmar – inclusive, como já referido anteriormente – ser o principal objetivo da audiência de custódia *fazer cessar* ou *evitar o risco de* incidência de um dos principais problemas verificados nessa fase inicial da persecução penal, que é a ocorrência de violações à incolumidade física e/ou psíquica, tais como tortura ou maus-tratos, dos indivíduos que tiverem sua liberdade privada em razão de prisão cautelar ou definitiva.

No entanto, por consistir em ato processual, no qual, para além da aferição do asseguramento dos direitos humanos da pessoa presa, faz-se imprescindível a efetivação das garantias processuais. Uma vez que há exercício de jurisdição, evidentemente, devem ser assegurados o contraditório e a ampla defesa, e as demais garantias constitucionais

[8] Cfe. LA REGINA, Katia. *L'udienza di convalida dell'arresto o del fermo*. Padova: Cedam, 2011.

[9] Cfe. ARIAS VICENCIO, Cristián. El Control Jurisdiccional de la Detención. *REJ – Revista de Estudios de la Justicia*, Santiago de Chile, nº 6, p. 225-253, 2005.

inerentes ao devido processo penal.[10] Considerando este fator, dispôs o art. 1°, *caput*, da Resolução, *in fine*, que a pessoa presa será apresentada à autoridade judicial competente *"e ouvida sobre as circunstâncias em que se realizou sua prisão ou apreensão"*. Logo, também é objetivo da audiência de custódia a ouvida da pessoa presa. A indagação que surge aqui, porém, radica no que consiste esta ouvida? Mais especificamente, qual o seu conteúdo e alcance? Evidentemente, a resposta foi proporcionada pelo próprio dispositivo. De acordo com o preceito, não basta uma aferição *ictu oculi* da pessoa presa, acerca das suas condições pessoais, sendo imprescindível que a autoridade judicial competente ouça o relato, a narrativa da pessoa presa *acerca das circunstâncias da prisão*, a fim de permitir concluir se houve a prática de eventuais atos de tortura ou de maus-tratos. É importante ter em vista que, por não se tratar de momento de típica atividade probatória relativa ao fato delitivo do qual culminou a prisão, a nosso juízo, foge ao propósito da audiência de custódia a perquirição acerca da versão do fato delitivo perpetrado, isto é, não pode a audiência se revestir da faceta de interrogatório. Admitir esta possibilidade seria subverter o propósito estabelecido para este processual pelos Tratados Internacionais Protetivos de Direitos Humanos que determinaram sua criação.

Desde o ponto de vista da prática forense, acredita-se ser difícil desvencilhar as circunstâncias da prisão daquelas circunstâncias relativas ao fato delitivo. Todavia, não nos parece adequado justificar toda e qualquer atitude que flexibilize ou viole garantias processuais (sobretudo, aquelas instituídas por atos normativos supralegais protetivos de direitos humanos) sob o argumento da dificuldade prática.

As circunstâncias da prisão e as circunstâncias do fato delitivo são coisas absolutamente distintas e é inadmissível que não se tenha em vista esta diferença.

As circunstâncias da prisão compreendem o conjunto de informações relativas à atuação da autoridade incumbida de efetivá-la, desde o momento em que é encontrada a pessoa a ser presa até o momento em que apresentada à autoridade judicial incumbida de presidir a audiência de custódia, por exemplo, aquelas relativas ao local em que a pessoa se encontrava quando da abordagem da autoridade para fins de efetivação da prisão; ao momento ou horário em que ocorreu a prisão; e, *sobretudo*, à forma de abordagem da autoridade que cumpriu a prisão, isto é, à maneira de atuação; mais especificamente, se houve o uso da

---

[10] Cfe. TUCCI, Rogério Lauria. *Direitos e garantias individuais no processo penal brasileiro*. 4ª. ed., São Paulo: Revista dos Tribunais, 2011. p. 79 e ss.; veja, também, sobre o devido processo penal GIACOMOLLI, Nereu. *O devido processo penal – Abordagem conforme a Constituição Federal e o Pacto de São José da Costa Rica*. São Paulo: Atlas, 2015.

força ou ato de violência para o cumprimento da prisão, se houve resistência à prisão com tentativa de fuga, da qual poderia culminar o uso legítimo da força para o seu cumprimento (*ex vi* do art. 284 do CPP), permitindo-se, neste último caso, verificar se houve excesso punível por parte da autoridade que efetuou a prisão, e, com isso, identificar as eventuais lesões decorrentes; bem como se a pessoa presa foi algemada, não tendo ocorrido resistência ou não havendo fundado receio de fuga ou de perigo à integridade física própria ou alheia (Súmula vinculante 11, do STF).[11]

As circunstâncias do *fato delitivo*, por sua vez, inegavelmente dizem respeito aos dados fático-concretos que subsidiam os elementos positivos e negativos da estrutura dogmática do fato punível, a saber: a conduta perpetrada que integra o tipo, com as suas respectivas circunstâncias materiais, locais e temporais, a averiguação do resultado superveniente à conduta e a relação causal entre esta e aquele, a ofensa ao bem jurídico tutelado, a inocorrência de circunstâncias excludentes da ilicitude e de circunstâncias excludentes da possibilidade de ter conhecimento do caráter ilícito do fato e do poder-de-agir-de-outro-modo. Tendo em vista tal diferenciação, a nosso juízo, é objetivo da audiência de custódia, plenamente alcançável, averiguar unicamente as circunstâncias da prisão (veja *infra* art. 8º II, V e VI, da Resolução 213, CNJ).

Portanto, os objetivos da audiência de custódia consistem em: a) averiguar a ocorrência de algum tipo de violência porventura praticada contra a pessoa apresentada, em particular, tortura ou maus-tratos, desde a efetivação de sua prisão cautelar por parte das autoridades públicas encarregadas do ato, até o momento de sua apresentação em audiência de custódia; b) identificar corretamente a pessoa apresentada, sobretudo, a fim de confirmar se ela é realmente a pessoa contra quem foi expedida a ordem de prisão; c) ouvir a pessoa apresentada acerca das circunstâncias em que se realizou sua prisão pelas autoridades públicas (cientificando-a, em todo caso, acerca da possibilidade do uso do direito constitucional ao silêncio); d) verificar a legalidade do ato de prisão, bem como se não se encontra extinta a punibilidade.[12]

[11] Dispõe a Súmula vinculante 11, do STF: "Só é lícito o uso de algemas em casos de resistência e de fundado receio de fuga ou de perigo à integridade física própria ou alheia, por parte do preso ou de terceiros, justificada a excepcionalidade por escrito, sob pena de responsabilidade disciplinar, civil e penal do agente ou da autoridade e de nulidade da prisão ou do ato processual a que se refere, sem prejuízo da responsabilidade civil do Estado".

[12] ARIAS VICENCIO, Cristián. El Control Jurisdiccional de la Detención. *REJ – Revista de Estudios de la Justicia*, Santiago de Chile, nº 6, 2005, p. 245-246.

3. A apresentação pessoal à audiência de custódia

Conforme os atos normativos internacionais, uma das características da audiência de custódia – em razão da forma como aparece disciplinada nos textos internacionais que lhe dão suporte – é o fato de o indivíduo preso ou detido dever ter contato direto e pessoal com a figura da autoridade judicial. Nesse sentido, seguiram os projetos de lei existentes a respeito no plano interno brasileiro tanto os atos administrativos emitidos até então pelas Cortes estaduais,[13] quanto, agora, a própria Resolução nº 213, do CNJ, abrindo-se, assim, o debate legislativo acerca da real necessidade de os fins por ela perseguidos só se concretizarem com a apresentação pessoal do preso ou detido a uma daquelas autoridades. O § 1º do art. 1º da Resolução nº 213 dispôs que "a comunicação da prisão em flagrante à autoridade judicial [...] não supre a apresentação pessoal determinada no *caput*".

Forte crítica à necessidade dessa apresentação pessoal, no entanto, foi encabeçada pelas entidades representativas da polícia judiciária. Segundo elas, os órgãos de segurança pública não dispõem de recursos financeiros, humanos e estruturais para dar conta da nova demanda. Mais claramente, sustentou-se a ausência de pessoal, viaturas e até combustível para dar conta dos constantes deslocamentos a serem realizados em cidades de médio e grande porte, que ocorrerão pela manhã, tarde, noite e madrugada, a fim de que seja oportunizado tal contato pessoal.[14]

Em rebate a essa posição, Choukr reconheceu que grandes centros necessitarão incorporar uma estrutura que hoje não existe, porém, apontou esta falta de estrutura como uma escusa que vem acompanhando o processo penal brasileiro desde a entrada em vigor do atual CPP. Segundo ele, o problema reside na falta ou incapacidade de gestão do Poder Público, que sequer se mostraria interessado "com a montagem de uma estrutura – obviamente necessária ao menos nos grandes centros – para dar cumprimento ao quanto vier a ser legislado".[15] A título de exemplo, Choukr cita a Lei nº 7.960/1989, que, em seu art. 2º, § 3º, traz a apresentação facultativa do preso temporário ao juiz, o que nunca se verificou na prática, justamente sob a invocação da falta de estrutura para tanto.

Como já tivemos a oportunidade de ressaltar, se nos detivermos à forma como a Corte Interamericana de Direitos Humanos vem interpre-

---

[13] Sobre isso, ver: ANDRADE, Mauro Fonseca; ALFLEN, Pablo Rodrigo. *Audiência de Custódia no Processo Penal brasileiro*. p. 34 e ss.

[14] Cfe. ANDRADE, Mauro Fonseca; ALFLEN, Pablo Rodrigo. *Audiência de Custódia no Processo Penal brasileiro*. p. 63 e ss.

[15] CHOUKR, Fauzi Hassan. PL 554/2011 e a necessária (e lenta) adaptação do processo penal brasileiro à convenção americana dos direitos do homem. *Boletim IBCCrim*. São Paulo, nº 254, jan./2014, p. 2.

tando essa apresentação pessoal, dar-nos-emos conta que "o argumento da falta de estrutura deve ser superado em nosso país, sob pena de o Brasil passar a figurar constantemente nos acórdãos daquela Corte, ao menos quando o tema em discussão disser respeito à audiência de custódia".[16]

Dentre os motivos invocados pela Corte Interamericana de Direitos Humanos para que a autoridade judicial ouça pessoalmente o preso ou detido, destaca-se o fato de que somente com a apresentação pessoal, poderão ser valoradas "*todas las explicaciones que éste le proporcione, para decidir si procede la liberación o el mantenimiento de la privación de libertad*".[17] Ademais, a Corte teve oportunidade de ressaltar que "*el hecho de que un juez tenga conocimiento de la causa o le sea remitido el informe policial correspondiente, como alegó el Estado, no satisface esa garantia, ya que el detenido debe comparecer personalmente ante el juez o autoridad competente*".[18] Com isso, a Corte consagrou o princípio da imediação para a audiência de custódia.[19] Como se sabe, o princípio da imediação é um dos componentes do princípio da oralidade, que também é formado pelos princípios da identidade física do juiz, celeridade e concentração de atos.[20] Logo, a audiência de custódia deverá se dar a partir do material oral (princípio da oralidade) apresentado pessoalmente ao juiz (princípio da imediação), pois se pretende que o magistrado tenha todas as condições de ser o melhor julgador possível em relação aos temas a serem discutidos naquele momento (princípio da identidade física do juiz).[21]

4. Quem deve ser apresentado em audiência de custódia

A audiência de custódia, como já referido, é instituto processual criado por Tratados Internacionais protetivos de Direitos Humanos, e que tem como *principal* objetivo (*supra*) *fazer cessar* ou *evitar* a ocorrência

---

[16] Cfe. ANDRADE, Mauro Fonseca; ALFLEN, Pablo Rodrigo. *Audiência de Custódia no Processo Penal brasileiro*. p. 60 e ss.

[17] Cfe. CIDH, Caso Bayarri vs. Argentina, § 65, Sentença de 30 de outubro de 2008; no mesmo sentido, CIDH, Caso Chaparro Álvarez y Lapo Iñiguez vs. Equador, § 85, Sentença de 21 de novembro de 2007.

[18] Cfe. CIDH, Caso Tibi vs. Equador, § 118, Sentença de 07 de setembro de 2004; no mesmo sentido, CIDH, Caso Acosta Calderón vs. Equador, § 77, Sentença de 24 de julho de 2005; ademais, CIDH, Caso Palamara Iribarne vs. Chile, § 221, Sentença de 22 de novembro de 2005.

[19] Cfe. CIDH, Caso Tibi vs. Equador, § 118, Sentença de 07 de setembro de 2004; bem como CIDH, Caso Acosta Calderón vs. Equador, § 78, Sentença de 24 de junho de 2005.

[20] Cfe. ANDRADE, Mauro Fonseca. *Sistemas Processuais Penais e seus Princípios Reitores*. 2ª ed. Curitiba: Juruá, 2013, p. 151, ademais: VALE, Ionilton Pereira do. *Princípios Constitucionais do Processo Penal, na visão do Supremo Tribunal Federal*. São Paulo: Gen | Método, 2009, p. 272 e ss.; no mesmo sentido KÜHNE, Hans-Heiner. *Strafprozessrecht. Eine systematische Darstellung des deutschen und europäischen Strafverfahrensrechts*. 8. Aufl., Heidelberg: C. F. Müller, 2010, p. 427.

[21] Cfe. ANDRADE, Mauro Fonseca; ALFLEN, Pablo Rodrigo. *Audiência de Custódia no Processo Penal brasileiro*. p. 65 e ss.

de tortura ou maus-tratos aos indivíduos que tiverem sua liberdade privada em razão de prisão cautelar ou definitiva. A partir daí surge mais uma questão, a saber, a determinação de quem seja esta pessoa que deve ser apresentada. Esta questão deve ser subdividida: a primeira diz respeito à pessoa presa e a modalidade de prisão da qual culminou sua segregação; a segunda, diz respeito ao ato perpetrado do qual culmina a sua segregação.

Em relação à primeira questão, é necessário observar que o art. 1°, *caput*, da Resolução n° 213 faz menção à pessoa presa *em situação de flagrante*, e, portanto, para esclarecer quem seja esta pessoa, seria necessário esclarecer, primeiramente, se a audiência de custódia deveria ser realizada somente no caso de a prisão ser realizada em situação de flagrante ou se também seria admissível na hipótese de ter sido presa em virtude de outra espécie de prisão cautelar ou até mesmo definitiva. Tal aspecto já tivemos a oportunidade de analisar anteriormente (*supra*), e nossa posição segue no sentido de que há que interpretar a norma disposta no art. 1° da Resolução, em sua integralidade, e levar em conta a parte final, em que se faz menção às "circunstâncias em que se realizou sua *prisão ou apreensão*", a qual, por conseguinte, abarca os casos em que a pessoa se encontra presa em virtude de prisão cautelar ou definitiva. Logo, concluímos que a menção especificamente à "pessoa presa *em flagrante delito*" consistiu em uma impropriedade decorrente de uma má técnica na redação do dispositivo, e não uma tentativa de limitação no alcance do instituto da audiência de custódia, a qual deve ocorrer em qualquer caso de privação de liberdade decorrente de prisão cautelar ou definitiva, sobretudo, em virtude o art. 13 da própria Resolução resolver o impasse ao esclarecer que "também será assegurada às pessoas presas em decorrência de cumprimento de mandados de prisão cautelar ou definitiva".

Em relação à segunda questão, cumpre observar que, embora o art. 1°, *caput*, faça referência à apresentação de "toda pessoa presa em flagrante *delito*", segue fazendo menção à "independentemente da motivação ou natureza *do ato*", bem como, ao final, à "*prisão ou apreensão*". O problema que surge aqui diz respeito à natureza da infração perpetrada em relação a qual se faz imprescindível a realização de audiência de custódia. Em outras palavras, deve-se realizar audiência de custódia no caso de segregação decorrente da prática de delito, contravenção penal e ato infracional? Tal questão se justifica, sobretudo, em virtude do emprego das expressões "ato" e "apreensão". Considerando-se as disposições do Código de Processo Penal relativas à prisão em flagrante, conclui-se que sujeito passivo do flagrante é qualquer pessoa que for encontrada em alguma das situações previstas nos incisos I a IV do art. 302 do CPP, sendo o que inciso I é pontual ao referir "infração penal". De acordo com isso, poder-se-ia afirmar ser exigível a audiência de custódia nos casos em que a prisão se deu em virtude prática de delito ou de contravenção penal. Contudo, há que esclarecer melhor a questão em relação às contravenções penais. Isso porque o exame das contravenções penais conduz, necessariamente, à análise de uma questão mais ampla, a qual diz respeito às chamadas "infrações penais de menor potencial ofensivo". O art. 61 da Lei nº 9.099/1995 dispõe serem infrações penais de menor potencial ofensivo "as contravenções penais e os crimes a que a lei comine pena máxima não superior a 2 (dois) anos, cumulada ou não com multa". Logo, o exame da questão relativa à audiência de custódia nos casos de contravenções penais é absorvido por aquele relativo à categoria mais ampla, a das infrações penais de menor potencial ofensivo. Quanto a estas, tem-se que a audiência de custódia não poderá ser uma regra, porém, tampouco resta excluída. Uma vez que a audiência de custódia supõe a segregação da pessoa, ela será reservada aos casos em que, nos termos do art. 69, parágrafo único, da Lei nº 9.099/1990, lavrado o termo circunstanciado, o autor do fato não assumir o compromisso de comparecer ao Juizado Especial Criminal, e a autoridade proceder à sua prisão em flagrante. Caso contrário, não haverá que se falar em audiência de custódia, visto que a lavratura do termo circunstanciado e o comprometimento das partes envolvidas no caso penal em comparecer ao Juizado Especial obstará a prisão.

Agora, não se pode esquecer, no tocante à prisão em flagrante, que alguns indivíduos, em virtude de condições pessoais ou funcionais, são submetidos a tratamento diferenciado. Este é o caso do adolescente infrator, o qual nos remete ao exame da audiência de custódia em face da prática de ato infracional. Deve-se observar, de início, que o Estatuto da Criança e do Adolescente (Lei nº 8.069/1990) estabelece em seu art. 101, § 1º, ser inadmissível a privação de liberdade de criança em razão da prática de ato infracional. Todavia, o art. 172 do Estatuto estabelece que o adolescente *apreendido* em flagrante de ato infracional será, desde logo, encaminhado à autoridade policial competente, a qual, como esclarece Avena,[22] após ouvi-lo, poderá liberá-lo aos pais ou responsáveis, ou, não considerando prudente esta liberação, apresentá-lo ao Ministério Público imediatamente ou no prazo máximo de vinte e quatro horas, conforme determina o art. 175, *caput* e § 1º, do mesmo diploma legal. O Ministério Público, após tomar as declarações do adolescente, poderá promover o arquivamento do expediente policial, conceder remissão ao adolescente ou representar à autoridade judiciária para aplicação de medida socioeducativa. Optando por esta última hipótese,

[22] AVENA, Norberto. *Processo Penal*: esquematizado. São Paulo: Método, 2015. p. 990.

poderá, o adolescente, ser submetido a internação provisória, determinada ou mantida pela autoridade judiciária (pelo prazo máximo de 45 dias, conforme dispõe o art. 183 do Estatuto).

Pois bem, a dúvida que surge em razão de a Resolução n° 213 do CNJ ter empregado as expressões "ato" e "apreensão", em seu art. 1°, radica nas seguintes indagações: 1º) Uma vez que a Resolução veio regulamentar a audiência de custódia em relação a toda pessoa presa ou detida (no sentido proposto pelos Atos Normativos Internacionais), deverá a autoridade policial, encaminhar o adolescente apreendido ao juiz, para audiência de custódia, e não ao Ministério Público? 2º) Mantendo-se a sistemática legal adotada pelo legislador brasileiro na Lei nº 8.069/1990, no sentido de ser encaminhado o adolescente ao Ministério Público, deverá a função atribuída ao órgão ser readequada no sentido de atender aos fins propostos à audiência de custódia?

1º) A primeira indagação parece encontrar resposta no plano internacional, sobretudo, na Convenção Americana de Direitos Humanos, a determina sem seu art. 7º, 5, que "*toda pessoa detida ou retida deve ser conduzida, sem demora, à presença de um juiz ou outra autoridade autorizada pela lei a exercer funções judiciais* [...]". Vê-se que o dispositivo refere que a apresentação poderá ser realizada à autoridade diversa da judicial, desde que autorizada *por lei* a *exercer funções judiciais*. Portanto, a resposta à primeira questão é negativa, uma vez que o Ministério Público, a nosso juízo, passa a exercer as funções referidas no dispositivo citado, conforme regulado pela própria Lei n° 8.069/1990 (a exemplo do art. 180, II: "*conceder* a remissão"[23]), em atenção, ainda, art. 129, IX da Constituição Federal ("exercer outras funções que lhe forem conferidas...");

2º) Considerando tal aspecto, há que observar que a Lei n° 8.069/1990, é lei federal, de modo que não pode a Resolução nº 213 do CNJ se sobrepor ou determinar qualquer alteração em seu conteúdo. Porém, tendo a Convenção Americana de Direitos Humanos *status* de ato normativo supralegal e infraconstitucional, é imprescindível que a Lei nº 8.069/1990 se adeque às suas determinações, uma vez que qualquer incompatibilidade poderia conduzir à invalidação da norma legal, o que não é o caso, posto não haver incompatibilidades. E uma vez que a Convenção consiste em ato normativo devidamente incorporado ao plano interno, não há que se falar na imprescindibilidade de lei que estabeleça a devida alteração no Estatuto da Criança e do Adolescente,

[23] Salvo melhor juízo, entendemos que o ato de *conceder* a remissão, atribuído ao Ministério Público, pela Lei n° 8.069/1990, compreende função judicial atribuída ao órgão. A razão está no fato de que o art. 126, par. único, do Estatuto atribui o mesmo ato à autoridade judiciária, sendo que o difere ambos é a consequência, vejamos: concedida a remissão pelo Ministério Público, tem-se a exclusão do processo (art. 126, *caput*); já, concedida a remissão pela autoridade judiciária, tem-se a suspensão ou extinção do processo (art. 126, par. único).

a fim de que, só após isso, se proceda à concretização das determinações da Convenção. Nesse sentido, a apresentação do adolescente ao Ministério Público deve ser realizada, também, com o objetivo de averiguar se este sofreu alguma espécie de lesão à sua incolumidade física e psíquica, a exemplo de atos de tortura ou maus-tratos. Assim, e em atenção ao disposto no art. 179 do Estatuto da Criança e do Adolescente, deverá, *ainda*, o órgão do Ministério Público ouvir o adolescente acerca das circunstâncias da sua apreensão. Evidentemente, a atuação do Ministério Público será complementada por este propósito, mantendo-se aqueles já atribuídos pela Lei n° 8.069/1990.

Bibliografia

ANDRADE, Mauro Fonseca; ALFLEN, Pablo Rodrigo. *Audiência de Custódia no Processo Penal brasileiro*. 3ª ed. Porto Alegre: Livraria do Advogado, 2018.

ARIAS VICENCIO, Cristián. El Control Jurisdiccional de la Detención. *REJ*, Santiago de Chile, n° 6, 2005, p. 245-246.

AVENA, Norberto. *Processo Penal: esquematizado*. São Paulo: Método, 2015.

CHOUKR, Fauzi Hassan. PL 554/2011 e a necessária (e lenta) adaptação do processo penal brasileiro à convenção americana dos direitos do homem. *Boletim IBCCrim*. São Paulo, n° 254, jan./2014, p. 2

CIDH, Caso Acosta Calderón vs. Equador, § 77, Sentença de 24 de julho de 2005.

——, § 78, Sentença de 24 de junho de 2005.

——, Sentença de 24 de junho de 2005.

CIDH, Caso Bayarri vs. Argentina, § 65, Sentença de 30 de outubro de 2008.

CIDH, Caso Cabrera García e Montiel Flores vs. México, § 69, Sentença de 26 de novembro de 2010.

CIDH, Caso Chaparro Álvarez y Lapo Iñiguez vs. Equador, § 85, Sentença de 21 de novembro de 2007.

CIDH, Caso López Álvarez vs. Honduras, § 64, Sentença de 1 de fevereiro de 2006.

CIDH, Caso Palamara Iribarne vs. Chile, § 221, Sentença de 22 de novembro de 2005.

—— §§ 154, 204 e 223, Sentença de 23 de novembro de 2005.

CIDH, Caso Tibi vs. Equador, § 118, Sentença de 07 de setembro de 2004.

——, § 118, Sentença de 07 de setembro de 2004.

GIACOMOLLI, Nereu. *O devido processo penal – Abordagem conforme a Constituição Federal e o Pacto de São José da Costa Rica*. São Paulo: Atlas, 2015.

KÜHNE, Hans-Heiner. *Strafprozessrecht. Eine systematische Darstellung des deutschen und europäischen Strafverfahrensrechts*. 8. Aufl., Heidelberg: C. F. Müller, 2010.

LA REGINA, Katia. *L'udienza di convalida dell'arresto o del fermo*. Padova: Cedam, 2011.

MAZZUOLI, Valerio de Oliveira. *O controle de jurisdicional da convencionalidade das leis*. São Paulo: Revista dos Tribunais, 2009.

TUCCI, Rogério Lauria. *Direitos e garantias individuais no processo penal brasileiro*. 4ª. ed., São Paulo: Revista dos Tribunais, 2011.

VALE, Ionilton Pereira do. *Princípios Constitucionais do Processo Penal, na visão do Supremo Tribunal Federal*. São Paulo: Gen Método, 2009.

Eneas Romero de Vasconcelos[24]

5. Juiz competente no direito brasileiro

No direito brasileiro, a análise da legalidade da prisão em flagrante é tradicionalmente feita por juízes, como preveem expressamente a Constituição Federal (a imediata comunicação da prisão ao juiz competente art. 5º, LXII, da CF) e o Código de Processo Penal (a apresentação do auto de prisão em flagrante ao juiz competente, art. 306, §§ 1 e 2º, do CPP). Embora não seja exigida nessas normas a apresentação pessoal do preso, a prisão deverá ser comunicada necessariamente à autoridade judicial competente.

Segundo a tradição constitucional e processual penal brasileira, a autoridade judicial competente para análise a legalidade da prisão e a eventual concessão de liberdade provisória é apenas o juiz de direito ou o juiz federal, membro titular do Poder Judiciário, aprovado em concurso público de provas e títulos, ou o Desembargador de Tribunal de Justiça ou Tribunal Regional Federal ou Ministro do Tribunal Superior, segundo os critérios para os cargos previstos expressamente pela Constituição Federal.

6. Juiz competente na CADH

A Convenção Americana de Direitos Humanos (CADH) inova na matéria em relação ao direito brasileiro e prevê, expressamente, a necessidade de condução do preso ou da pessoa detida à presença do juiz ou de "outra autoridade independente autorizada por lei a exercer funções judiciais", *in verbis*: "5. Toda pessoa presa, detida ou retida deve ser conduzida, sem demora, à presença de um juiz ou outra autoridade autorizada por lei a exercer funções judiciais (...)".

A CADH prevê expressamente a necessidade da condução sem demora do preso à presença de um juiz ou outra autoridade (independente) autorizada por lei a exercer funções judiciais enquanto direito humano de todos os presos com *status* supralegal, norma com *status* inferior apenas à da Constituição, segundo jurisprudência do STF.

A CADH inova no direito brasileiro ao possibilitar, em tese, que não apenas o juiz é competente para apreciar a legalidade da prisão presencialmente, uma vez que "outra autoridade independente autorizada por lei a exercer funções judiciais" poderia fazê-lo. Embora a

[24] Membro e pesquisador do CEDPAL. Mestre em Direito e Estado da Universidade de Brasília. Ex-bolsista DAAD para doutorado na Universidade de Göttingen. Professor da ESMP. Promotor de Justiça.

CADH use o termo genérico *juiz* ou outra autoridade autorizada, a doutrina e a Corte IDH (Caso Cantoral Benavides)[25] reconhecem que referida autoridade deverá atuar com poderes semelhantes aos de um juiz no caso, e a independência perante outros órgãos do Governo é indispensável.[26] O juiz ou outra autoridade que tenha os poderes e a independência equivalentes aos de um juiz, segundo previsto pela Convenção e nos *standards* internacionais de independência judicial.[27]

O preso deverá ser apresentado pessoalmente ao juiz para que ele, após ouvir o preso (pessoalmente, ainda que informalmente) decida sobre a manutenção da prisão e verifique a ocorrência de alguma ilegalidade na prisão ou violência sofrida pelo preso. O simples conhecimento pelo juiz, conforme previsto pelo art. 366 do CPP brasileiro, não é o suficiente para atender ao previsto no art. 7 (5) da CADH, que trata da necessidade de a pessoa presa "ser conduzida, sem demora, à presença de um juiz ou outra autoridade autorizada". A condução da pessoa à presença não pode ser interpretada como mera informação ao juiz, já que é necessário que o acusado "compareça pessoalmente e preste declarações perante o juiz ou autoridade competente", conforme decidido pela Corte IDH no caso Garcia Asto vs. Perú.[28]

---

25 "En consecuencia, el hecho de que Cantoral Benavides hubiera sido puesto a disposición de un juez penal militar, no satisfizo las exigencias del artículo 7.5 de la Convención. Asimismo, la continuación de la privación de su libertad por órdenes de los jueces militares constituyó una detención arbitraria, en el sentido del artículo 7.3 de la Convención.
7.6. La prescripción del artículo 7.5 de la Convención sólo fue atendida en el presente caso cuando el detenido fue llevado ante un juez del fuero ordinario." Cfr. Corte IDH. Caso Cantoral Benavides Vs. Perú. Fondo. Sentencia de 18 de agosto de 2000. Serie C N. 69, §§ 75 e 76, disponível em http://www.corteidh.or.cr/docs/casos/articulos/Seriec_69_esp.pdf, último acesso em 11.02.15.

26 Cfr. MEDINA QUIROGA, Cecilia The American Convention on Human Rights. [crucial rights and their theory and practice]. Cambridge: Intersentia, 2014, p. 149.

27 SEIBERT-FOHR, Anja. European Standards for the Rule of Law and Independent Courts. Journal für Rechtspolitik, 2012, 20. Jg., Nr. 3, S. 161-169. JACKSON, Vicki C. Judicial Independence: Structure, Context, Attitude. In: Judicial Independence in Transition. Springer, SEIBERT-FOHR (Ed), Berlin Heidelberg, 2012, S. 19-86

28 "109. Asimismo, el Tribunal ha señalado que el artículo 7.5 de la Convención dispone que toda persona sometida a una detención tiene derecho a que una autoridad judicial revise dicha detención, sin demora, como medio de control idóneo para evitar las capturas arbitrarias e ilegales. El control judicial inmediato es una medida tendiente a evitar la arbitrariedad o ilegalidad de las detenciones, tomando en cuenta que en un Estado de derecho corresponde al juzgador garantizar los derechos del detenido, autorizar la adopción de medidas cautelares o de coerción, cuando sea estrictamente necesario, y procurar, en general, que se trate al inculpado de manera consecuente con la presunción de inocencia . El simple conocimiento por parte de un juez de que una persona está detenida no satisface esa garantía, ya que el detenido debe comparecer personalmente y rendir su declaración ante el juez o autoridad competente.". Corte IDH. Caso García Asto y Ramírez Rojas Vs. Perú. Sentencia de 25 de noviembre de 2005. Serie C No. 137, disponível em http://www.corteidh.or.cr/docs/casos/articulos/seriec_137_esp.pdf, último acesso em 1º/02/15.

7. Outra autoridade independente autorizada por lei a exercer funções judiciais

Duas importantes questões para a interpretação e aplicação do art. 7 (5) da CADH são esclarecer (1) qual o prazo para a apresentação ao juiz sem que a demora seja considerada uma violação à CADH ou (2) se a apresentação à autoridade policial ou ao Ministério Público pode suprir a apresentação ao juiz. A Corte IDH chegou a reconhecer a necessidade de apresentação imediata, o que, segundo Quiroga, seria uma interpretação errada da CADH e impossível de ser cumprida (fisicamente).[29] É importante se ressaltar que a condução ao Delegado de Polícia ou ao Membro do Ministério Público não é suficiente, já que o preso deverá ser levado à presença do juiz ou de "outra autoridade independente autorizada por lei a exercer funções judiciais".

Por mais que se possa reconhecer que o Ministério Público no Brasil tenha a feição de *custos legis* e de garantia do Estado Democrático de Direito, não se pode olvidar que em matéria penal ele é também o titular da ação penal e, portanto, parte no processo penal. Ademais, não pertence à tradição do direito brasileiro conferir ao Ministério Público a possibilidade de determinar a prisão ou a soltura de acusados ou investigados, já que a Constituição Federal reserva essas possibilidades ao Poder Judiciário e, no caso de flagrante, à autoridade policial (o Delegado de Polícia Civil ou da Polícia Federal) para a lavratura do auto de prisão em flagrante.

Nos direitos humanos internacionais, a necessidade de que o ato seja feito por autoridade judicial ou "outra autoridade independente autorizada por lei a exercer funções judiciais" tem sido reiterada. No Caso Cabrera García y Montiel Flores vs. México,[30] a Corte IDH reconheceu como um direito humano dos acusados presos de serem conduzidos para ***controle judicial*** imediato da prisão com a finalidade de evitar arbitrariedades ou ilegalidades, *in verbis*:

> Respecto a los anteriores alegatos, el Tribunal recuerda que la parte inicial del artículo 7.5 de la Convención dispone que la detención de una persona debe ser sometida sin demora a revisión judicial. En este sentido, la Corte ha señalado que el control judicial inmediato es una medida tendiente a evitar la arbitrariedad o ilegalidad de las detenciones, tomando en cuenta que en un Estado de Derecho corresponde al juzgador garantizar los derechos del detenido, autorizar la adopción de medidas cautelares o de coerción cuando sea estrictamente necesario y procurar, en general, que se trate al inculpado de manera consecuente con la presunción de inocencia.

---

[29] QUIROGA MEDINA (nota supra), p. 149-150

[30] Caso Cabrera García (nota supra), § 93 e s. e 102. Para mais referências a outros casos da Corte (Caso Bulacio vs. Argentina, Caso Yvon Neptune vs. Haití e Caso Bayarri vs. Argentina) ver nota 123 do Caso Cabrera (nota supra), p. 36.

No Caso Bámaca Velásquez vs. Guatemala, a Corte IDH utilizou, casuisticamente, a jurisprudência do Tribunal Europeu de Direitos Humanos para justificar a necessidade de apresentação imediata em conformidade à autoridade judicial com as características do caso, *in verbis*:

> Tanto este Tribunal como la Corte Europea han considerado de particular importancia el pronto control judicial de las detenciones para prevenir las arbitrariedades. Un individuo que ha sido privado de su libertad sin ningún tipo de control judicial debe ser liberado o puesto inmediatamente a disposición de un juez, pues el cometido esencial del artículo 7 de la Convención es la protección de la libertad del individuo contra la interferencia del Estado. La Corte Europea ha sostenido que si bien el vocablo "inmediatamente" debe ser interpretado de conformidad con las características especiales de cada caso, ninguna situación, por grave que sea, otorga a las autoridades la potestad de prolongar indebidamente el período de detención sin afectar el artículo 5.3 de la Convención Europea.[31] Dicho Tribunal destacó que la falta de reconocimiento de la detención de un individuo es una completa negación de las garantías que deben ser otorgadas y una más grave violación del artículo en cuestión.[32]

Os precedentes do TEDH citados pela CtIDH indicam a necessidade de um pronto controle judicial da prisão (*prompt judicial intervention*) tanto para evitar o tratamento desumano dos presos quanto para minimizar os riscos de prisões arbitrárias e garantir o Estado de Direito (*rule of law*).[33] No caso McKay vs. United Kingdom, a Corte reconheceu a existência de alguns critérios para o controle judicial da prisão, devendo ser destacada a necessidade de que haja um pronto controle judicial da prisão por autoridade que disponha das características de independência inerentes ao Poder Judiciário.[34] No Caso McKay, o

---

[31] *Cfr. Caso Castillo Petruzzi y otros, supra* nota 50, párr. 108; y *Eur. Court H. R., case of Brogan and Others, supra* nota 92, párrs. 58-59, 61-62.

[32] Corte IDH. Caso Bámaca Velásquez vs. Guatemala. Fondo. Sentencia de 25 de noviembre de 2000. Serie C No. 70, § 140, disponível em http://www.corteidh.or.cr/docs/casos/articulos/Seriec_70_esp.pdf, último acesso em 11.2.15.

[33] "76. The Court would stress the importance of Article 5 (art. 5) in the Convention system: it enshrines a fundamental human right, namely the protection of the individual against arbitrary interference by the State with his or her right to liberty. Judicial control of interferences by the executive with the individual's right to liberty is an essential feature of the guarantee embodied in Article 5 para. 3 (art. 5-3), which is intended to minimise the risk of arbitrariness and to ensure the rule of law (see the above-mentioned Brogan and Others judgment, p. 32, para. 58). Furthermore, prompt judicial intervention may lead to the detection and prevention of serious ill treatment, which, as stated above (paragraph 62), is prohibited by the Convention in absolute and non-derogable terms." TEDH, Case Acsoy vs. Turkey, Application no. 21987/93, Chamber, Judgement 18th Dezember 1996, § 76.

[34] Case MacKay vs. United Kingdom, *Application no. 543/03*, Grande Chamber, Judgment 3rd October 2006, § 30 "30. Article 5 of the Convention is, together with Articles 2, 3 and 4, in the first rank of the fundamental rights that protect the physical security of an individual (see, for example, its link with Articles 2 and 3 in disappearance cases such as Kurt v. Turkey, 25 May 1998, § 123, Reports of Judgments and Decisions 1998-III) and as such its importance is paramount. Its key purpose is to prevent arbitrary or unjustified deprivations of liberty (see, for example, Lukanov v. Bulgaria, 20 March 1997, § 41, Reports 1997 II; Assanidze v. Georgia [GC], no. 71503/01, § 171, ECHR 2004 II; and Ilaşcu and Others v. Moldova and Russia [GC], no. 48787/99, § 461, ECHR 2004 VII). Three

TEDH reconheceu a necessidade de que seja feito um controle judicial da prisão em que o juiz (*The judicial officer*) deva ter as garantias de independência do Poder Executivo e das partes e também o poder para determinar a liberdade do acusado após a sua oitiva e rever a legalidade e o fundamento da prisão, analisando inclusive o seu mérito.[35]

Embora a Corte IDH não estabeleça um prazo fixo para a apresentação do preso perante a autoridade judicial e chegue a mencionar a necessidade de apresentação imediata, em sua jurisprudência mais recente ela vem considerando que o prazo deve ser limitado e reconheceu violação ao art. 7 (5) da CADH quando a lei prevê prazo excessivo para a apresentação[36] como ocorreu no México, no caso de demora de 5 dias (Caso),[37] e no Perú, quando a lei permitia a demora de 15 dias, prorrogável por igual período (Caso Castillo Petruzzi y otros vs. Perú).[38]

No caso Petruzzi, resumindo os argumentos da Comissão IDH, a Corte menciona como parâmetro o tempo necessário para a transferên-

strands in particular may be identified as running through the Court's case-law: the exhaustive nature of the exceptions, which must be interpreted strictly (see Ciulla v. Italy, 22 February 1989, § 41, Series A no. 148) and which do not allow for the broad range of justifications under other provisions (Articles 8-11 of the Convention in particular); the repeated emphasis on the lawfulness of the detention, procedurally and substantively, requiring scrupulous adherence to the rule of law (see Winterwerp v. the Netherlands, 24 October 1979, § 39, Series A n. 33); and the importance of the promptness or speediness of the requisite judicial controls (under Article 5 §§ 3 and 4)."

[35] Caso Mackay (nota supra), § 35 "The judicial officer must offer the requisite guarantees of independence from the executive and the parties and he or she must have the power to order release, after hearing the individual and reviewing the lawfulness of, and justification for, the arrest and detention (see *Assenov and Others v. Bulgaria,* 28 October 1998, § 146, *Reports* 1998-VIII). As regards the scope of that review, the formulation which has been at the basis of the Court's long-established case-law dates back to the early case of *Schiesser v. Switzerland* (4 December 1979, § 31, Series A n. 34): "... [U]nder Article 5 § 3, there is both a procedural and a substantive requirement. The procedural requirement places the 'officer' under the obligation of hearing himself the individual brought before him (see, *mutatis mutandis*, the above-mentioned *Winterwerp* judgment, p. 24, § 60); the substantive requirement imposes on him the obligations of reviewing the circumstances militating for or against detention, of deciding, by reference to legal criteria, whether there are reasons to justify detention and of ordering release if there are no such reasons (above-mentioned *Ireland v. the United Kingdom* judgment, p. 76, § 199)." More recently, this has been expressed by saying "(i)n other words, Article 5 § 3 requires the judicial officer to consider the merits of the detention" (see *T.W. v. Malta*, cited above, § 41, and *Aquilina*, cited above, § 47)."

[36] Cfr. CASAL, Artículo 7 (nota 1), p. 198.

[37] Corte IDH. Caso Cabrera García y Montiel Flores vs. México. Excepción Preliminar, Fondo, Reparaciones y Costas. Sentencia de 26 de noviembre de 2010 Serie C No. 220, § 102, disponível em http://www.corteidh.or.cr/docs/casos/articulos/seriec_220_esp.pdf, último acesso em 22/01/15.

[38] "La Corte estima, en cuanto a la alegada violación por parte del Estado del artículo 7.5 de la Convención, que la legislación peruana, de acuerdo con la cual una persona presuntamente implicada en el delito de traición a la patria puede ser mantenida en detención preventiva por un plazo de 15 días, prorrogable por un período igual, sin ser puesta a disposición de autoridad judicial, contradice lo dispuesto por la Convención en el sentido de que "[t]oda persona detenida o retenida debe ser llevada, sin demora, ante un juez u otro funcionario autorizado por la ley para ejercer funciones judiciales [...]" Cfr. Corte IDH. Caso Castillo Petruzzi y otros vs. Perú. Fondo, Reparaciones y Costas. Sentencia de 30 de mayo de 1999. Serie C N. 52, § 110, disponível em http://www.corteidh.or.cr/docs/casos/articulos/seriec_52_esp.pdf, último acesso em 09/02/15.

cia do preso.[39] Quiroga defende uma abordagem *case by case* que utilize, além do *standard* do tempo necessário para a transferência do acusado à sede do Poder Judiciário competente, o prazo entre 24 h e 48 h da prisão, reconhecido com frequência pelos Estados-Parte como o critério temporal necessário.[40] É certo, contudo, que a mera entrega dos autos é insuficiente, sendo necessária a apresentação pessoal da pessoa presa à autoridade judicial.

O tempo necessário para caracterizar em que consiste sem demora na Convenção, ainda que o Estado-Parte tenha uma certa margem de apreciação para decidir o *quantum* (se, p. ex., 12, 24 ou 36 horas), deve ser definido autonomamente segundo os critérios convencionais previstos pelo art. 7 (5)[41] e segundo as especificidades locais. Circunstâncias como a excessiva distância, o difícil acesso e a escassez de um sistema de transporte eficiente devem ser levados em consideração para a ampliação (ainda que limitada) do prazo para a apresentação à autoridade judiciária.

Por fim, é importante esclarecer que inicialmente prevaleceu a interpretação, defendida por Cançado Trindade de que o art. 7 (5) deveria ser interpretado em combinação com o art. 8 (1) da CADH enquanto integrante do direito às garantias judiciais. A necessidade de interpretação do art. 7 (5) da CADH como um direito autônomo foi defendido por Quiroga e acabou prevalecendo na jurisprudência da Corte IDH.[42] Agora, portanto, prevalece o entendimento de que a violação do artigo 7 (5), sem necessidade de referência ao art. 8 (1), já se configura em uma violação da Convenção.

8. Juiz Competente no PIDCP

O Pacto Internacional dos Direitos Civis e Políticos (PIDCP), aprovado pelo Decreto 592/92, norma de *status* supralegal, possui dispositivo semelhante ao da CADH, que prevê a obrigação de apresentação do preso sem demora ao juiz ou autoridade em seu art. 9, (3). "3. Qualquer

[39] Caso Petruzzi (nota supra), § 105.

[40] MEDINA QUIROGA (nota supra), p. 150.

[41] Cfr. "el mandato de llevar el detenido ‚sin demora' ante una autoridad judicial debe ser entendido y aplicado como un concepto autónomo de la Convención, cuyo alcance se determina a la luz de los parámetros de la misma Convención y sin subordinación, aunque sí con apertura, a los criterios de la legislación nacional" CASAL, Jesús Maria. Artículo 7. Derecho a la libertad personal, in: Convención Americana Sobre Derechos Humanos. Comentario, Steiner/ Uribe (editores), Bobotá, 2014, pp 180-206, p 198 e s., disponível em http://www.kas.de/wf/doc/kas_38682-1522-4-30.pdf?140901164826, acesso em 20.01.15.

[42] Para um resumo da controvérsia entre Quiroga e Cançado Trindade, ver: BURGORGUE-LARSEN E ÚBEDA DE TORRES. The Inter-American court of human rights. Case law and commentary. Oxford: Oxford Univ. Press, 2011, p. 485-486.

pessoa presa ou encarcerada em virtude de infração penal deverá ser conduzida, sem demora, à presença do juiz ou de outra autoridade habilitada por lei a exercer funções judiciais e terá o direito de ser julgada em prazo razoável ou de ser posta em liberdade. A prisão preventiva de pessoas que aguardam julgamento não deverá constituir a regra geral, mas a soltura poderá estar condicionada a garantias que assegurem o comparecimento da pessoa em questão à audiência, a todos os atos do processo e, se necessário for, para a execução da sentença".

A obrigação de conduzir o preso à presença de um juiz sem demora prevista pelo art. 9º (3) do PIDCP não deve exceder mais do que alguns dias.[43] O Comitê de Direitos Humanos tem feito uma análise *case by case* e já admitiu a demora pelo prazo de 50 horas (Portoreal v. Dominician Republic 188/184) e até de 73 horas (Van de Howen v. The Netherlands (593/99)) para condução do preso à autoridade judiciária. Em outros casos, contudo, considerou que o prazo de três dias sem apresentação ao juiz (Borisenko v. Hungary (835/99) e o de quatro dias sem ser levado ao juiz e sem ter acesso a um advogado (Freemante v Jamaica (625/95) como violação ao Pacto. Em suas observações quanto ao Gabão, contudo, o Comitê de Direitos Humanos adotou critérios mais rígidos, inclusive a necessidade de respeito ao prazo de não mais de 48 horas.[44]

No Brasil, após o julgamento da ADPF 347 MC/DF, foi reconhecido o prazo de 24 horas pelo STF que determinou "aos juízes e tribunais que, observados os artigos 9.3 do Pacto dos Direitos Civis e Políticos e 7.5 da Convenção Interamericana de Direitos Humanos, realizem, em até noventa dias, audiências de custódia, viabilizando o comparecimento do preso perante a autoridade judiciária no prazo máximo de 24 horas, contados do momento da prisão."[45] Portanto, o prazo para apresentação do preso à autoridade judicial no Brasil atualmente é de 24 horas conforme a jurisprudência do STF e do STJ.[46]

---

[43] JOSEPH, Sarah Louise; Castan, Melissa. *The international covenant on civil and political rights.* Cases, materials, and commentary. 3. ed. Oxford: Oxford Univ. Press, 2013, p. 368.

[44] Todos os casos acima foram citados e analisados por JOSEPH (nota supra), p. 368 e 369.

[45] STF. ADPF 347 MC, Relator: Min. MARCO AURÉLIO, Tribunal Pleno, julgado em 09/09/2015, PROCESSO ELETRÔNICO DJe-031 DIVULG 18-02-2016 PUBLIC 19-02-2016.

[46] O prazo não se aplica, porém, às prisões anteriores ao acórdão do STF e à Resolução do CNJ, conforme tem decidido o STJ: "RECURSO ORDINÁRIO EM *HABEAS CORPUS*. ART. 37 DA LEI 11.343/06. PRISÃO EM FLAGRANTE. CONVERSÃO EM PREVENTIVA. AUSÊNCIA DE REALIZAÇÃO DE AUDIÊNCIA DE CUSTÓDIA. CONSTRANGIMENTO ILEGAL. INOCORRÊNCIA. PACTO DE SÃO JOSÉ DA COSTA RICA. IMPLEMENTAÇÃO GRADATIVA DO ATO. CUSTÓDIA ANTERIOR À RESOLUÇÃO ESTADUAL. DESPROVIMENTO. 1. A Convenção Americana sobre Direitos Humanos (Pacto de São José da Costa Rica) e o Pacto Internacional dos Direitos Civis e Políticos preveem a realização de audiência de apresentação ou de custódia, determinando a apresentação do preso à autoridade judiciária "sem demora". O Conselho Nacional de Justiça, em fevereiro de 2015, lançou o Projeto "Audiência de Custódia", e os Tribunais estaduais têm

9. A necessidade de apresentação nos casos de foro por prerrogativa

No caso em que a pessoa presa for detentora de foro por prerrogativa de função, é obrigatória também a sua apresentação perante a autoridade judiciária competente no âmbito do Tribunal segundo as normas que regulam o seu funcionamento e a sua competência. A apresentação do preso ao Desembargador ou Ministro nessa situação está expressamente prevista no § 3º da resolução e decorre do art. 7º (5) da CADH e do art. 9º (3) do PIDCP que preveem expressamente que toda (sem exceção e daí a incluir obviamente o detentor de foro por prerrogativa) pessoa presa, detida ou retida deve ser conduzida, sem demora, à presença de um juiz ou outra autoridade autorizada por lei a exercer funções judiciais.

A autoridade judicial a que será conduzido o preso em flagrante nos casos de foro por prerrogativa será estabelecida "pelas leis de organização judiciária locais" ou "definida por ato normativo do Tribunal de Justiça ou Tribunal Federal local", podendo inclusive ser feita por juiz que o Presidente do Tribunal ou Relator designar para esse fim.

O juiz designado com essa finalidade não precisa ser um Desembargador ou Ministro do Tribunal competente para analisar a prisão do titular de foro por prerrogativa, podendo também ser um juiz designado com essa finalidade como ocorre com frequência em tribunais brasileiros. A apresentação da autoridade com foro por prerrogativa presa a um outro juiz, ainda que autorizada na resolução, deve ser vista com ressalva e utilizada excepcionalmente já que, por não ser o juiz natural do processo, poderá ter as suas decisões revistas pelo Desembargador

---

editado normas visando sua implementação de forma gradativa. O Supremo Tribunal Federal, em 9.9.2015, nos autos da ADPF 347, deferiu medida cautelar para determinar que os juízes e tribunais viabilizem, em até 90 dias, a realização de audiências de custódia, possibilitando a apresentação do preso à autoridade judiciária no prazo máximo de 24 horas. 2. A não realização de audiência de custódia, no caso concreto, não enseja a ilegalidade da prisão cautelar. *In casu*, a prisão em flagrante ocorreu em 14.11.2014, antes da Resolução 29/2015, que disciplina a audiência de custódia no âmbito do estado do Rio de Janeiro, e antes do prazo estabelecido pelo Supremo Tribunal Federal. Dessarte, não há falar em ilegalidade da prisão provisória do recorrente. 3. Recurso ordinário desprovido." (STJ; RHC 58.308/RJ, Rel. Ministra MARIA THEREZA DE ASSIS MOURA, SEXTA TURMA, julgado em 27/10/2015, DJe 13/11/2015). No mesmo sentido, tem decidido também a QUINTA TURMA do STJ, *in verbis*:" O Supremo Tribunal Federal recentemente deferiu medida cautelar, nos autos da ADPF n. 347, fixando prazo de 90 dias - contados da concessão da medida, em 9/9/2015 – para que juizes e tribunais realizem audiências de custódia, dirigindo o preso a uma autoridade judiciária dentro de 24 horas da prisão. Nada obstante, no caso concreto, a ausência de realização de audiência de custódia nao enseja o relaxamento da segregação do paciente por dois fundamentos. Primeiro, porque ocorrida a prisão em 28/7/2015 - antes mesmo, portanto, do julgamento proferido pela Corte Suprema. E segundo, porque a prisão em flagrante do acusado foi convolada em prisão preventiva por autoridade judiciária, o que exaure o objeto de eventual audiência de custódia. Precedentes." (STJ; HC 344.987/SP, Rel. Ministro JOEL ILAN PACIORNIK, QUINTA TURMA, julgado em 09/03/2017, DJe 17/03/2017).

ou Ministro competente, gerando incoerência no sistema. A delegação de atos do processo penal de autoridades com foro para outros juízes por delegação é uma prática que deve ser vista com muitas ressalvas, especialmente para realização de atos de instrução por contrariar os princípios da imediação e da oralidade.[47]

Pablo Rodrigo Alflen[48]

10. Prazo para apresentação da pessoa presa

Considerando-se os objetivos pretendidos com a audiência de custódia, a apresentação da pessoa privada de sua liberdade não pode demorar muito tempo, pois só assim poder-se-á evitar a incidência, o agravamento ou o desaparecimento dos vestígios de possíveis agressões que ela tenha sofrido. Aliás, somente assim evitar-se-á, ainda, o prolongamento de uma prisão que, já na origem ou ao longo de sua formalização, era ilegal. Apesar disso, os textos internacionais que a instituíram não estabeleceram um prazo determinado para sua realização. Ao contrário, todos eles usaram expressões vagas, à hora de delimitar o tempo em que a apresentação deveria ocorrer. Evidentemente, o estabelecimento de um prazo determinado pelos Tratados Internacionais poderia criar dificuldades aos Estados no tocante à implementação da audiência de custódia, considerando as peculiaridades do direito interno de cada país, e isso fez com que cada um especificasse, da melhor maneira possível, o tempo em que a apresentação deveria ocorrer.

No que diz respeito ao Brasil, a Resolução nº 213 do CNJ, em seu art. 1º, *caput*, dispôs que a pessoa presa deverá ser apresentada à autoridade judicial competente em até 24 horas da comunicação do flagrante. A situação, a princípio, parece ser simples e, de certo modo, absolutamente concretizável, face à clareza e objetividade da disposição no tocante ao estabelecimento do prazo e início do seu cômputo. Tal opção, pelo prazo de 24 horas, inclusive, não é uma exclusividade

[47] ROMERO, Eneas. O Supremo Tribunal Federal enquanto tribunal penal? O caso "Mensalão", o devido processo, o direito ao "fair trial" e o direito a ser ouvido. In: Zeitschrift fur Internationale Strafrechtsdogmatik , v. 07/08, p. 394-409, 2015, disponível em http://www.zis-online.com/dat/artikel/2015_7-8_938.pdf, último acesso em 3 de abril de 2016.

[48] Professor Permanente do Programa de Pós-Graduação em Direito - PPGD e do Departamento de Ciências Penais da Faculdade de Direito da Universidade Federal do Rio Grande do Sul – UFRGS. Doutor e Mestre em Ciências Criminais pela PUCRS. Membro do Conselho Científico do Centro de Estudos de Direito Penal e Processual Penal latino-americano da Georg-August Universidade de Göttingen, Alemanha.

brasileira,[49] porém, um breve exame das posições manifestadas pelas Cortes Internacionais e pela própria ONU permite concluir que não haveria nenhum absurdo em se efetivar a apresentação de toda pessoa presa ou detida ao juiz ou outra autoridade em um prazo superior a 24 horas.[50] Como já tivemos a oportunidade de demonstrar,[51] a jurisprudência da Corte Interamericana de Direitos Humanos vê com tranquilidade o fato de esse prazo ser fixado em até 48 horas, ao passo que o TEDH[52] e o Comitê de Direitos Humanos da ONU consideram que tal prazo estará *dentro do razoável*.[53] Naturalmente, as razões para a opção por um prazo mais exíguo, primando pela celeridade na prática do ato, são louváveis e, por certo, legítimas.

Contudo, há que se observar que a norma do art. 1º, *caput*, da Resolução 213 do CNJ estabelece que a apresentação deverá ser efetuada em até 24 horas *da comunicação do flagrante*. O problema resultante disso, foi que, ao estabelecer que este prazo deve ser contado da *comunicação do flagrante*, o CNJ desconsiderou o fato de tal situação, em absoluto, poder ser considerada equivalente ao *momento da prisão*. Isso porque, quando a Constituição Federal exige que a comunicação da prisão em flagrante seja efetuada imediatamente ao juiz e à família do sujeito preso (artigo 5º, inciso LXII), isso não importa dizer que ela venha a ocorrer só com a distribuição do auto de prisão em flagrante ao Poder Judiciário. Pensar neste sentido seria permitir que a comunicação, que deveria ser *imediata*, pudesse vir a se concretizar mais de 24 horas após a apreensão física do sujeito flagrado. Ao contrário, para o Constituinte a comunicação da prisão em flagrante, de fato, equivale ao *momento da prisão*, sendo as razões disso evidentes, oportunizar aos familiares o conhecimento do paradeiro da pessoa presa e assegurar o acompanhamento da autuação do flagrante por um defensor técnico. A situação se agrava mais ainda se a comunicação da prisão em flagrante no sentido constitucional for considerada como marco inicial do prazo de 24 horas para realização da apresentação em audiência de custódia,

---

[49] Para isso, remeta-se o leitor a ANDRADE, Mauro Fonseca; ALFLEN, Pablo Rodrigo. *Audiência de Custódia no Processo Penal brasileiro*. p. 70 e ss.

[50] No Caso Castillo-Páez v. Peru, a CIDH manifestou expressamente o prazo de 24 horas como em unissonância com a regra do artigo 7, 5, dispondo: "Não se afigura dos autos do processo que o detido tenha sido levado perante um juiz competente no prazo de 24 horas ou, caso contrário, se a distância foi um fato, nem dentro do prazo de 15 dias no caso de suspeita de terrorismo, conforme o Artigo 7, parágrafo 5, da Convenção, e Artigo 2, parágrafo 20 (c), da Constituição do Perú" (CIDH, Caso Castillo-Páez v. Peru, §§ 56-58, Sentença de 3 de novembro de 1997).

[51] Cfe. ANDRADE, Mauro Fonseca; ALFLEN, Pablo Rodrigo. *Audiência de Custódia no Processo Penal brasileiro*. p. 70 e ss.

[52] Cfe. TEDH, Caso Brogan and Others vs. Inglaterra, §§ 58-59 e 61-62, Sentença de 23 de março de 1988.

[53] ONU. M. Freemantle vs. Jamaica. Comunication nº 625/1995, U.N. Doc. CCPR/C/68/D/625/1995 (2000).

pois, neste caso, o prazo para realização da audiência se confunde com o próprio prazo para a confecção do APF, previsto no § 1º do art. 306 do CPP.

Ocorre que o § 1º do art. 1º da Resolução 213 do CNJ estabeleceu que "a comunicação da prisão em flagrante à autoridade judicial [...] se dará por meio do encaminhamento do auto de prisão em flagrante".[54] Em outras palavras, de acordo com esta disposição, o momento em que o juiz deveria tomar contato com a existência de uma prisão é o mesmo momento em que ele virá a tomar contato com a formalização policial dessa prisão (APF). A nosso juízo, portanto, trata-se de uma impropriedade técnica a equiparação entre *comunicação imediata da prisão* e a *remessa do auto de prisão em flagrante ao juízo*, sobretudo, em razão de que a diferença de tempo entre ambos os atos é abissal e pode conduzir, inclusive, a ultrapassagem do prazo fixado pela própria Resolução e a um maior prejuízo à pessoa presa.

É suficiente observar que, se o § 1º do art. 1º estabeleceu que a comunicação da prisão se dará por meio do encaminhamento do auto de prisão em flagrante à autoridade competente, não mais ocorrerá com a imediata prisão. Logo, primeiro a autoridade policial deverá finalizar todo o auto de prisão em flagrante (que deverá ocorrer, segundo nossa legislação, em, até, 24 horas), e, depois de finalizado, quando não há mais motivo para que o sujeito preso continue à sua disposição, aquela autoridade ainda poderá permanecer com ele nas dependências da Delegacia de Polícia por, até, outras 24 horas antes de apresentá-lo ao juiz competente. O cálculo é simples, feito a partir do somatório dos seguintes passos: a) momento da prisão em flagrante e tempo que se leva para a apresentação à autoridade policial, o que equivale, como mínimo a 3 horas; b) até 24 horas, inclusive, para a autoridade policial iniciar a lavratura e encaminhar o auto de prisão em flagrante ao juiz competente (§ 1º do artigo 306 do CPP); e c) até 24 horas, computadas a partir da remessa do APF à autoridade judicial, para que seja realizada a apresentação do sujeito preso em audiência de custódia.[55]

---

[54] Artigo 1º, § 1º. A comunicação da prisão em flagrante à autoridade judicial, que se dará por meio do encaminhamento do auto de prisão em flagrante, de acordo com as rotinas previstas em cada Estado da Federação, não supre a apresentação pessoa determinada no *caput*.

[55] De acordo com o § 3º do artigo 8º da Resolução nº 213, do CNJ, a decisão quanto à legalidade da prisão e definição do *status libertatis* do sujeito preso deverá ser proferida na própria audiência de custódia. Caso se entenda que, neste ponto, aquela resolução não guarda consonância constitucional, por haver criado verdadeiro procedimento não contemplado em legislação processual penal, teríamos, então, uma ampliação ainda mais significativa do tempo de privação de liberdade do sujeito preso em flagrante. Isso porque, o entendimento, até aqui existente em âmbito jurisprudencial e doutrinário, vai no sentido de que o juiz teria o prazo de 24 horas para decidir sobre aqueles mesmos pontos constantes na norma referida.

Ressalte-se, ademais, que o atraso na remessa do auto de prisão em flagrante poderá levar à sua não homologação pelo juízo competente. No entanto, o atraso ou não comunicação imediata da prisão em flagrante vai além dessa mera desconstituição da legalidade da prisão. Em verdade, o desrespeito à norma constitucional caracteriza crime de abuso de autoridade,[56] levando à responsabilização criminal da autoridade policial que coloca em risco uma garantia que procura proteger o sujeito preso contra eventuais abusos praticados na esfera policial.

Por estas razões é que se entende pela necessária revisão da posição adotada pelo CNJ, principalmente, pelo fato de as incongruências apresentadas na redação do art. 1º *caput*, e do seu respectivo § 1º abrirem margem para equívocos no momento de sua aplicação.

MAURO FONSECA ANDRADE[57]

11. Dificuldades para a apresentação da pessoa presa ou detida: da *apresentação do juiz* à possibilidade de ampliação do prazo de 24 horas

Ao longo de suas disposições, a resolução deixa claro que ela não se presta a regular somente a apresentação da pessoa presa em flagrante, conforme mencionado no *caput* do seu artigo 1º. Em verdade, a resolução se ocupa da apresentação de toda e qualquer pessoa presa ou detida, ajustando-se, assim, ao que expressamente preveem os pactos que ela procurou regular.

Tanto para a pessoa presa (aquela privada em sua liberdade para dar início ao cumprimento de pena), como para a pessoa detida (aquela privada em sua liberdade por força de prisão em flagrante, prisão preventiva ou prisão temporária), a resolução optou por estabelecer o prazo de 24 horas para que ocorra sua apresentação, a partir do marco temporal por ela estabelecido, qual seja, do recebimento da comunicação da prisão em flagrante (artigo 1º, *caput*) ou da comunicação das outras modalidades de prisão (artigo 13). Entretanto, ela foi sensível em reconhecer situações que poderão levar a uma ampliação daquele prazo, mas não em decorrência de alguma falha estatal em cumprir com suas obrigações.

[56] Lei nº 4.898/1965, artigo 1º. Constitui também abuso de autoridade. (...) c) deixar de comunicar, imediatamente, ao juiz competente a prisão ou detenção de qualquer pessoa.

[57] Doutor em Direito Processual Penal pela Universidade de Barcelona. Professor Titular da Faculdade de Direito da FMP. Professor Permanente do Programa de Pós-Graduação em Direito – PPGD da FMP. Professor Adjunto da Faculdade de Direito e integrante do Departamento de Ciências Penais da UFRGS. Promotor de Justiça/RS.

De acordo com o § 4º do artigo 1º, duas poderão ser as causas que motivarão a obrigação de o juiz se deslocar até onde se encontra a pessoa presa ou detida, em virtude de a ordem natural da apresentação não poder ser respeitada. Noutras palavras, em lugar de a pessoa presa ou detida ser apresentada ao juiz, o juiz é quem deverá ser *apresentado* à pessoa presa ou detida, em razão de a apresentação ser um *direito* daquela pessoa, em lugar de ser entendido como uma *faculdade* a ser exercida pelo magistrado. Em não sendo possível essa apresentação do juiz à pessoa presa ou detida, é aí que surge a ampliação referida do prazo de apresentação.

A primeira hipótese em que o prazo de apresentação poderá exceder às 24 horas está ligada à existência de "grave enfermidade" por parte da pessoa presa ou detida. O reconhecimento da possibilidade de deslocamento do juiz por esse motivo é fruto da importação, por parte do Conselho Nacional de Justiça, de entendimento já firmado pelo Tribunal Europeu dos Direitos Humanos,[58] e referido pela literatura anterior à resolução.[59] No entanto, essa "grave enfermidade" não pode ser encarada em seu sentido mais estrito, qual seja, de uma doença derivada de um agente patogênico sobre o ser humano. Ao contrário, deve-se partir do pressuposto de que ela abrange todas as situações que venham a afetar o corpo ou psiquismo humano, e que impeçam essa pessoa de ser levada à presença do juiz.

A partir desse entendimento, é possível abarcar todas aquelas situações que realisticamente se fazem presentes na esfera criminal, compreendendo, então, as pessoas que tenham sido feridas gravemente ou que estejam em surto psicótico quando de suas prisões. Todavia, a gravidade de seus estados poderá impedir, por completo, não só o contato do juiz com aquelas pessoas, senão também, a possibilidade de elas manterem algum tipo de contato com as pessoas que obrigatoriamente deverão estar presentes naquele ato de apresentação. Não nos esqueçamos que, embora a resolução faça referência à obrigação de o juiz comparecer ao local onde esteja a pessoa presa ou detida, lá também deverão se fazer presentes o membro do Ministério Público e a defesa (constituída ou pública).

Mesmo assim, a pessoa presa ou detida poderá estar em estado inconsciente ou o ambiente em que ela se encontra não permite o ingresso de várias pessoas (para proteção dos pacientes ou daqueles que não pertencem ao quadro dos agentes de saúde). Em razão disso, acertadamente, a resolução determinou que a apresentação ocorra

---

[58] TEDH, Caso Egmez vs. Chipre, § 90, Sentença de 21 de dezembro de 2000.

[59] ANDRADE, Mauro Fonseca; ALFLEN, Pablo Rodrigo. *Audiência de Custódia no Processo Penal brasileiro*. 3ª ed. Porto Alegre: Livraria do Advogado, 2018.

"imediatamente após restabelecida sua condição de saúde", não fixando, assim, qualquer prazo para que aquele direito possa ser exercido por seu titular.

A segunda hipótese em que poderá haver a *apresentação* do juiz à pessoa presa ou detida está ligada a "circunstância comprovadamente excepcional que impossibilite de ser apresentada ao juiz" naquele lapso. Aqui estarão presentes, portanto, todas as demais situações não abrangidas pela "grave enfermidade" anteriormente abordada. A título de exemplo, podemos citar a prisão ou detenção de uma pessoa que se encontre em um local que, por motivos climáticos (enchentes) ou geográficos (desmoronamentos), não apresenta condições de acesso à comarca onde está o juiz.

Desde que as situações que se encaixem a essa hipótese se revistam da excepcionalidade exigida pela resolução, e diante da impossibilidade de o juiz se deslocar para onde se encontra a pessoa presa ou detida, também elas autorizam que sua apresentação se dê em um prazo não preestabelecido, devendo ocorrer, entretanto, assim que a situação de normalidade permitir o contato entre aquela pessoa e o magistrado.

Bibliografia

ANDRADE, Mauro Fonseca. A Audiência de Custódia na Concepção da Justiça Gaúcha. In: ANDRADE, Mauro Fonseca; ALFLEN, Pablo Rodrigo (org.). *Audiência de Custódia: da boa intenção à boa técnica*. Porto Alegre: FMP, 2016. p. 221-246.

——. *Sistemas Processuais Penais e seus Princípios Reitores*. 2ª ed. Curitiba: Juruá, 2013.

——; ALFLEN, Pablo Rodrigo. *Audiência de Custódia no Processo Penal brasileiro*. 3ª ed. Porto Alegre: Livraria do Advogado, 2018.

ARIAS VICENCIO, Cristián. El Control Jurisdiccional de la Detención. *REJ – Revista de Estudios de la Justicia*, Santiago de Chile, nº 6, p. 225-253, 2005.

AVENA, Norberto. *Processo Penal: esquematizado*. São Paulo: Método, 2015.

BADARÓ, Gustavo, *Parecer sobre a Audiência de Custódia*, disponível em http://iddd.org.br/Parecer_AudienciaCustodia_Badaro.pdf, último acesso em 10/01/15.

BURGORGUE-LARSEN E ÚBEDA DE TORRES. *The Inter-American court of human rights. Case law and commentary*. Oxford: Oxford Univ. Press, 2011.

CASAL, Jesús María. Articulo 7. Derecho a la libertad personal, in: *Convención Americana Sobre Derechos Humanos*. Comentario, Steiner/Uribe (editores), Bobotá, 2014.

CHOUKR, Fauzi Hassan. PL 554/2011 e a necessária (e lenta) adaptação do processo penal brasileiro à convenção americana dos direitos do homem. *Boletim IBCCrim*. São Paulo, nº 254, jan./2014, p. 2.

GIACOMOLLI, Nereu. *O devido processo penal – Abordagem conforme a Constituição Federal e o Pacto de São José da Costa Rica*. São Paulo: Atlas, 2015.

JACKSON, Vicki C. *Judicial Independence: Structure, Context, Attitude*. In: SEIBERT-FOHR (ed), Judicial Independence in Transition. Berlin Heidelberg, Springer, 2012, p. 19-86.

JOSEPH, Sarah Louise; Castan, Melissa. *The international covenant on civil and political rights. Cases, materials, and commentary*. 3. ed. Oxford: Oxford Univ. Press, 2013.

KÜHNE, Hans-Heiner. *Strafprozessrecht. Eine systematische Darstellung des deutschen und europäischen Strafverfahrensrechts.* 8. Aufl., Heidelberg: C. F. Müller, 2010.

LA REGINA, Katia. *L'udienza di convalida dell'arresto o del fermo.* Padova: Cedam, 2011.

MAZZUOLI, Valerio de Oliveira. *O controle de jurisdicional da convencionalidade das leis.* São Paulo: Revista dos Tribunais, 2009.

MEDINA QUIROGA, Cecilia. *The American Convention on Human Rights.* [crucial rights and their theory and practice]. Cambridge: Intersentia, 2014.

PAIVA, Caio. *Audiência de Custódia e Processo Penal Brasileiro.* Florianópolis: Empório do Direito, 2015.

ROMERO, Eneas. O Supremo Tribunal Federal enquanto tribunal penal? O caso "Mensalão", o devido processo, o direito ao "fair trial" e o direito a ser ouvido. In: *Zeitschrift fur Internationale Strafrechtsdogmatik* , v. 07/08, p. 394-409, 2015, disponível em http://www.zis-online.com/dat/artikel/2015_7-8_938.pdf.

SEIBERT-FOHR, Anja. *European Standards for the Rule of Law and Independent Courts.* Journal für Rechtspolitik, 2012, 20. Jg., Nr. 3, p. 161-169.

TUCCI, Rogério Lauria. *Direitos e garantias individuais no processo penal brasileiro.* 4ª ed., São Paulo: Revista dos Tribunais, 2011.

VALE, Ionilton Pereira do. *Princípios Constitucionais do Processo Penal, na visão do Supremo Tribunal Federal.* São Paulo: Gen/Método, 2009.

Resolução 213 do CNJ – artigo 2º

Art. 2º O deslocamento da pessoa presa em flagrante delito ao local da audiência e desse, eventualmente, para alguma unidade prisional específica, no caso de aplicação da prisão preventiva, será de responsabilidade da Secretaria de Administração Penitenciária ou da Secretaria de Segurança Pública, conforme os regramentos locais.
Parágrafo único. Os tribunais poderão celebrar convênios de modo a viabilizar a realização da audiência de custódia fora da unidade judiciária correspondente.

Mauro Fonseca Andrade[1]

1. Responsabilidade pelo deslocamento do sujeito a ser apresentado

Um dos pontos de enorme tensão para a realização da audiência de custódia diz respeito à definição sobre a quem recairá a incumbência do deslocamento do sujeito que deve ser apresentado para aquele ato judicial. Procurando disciplinar esse tema, a resolução aponta que o deslocamento ficará a cargo de duas instituições: a Secretaria de Administração Penitenciária ou a Secretaria de Segurança Pública. Em termos práticos, está a se dizer que ele será realizado por agentes penitenciários, policiais civis ou policiais militares, segundo o que já prevejam os regramentos locais.

Com essa delimitação, claro fica que a responsabilidade pelo deslocamento do sujeito privado em sua liberdade não caberá ao Poder Judiciário. Ou seja, não lhe diz respeito determinar a seu corpo de servidores que se dirija até onde está custodiado o sujeito a ser apresentado, com o fim de levá-lo até onde se encontra a autoridade judicial. Assim o é por questões óbvias, já que os agentes de segurança do Poder Judiciário se prestam, basicamente, à segurança patrimonial, não raras vezes, contratados junto a empresas terceirizadas. Além disso, o Poder

[1] Doutor em Direito Processual Penal pela Universidade de Barcelona. Professor da Faculdade de Direito da UFRGS. Professor da Faculdade de Direito da FMP. Promotor de Justiça/RS.

Judiciário sequer possui veículos adequados para o transporte de pessoas presas ou detidas.

Na hipótese de apresentação derivada de prisão em flagrante, grandes problemas não deveriam existir quanto ao entendimento de que essa apresentação será realizada pela polícia judiciária, mais especificamente, pela autoridade judiciária responsável pela lavratura do auto correspondente àquela prisão. Se o sujeito preso em flagrante está sob sua custódia, naturalmente a ela caberá levá-lo à presença do juiz, a não ser que haja alguma disposição administrativa local disciplinando em sentido diverso.

A tensão acima referida mostra-se, contudo, ligada ao deslocamento a ser realizado por essa autoridade policial. Melhor explicando, a lógica que se extrai do Pacto de San José da Costa Rica e do Pacto Internacional dos Direitos Civis e Políticos é no sentido de que à autoridade responsável pela prisão ou detenção caberá conduzir o sujeito privado em sua liberdade o mais rápido possível à presença da autoridade judicial. Significa isso dizer que, assim que estiver concluída a lavratura do auto de prisão em flagrante, não há qualquer justificativa para que o sujeito flagrado permaneça por mais tempo nas dependências de uma Delegacia de Polícia.

É certo que a resolução prevê um tempo mais dilatado para que essa apresentação possa ocorrer. Entretanto, a partir do momento da conclusão da lavratura do auto de prisão em flagrante, a autoridade policial se vê fragilizada em relação à sua responsabilidade sobre tudo o que vier a ocorrer com o sujeito flagrado que se encontra nas dependências de sua Delegacia de Polícia. Daí advém, por conseguinte, a urgência de a autoridade policial concretizar aquela apresentação judicial.

Em que pese isso, já se nota certa resistência, por parte do Poder Judiciário, em receber os sujeitos presos ou detidos a qualquer hora do dia ou da noite para a realização da audiência de custódia. Durante o dia ou tarde, a justificativa seria a pauta de audiências a ser cumprida; durante a noite, a justificativa seria o repouso necessário para a retomada das atividades normais no dia seguinte.

Frente a essa realidade, o que já se vem *ensaiando* em âmbito judicial é que essa apresentação venha a se dar em horários predeterminados, em geral, no turno da manhã ou da tarde.[2] Com isso, a polícia

[2] Anteriormente à publicação da Resolução nº 213 do CNJ, mais especificamente, ao tempo dos regramentos expedidos pelos Tribunais estaduais, já era possível verificar a determinação para que a apresentação judicial do preso em flagrante somente ocorresse em horários previamente estabelecidos. Forte crítica a essa prática foi feita por Leonardo Marcondes Machado, por considerá-la "a marca da hipocrisia nacional" (MACHADO, Leonardo Marcondes. Resistência Crítica e Poder Punitivo: diálogos em torno da Audiência de Custódia. *Revista Síntese Direito Penal e Processo Penal*. Porto Alegre, a. XVI, nº 93, ago.-set. 2015, p. 50). Na atualidade, fixando horário para a

judiciária passaria a ter que custodiar o sujeito flagrado por mais tempo do que o necessário, até que se alcance o horário em que os juízes se disponham a recebê-lo.

Nas cidades de grande porte, sejam elas capitais, ou não, as Delegacias de Polícia apresentam carceragem própria, em razão do movimento de presos que lá aportam diariamente. Entretanto, a maior parte delas não possui condições de garantir alimentação e higiene aos sujeitos que lá estão, o que importa dizer que a demora na apresentação judicial do sujeito flagrado proporcionará um acúmulo desnecessário de pessoas em um local destinado a ser de trânsito rápido. Não é preciso ter grandes luzes para antever que tais carceragens passarão a apresentar um grande potencial para tumultos entre presos, realidade que já se faz presente em algumas capitais do país.

Por outro lado, no que diz respeito às Delegacias de Polícia das cidades de médio ou pequeno porte, a realidade é bem diversa. Além de também não possuírem condições mínimas de garantir alimentação e higiene aos sujeitos flagrados, a imensa maioria delas sequer carceragem possui. Por consequência, a apresentação imediata ao juiz, assim que for finalizada a lavratura do auto de prisão em flagrante, é medida mais que necessária para garantir o bem-estar do próprio sujeito a ser apresentado.

Diante desse conflito de interesses entre a polícia judiciária (em apresentar o mais prontamente possível o sujeito flagrado ao juiz) e o Poder Judiciário (em somente receber este mesmo sujeito em horários predeterminados), articulações já começam a ser feitas, no sentido de que haja o encaminhamento do flagrado, primeiramente, a uma unidade prisional, para lá ficar aguardando até a chegada do horário de atendimento por parte do juiz. Assim, o deslocamento do sujeito a ser apresentado se daria não pela polícia judiciária, mas por agentes penitenciários.

Com o devido respeito às Cortes que vêm engendrando esforços para a concretização dessa saída, ela vai em sentido diametralmente oposto ao desejado pela Conselho Nacional de Justiça. Aliás, haverá uma colisão clara com a teleologia do *caput* do artigo 2º da Resolução, quando estabelece que o ingresso do sujeito flagrado em unidade prisional somente se dará em razão do decreto de prisão preventiva. Note-se que não há qualquer exceção nesse sentido, pois a intenção daquela norma – e dos próprios textos internacionais mencionados – é que haja uma preservação do sujeito preso ou detido, de modo a ele nao ter contato indevido com outros sujeitos já institucionalizados. Em razão

realização das audiências de custódia, encontramos a Resolução nº 1143/2016-COMAG, do Tribunal de Justiça do Rio Grande do Sul.

disso, não há como prosperar qualquer intento de o Poder Judiciário se negar a receber os sujeitos apresentados pela polícia judiciária, fora dos horários que ele mesmo vier a estipular.

Se o deslocamento do sujeito flagrado deve-se dar pela polícia judiciária, em razão de ele não poder ser encaminhado a uma unidade prisional sem o prévio decreto de sua prisão preventiva, ao natural surge a seguinte questão: qual o sentido de aquele mesmo artigo fazer referência à Secretaria de Administração Penitenciária como responsável por esse encaminhamento, já que, quem deverá efetivá-lo, seriam os agentes penitenciários, pressupondo, assim, o ingresso em uma unidade prisional? Na nossa forma de ver, a referência feita à Secretaria de Administração Penitenciária encontra seu sentido em duas situações bem específicas.

A primeira situação diz respeito aos sujeitos presos em flagrante que já possuem ordem de prisão preventiva ou de prisão definitiva, mas que ainda não haviam sido capturados. Com a sua localização, nada impede que, logo após a conclusão da lavratura do auto de prisão em flagrante, sejam eles levados à unidade prisional que lhes diga respeito, e que, posteriormente, seja realizado o seu encaminhamento ao juiz para a realização da audiência de custódia. Esta seria uma alternativa viável para o desafogo das Delegacias de Polícia que apresentem um número elevado de pessoas em sua carceragem, e para as Delegacias de Polícia que sequer possuem carceragem.

A segunda situação diz respeito aos sujeitos presos cautelarmente ou já de forma definitiva que foram flagrados cometendo novos crimes no interior de unidades prisionais. Em razão de eles já estarem sob a custódia da Secretaria de Administração Penitenciária, nenhum prejuízo haverá, no sentido de que aquele encaminhamento se dê pelos agentes penitenciários da unidade prisional onde eles já se encontrem.

Na nossa forma de ver, somente com essa divisão bem definida de atividades é que se poderão preservar os interesses do sujeito a ser apresentado, sob pena de passarmos a conviver com uma verdadeira e constrangedora inversão de valores patrocinada por ninguém menos que o Poder Judiciário nacional – no sentido de que a prioridade seria o atendimento à conveniência judicial –, ainda que rechaçada pelos textos internacionais e pela própria Resolução nº 213.

2. Momento do ingresso do sujeito preso ou detido em unidade prisional

O fato de o Pacto de San José da Costa Rica e o Pacto Internacional dos Direitos Civis e Políticos fazerem referência à necessidade de apresentação judicial sem demora de todo sujeito preso ou detido já deveria servir de forte indicativo, no sentido de que ambos buscam evitar que aquele sujeito ingresse no sistema prisional sem prévio contato com um juiz. Em termos práticos, o roteiro ou trajeto a ser observado, em relação ao trânsito do sujeito preso ou detido, é do ambiente policial para o ambiente judicial.

Atento a interpretações desviantes e práticas ilegais já instauradas,[3] o Conselho Nacional de Justiça procurou explicitar esse verdadeiro espírito da apresentação judicial sem demora, ao prever que o deslocamento do sujeito preso ou detido a uma unidade prisional somente se dará, acaso seja decretada sua prisão preventiva, após o contato daquele com o juiz competente. Ou seja, nunca antes; eventualmente depois.

Por mais lógica que possa ser a intenção dos textos internacionais e da própria resolução, é importante deixar expresso que não poderá o sujeito preso em flagrante ingressar no ambiente prisional – o artigo 2º se refere exclusivamente a ele –, a não ser nas situações já expostas, ambas apresentadas com o intuito de justificar a menção daquele artigo à possibilidade, em última análise, de o deslocamento ser efetuado por agentes penitenciários. São elas: o sujeito preso em flagrante já se encontrar em um estabelecimento prisional por estar preso preventivamente ou cumprindo pena; e o sujeito preso em flagrante já possuir, contra si, mandado de prisão preventiva ou de prisão definitiva. Seja como for, o espírito da resolução não permite: a) que o preso em flagrante seja levado a uma unidade prisional, para que lá fique aguardando seu encaminhamento ao juiz competente para a audiência de custódia; e b) que o preso em flagrante seja levado a uma unidade prisional, para que lá fique aguardando a realização da audiência de custódia, que será efetuada no interior daquela mesma unidade.

Além do motivo óbvio de evitar que o sujeito preso em flagrante tenha contato com presos já institucionalizados, também é possível vislumbrar outro viés protetivo relacionado àquele impedimento. Como

---

[3] Anteriormente à resolução emitida pelo Conselho Nacional de Justiça, o Poder Judiciário do Rio Grande do Sul publicou a Resolução nº 1087/COMAG/2015, estabelecendo que os sujeitos presos em flagrante deveriam ser encaminhados ao Presídio Central de Porto Alegre e ao Presídio Feminino Madre Pelletier, onde aguardariam a realização das audiências de custódia, que são realizadas nas dependências daqueles estabelecimentos prisionais. Sobre as críticas à resolução estadual, ver: ANDRADE, Mauro Fonseca. A Audiência de Custódia na Concepção da Justiça Gaucha. In: ANDRADE, Mauro Fonseca; ALFLEN, Pablo Rodrigo (org.). *Audiência de Custódia: da boa intenção à boa técnica*. Porto Alegre: FMP, 2016, p. 221-246. Posteriormente à resolução emitida pelo Conselho Nacional de Justiça, o Poder Judiciário do Rio Grande do Sul publicou a Resolução nº 1143/2016-COMAG, onde manteve a mesma prática, mas plenamente ciente de que estava contrariando e desrespeitando a normativa nacional.

bem lembrado pela doutrina,[4] nosso país apresenta unidades prisionais que vêm sendo administradas pela polícia militar, em razão do déficit de pessoal que aflige a classe dos agentes penitenciários. Com isso, a uma situação constrangedora chegamos. Embora a resolução proíba que, na sala onde se realiza a audiência de custódia, estejam presentes os agentes policiais responsáveis pela prisão do sujeito apresentado (artigo 14, parágrafo único), não há como negar que ele estará em um ambiente dominado pela lógica policial, onde alguns dos agentes que ali estão lotados podem ser subordinados, amigos ou parentes dos policiais responsáveis pela prisão em flagrante. Em suma, o espírito de corpo fatalmente estará presente em um ambiente como esse. Se não há o risco de os agentes policiais, responsáveis pela prisão, terem acesso direto ao sujeito apresentado (com a intenção de o ameaçarem, caso os aponte como os responsáveis pelas agressões que eventualmente sofreu), não há como esconder o fato de que, ainda que indiretamente, esse acesso possa ocorrer por meio dos policiais que lá se encontrem lotados.

Longe de ser uma preocupação meramente acadêmica, a realidade vivida em ambientes prisionais / penitenciários, onde são ilegalmente realizadas as audiências de custódia, já aponta para uma retração ou inviabilização a um dos objetivos desse ato, que é o préstimo de informações relativas ao tratamento policial dispendido quando do momento da prisão ou detenção do sujeito. Em uma situação em concreto ocorrida no Foro Central da Comarca de Porto Alegre, o sujeito apresentado se recursou terminantemente a falar sobre como foi o tratamento a ele dispensado pelos policiais militares responsáveis por sua prisão em flagrante, em razão de ele se encontrar em um estabelecimento prisional administrado pela Brigada Militar do Estado do Rio Grande do Sul.[5] Se exemplos eram necessários para demonstrar a correção da preocupação doutrinária já manifestada, não há como negar que já os temos.

Outro motivo para se defender a impossibilidade de a audiência de custódia ser realizada em estabelecimentos prisionais está relacionado ao desrespeito ao princípio constitucional da publicidade dos atos judiciais.

Conforme já expusemos em outra oportunidade,[6] a audiência de custódia vem dando seus primeiros passos rumo a uma plena incor-

---

[4] PAIVA, Caio. *Audiência de Custódia e Processo Penal Brasileiro*. Florianópolis: Empório do Direito, 2015, p. 55.

[5] Auto de Prisão em Flagrante. Expediente nº 001/2.15.0071843-0. Juiz Volnei dos Santos Coelho, audiência realizada em 06 de setembro de 2015.

[6] ANDRADE, Mauro Fonseca; ALFLEN, Pablo Rodrigo. *Audiência de Custódia no Processo Penal Brasileiro*. 2ª ed. Porto Alegre: Livraria do Advogado, 2016.

poração pelo direito brasileiro. Com isso, é mais que compreensível a curiosidade que esse instituto vem despertando junto aos estudantes e operadores do Direito, que têm-se mostrado dispostos a comparecer e acompanhar o ato de apresentação do sujeito preso ou detido, com sua consequente entrevista pelo juiz competente. Entretanto, as naturais dificuldades de acesso ao ambiente prisional têm-se constituído em um importante obstáculo à maciça difusão da audiência de custódia em localidades onde ela se realiza em estabelecimentos penitenciários. Na prática, a inserção da audiência de custódia em ambientes prisionais faz com que ela seja tratada como um ato sigiloso, dada a impossibilidade de acesso ao público, embora, como bem o sabemos, o sigilo dos atos processuais somente encontra respaldo nas situações já elencadas em nossa legislação, sendo que, grande parte delas, não é aplicável à realidade das audiências de custódia.

Por essa soma de fatores, é importante que o Conselho Nacional de Justiça fique atento às tentativas de não cumprimento ou desvirtuamento dos termos de sua própria resolução, sob pena de os interesses a serem preservados sejam outros, que não aqueles do sujeito preso ou detido.

3. Limitação à hipótese de prisão preventiva

Ainda que não tenha sido sua intenção, o *caput* do artigo 2º se refere somente à hipótese de decreto de prisão preventiva como sendo a motivadora do ingresso, em ambiente prisional, do sujeito preso em flagrante. No entanto, é preciso conjugar sua leitura com outros dispositivos da própria resolução e com nossa legislação processual penal, de modo a não se incorrer em erro, e limitar esse ingresso somente àquela modalidade de prisão cautelar.

De início, a resolução, em seu artigo 13, *caput*, já faz referência a outros sujeitos a serem apresentados, que não o preso em flagrante. Referimo-nos, portanto, aos sujeitos presos em decorrência de mandados de prisão cautelar e de prisão definitiva. No que diz respeito à prisão definitiva, maiores problemas não há em sua identificação. Já, em relação à prisão cautelar, esta se diferenciaria em prisão preventiva e prisão temporária. Só por isso, já vemos que o encaminhamento para a unidade prisional nao se dará, única e exclusivamente, por decorrência de decreto de prisão preventiva.

Feita essa ressalva inicial, poder-se-ia argumentar que o artigo 2º está claramente direcionado às hipóteses de apresentação judicial do sujeito preso em flagrante, ao passo que as demais situações somente são alvo de atenção em dispositivos posteriores (artigo 13). Entretanto, ainda assim, entendemos que igualmente não faz qualquer sentido aquela suposta limitação.

No mais das vezes, a lavratura do auto de prisão em flagrante se dá por uma autoridade policial que nada teve a ver com a prisão em flagrante em si, tendo a prisão sido realizada por agentes policiais com atuação no policiamento ostensivo. Há oportunidades, no entanto, em que essa lavratura ocorre por parte da autoridade policial responsável pela investigação criminal que redundou na prisão em flagrante do sujeito apresentado. Em ambas as oportunidades – mas com maior frequência nesta última –, não raras vezes, os autos de prisão em flagrante se fazem acompanhar de representação policial pela prisão preventiva do sujeito flagrado, a fim de preservar algum daqueles interesses presentes no artigo 312 do CPP. Com frequência ainda mais reduzida, a autoridade policial representa pela prisão temporária do sujeito preso em flagrante, como resposta a certas situações verificadas ao longo da lavratura do auto, em especial, a impossibilidade de as vítimas comparecerem prontamente à Delegacia de Polícia para realizar o reconhecimento, seja porque não possuem condições emocionais ou de saúde (decorrentes da prática daquele crime), seja por não haverem sido localizadas pela autoridade policial.

Enfim, em havendo situação que, por si só, já seria motivadora do decreto de prisão temporária, nada impede que a autoridade policial já a postule no corpo do auto de prisão em flagrante, o que fará com que este pedido seja apreciado e julgado na própria audiência de custódia. Aliás, nada impede que o próprio Ministério Público também a requeira em meio à audiência, *i.e.*, ao discordar de pedido de prisão preventiva encaminhado pela autoridade policial, por vislumbrar que os argumentos apresentados pela autoridade policial melhor se ajustam às situações autorizadoras da prisão temporária.

Independentemente de quem a postule, o deferimento da prisão temporária fará com que a previsão contida no *caput* do artigo em comento deva ser interpretada como *prisão cautelar*, em lugar de incidir uma interpretação literal, que levaria somente ao decreto de prisão preventiva.

4. Apresentação fora da unidade judiciária correspondente

O parágrafo único do artigo em comento faz referência à possibilidade de a audiência de custódia ser realizada "fora da unidade judiciária correspondente", daí surgindo algumas dúvidas relacionadas às hipóteses autorizadoras de sua incidência.

De início, quando a resolução menciona "unidade judiciária correspondente", por certo que ela não se refere à localidade territorial onde está assentada a unidade prisional, mas, isso sim, ao local de atuação do juiz competente, a quem o sujeito preso deve ser apresentado. A partir dessa delimitação, já se vê o quão delicada poderá ser a realização da audiência de custódia na situação objeto de nossa análise, tendo em vista que ela se realizaria, ao que tudo indica, em unidade judiciária diversa daquela onde o sujeito preso deveria ser levado, ficando em aberto a questão se o juiz a presidir a audiência de custódia será aquele original e verdadeiramente competente, ou o juiz da unidade judiciária para onde foi levado o preso.

Frente a este primeiro ponto, uma dúvida não pode, de forma alguma, pairar sobre esse tema: atos administrativos emanados do Poder Judiciário – dentre os quais está inserida a resolução em comento – não podem, em hipótese alguma, alterar regra de competência em nosso país. Conforme já decidiu a Corte Interamericana dos Direitos do Homem, a apresentação do sujeito preso ou detido deve-se dar ao juiz *competente*,[7] sendo que essa competência, conforme prevê a Convenção Americana dos Direitos do Homem, será estabelecida por *lei*, e não por qualquer outro ato emitido por instituição diversa do Tribunal de Justiça ou Tribunal Regional Federal.[8]

Firmada essa premissa, vimos que o *caput* do artigo 2º faz referência ao deslocamento do sujeito preso em flagrante até a presença do juiz. Assim, o seu parágrafo único parece indicar caminho diverso, em que o sujeito preso deixa de ser apresentado ao juiz, de modo que o juiz é que será *apresentado* ao preso. Noutras palavras, a resolução prevê a hipótese de o juiz se dirigir até o local onde está o sujeito preso em flagrante, afastando-se, portanto, de sua unidade judiciária.

Tal possibilidade já aparece no § 4º do artigo 1º da resolução, ao fazer referência à inviabilidade de o sujeito preso ser levado à presença do juiz, em razão de estar acometido de "grave enfermidade, ou havendo circunstância comprovadamente excepcional que a impossibilite de ser apresentada ao juiz no prazo do *caput*". Nestas hipóteses, a audiência de custódia será realizada no local onde se encontre aquele sujeito, isso somente não ocorrendo quando o deslocamento do juiz "se mostre inviável".

---

[7] CIDH, Caso Acosta Calderón vs. Equador, § 78, Sentença de 24 de junho de 2005.

[8] Artigo 1º, § 2º. Entende-se por autoridade judicial competente aquela assim disposta pelas leis de organização judiciária locais, ou, salvo omissão, definidas por ato normativo do Tribunal de Justiça ou Tribunal Federal local que instituir as audiências de apresentação, incluindo o juiz plantonista.

No que diz respeito à hipótese de o sujeito preso ou detido estar acometido de grave enfermidade, o que fez a resolução foi dar normatividade a entendimento já manifestado pelo Tribunal Europeu dos Direitos Humanos. Conforme decidido no Caso Egmez vs. Chipre, nas situações em que aquele sujeito se encontra internado em hospital, deve o juiz lá comparecer.[9]

O que se procurou deixar claro nessa decisão é que a audiência de custódia é um direito do sujeito preso ou detido, razão pela qual o Poder Judiciário deve enveredar todos os esforços para que ela se concretize, seja lá onde estiver aquele sujeito. Deve-se abandonar, portanto, aquelas posturas claramente utilitaristas, que veem o juiz como centro das atenções na persecução penal, inclusive no que diz respeito à realização daquele ato. Em síntese, partiu-se do pressuposto – correto, aliás – que a audiência de custódia é um direito de quem for preso ou detido, em lugar de ser encarado como um mero instrumento à disposição do juiz para julgar os temas objeto de análise naquele ato.[10]

Esta mesma lógica se aplica às demais situações autorizadoras desse deslocamento, quais sejam, aquelas em que, comprovada e excepcionalmente, não é possível o encaminhamento do sujeito preso ou detido ao juiz competente. A dúvida que poderia surgir diria respeito às situações que motivariam esse deslocamento, mas é possível lembrar duas hipóteses em que a inversão de ordem proposta pela resolução poderá ocorrer.

A primeira delas diz respeito aos autos de prisão em flagrante lavrados em cidades diversas daquela em que se encontra o juiz competente. Nossa legislação processual penal autoriza, em duas hipóteses, essa lavratura do auto de prisão em flagrante por autoridade policial diversa daquela com atuação onde foi praticada a infração penal: a um, quando o sujeito pratica um crime em uma cidade, mas, após longa perseguição, ele é preso em flagrante em outra cidade (artigo 290 do CPP); a dois, quando não houver autoridade policial em uma cidade, fazendo com que a lavratura do auto de prisão em flagrante deva-se dar por autoridade policial da cidade mais próxima, para onde o sujeito preso em flagrante deverá ser levado (artigo 308 do CPP).

Por certo que, ainda que a lavratura do auto de prisão em flagrante haja sido realizada em cidade diversa daquela onde se encontre o juiz competente, a audiência de custódia segue devendo ser realizada junto a este. Com isso, a autoridade policial permanece com a obrigação de

---

[9] TEDH, Caso Egmez vs. Chipre, § 90, Sentença de 21 de dezembro de 2000.

[10] Sobre os objetivos da audiência de custódia, ver: ANDRADE, Mauro Fonseca; ALFLEN, Pablo Rodrigo. *Audiência de Custódia no Processo Penal Brasileiro*. 2ª ed. Porto Alegre: Livraria do Advogado, 2016.

apresentar o sujeito preso em flagrante ao juiz competente. Assim, o deslocamento desse juiz somente estaria autorizado nos casos em que a polícia judiciária não possui as mínimas condições de efetuar o transporte daquele, seja por falta de viatura, seja por falta de pessoal. Não podemos esquecer que é muito dura a realidade enfrentada pela polícia judiciária em diversas unidades da federação, a ponto de, em certas Delegacias de Polícia, haver somente um agente policial ali lotado.

Frente a isso, não há como exigir que este único agente policial venha a se deslocar – ainda que exista veículo para isso – sozinho até onde se encontre o juiz competente, colocando em risco sua segurança pessoal, mas também, por horas deixando ao desabrigo toda uma comunidade que terá sua única Delegacia de Polícia fechada, até que o agente policial volte da viagem que fez para apresentar o sujeito preso ao juiz. Daí advém, portanto, a possibilidade/necessidade de o juiz competente lá comparecer.

A segunda hipótese de deslocamento do juiz competente até onde se encontre o sujeito preso ou detido está ligada a situações outras, que não aquela da prisão em flagrante. Lembremos que, como bem disciplinou o Conselho Nacional de Justiça, a audiência de custódia não se presta somente aos sujeitos presos em flagrante. Ao contrário, ela tem, como público-alvo, todos aqueles sujeitos que tiverem sua liberdade restringida por qualquer motivo, seja de forma provisória ou de forma definitiva. Aí estão inseridos, por consequência, todos aqueles sujeitos que também forem presos em decorrência de prisão cautelar (prisão preventiva ou prisão temporária) ou de prisão definitiva.

Em assim sendo, o deslocamento judicial poderá ocorrer naquelas situações em que a polícia judiciária ou os agentes da segurança pública não tenham condições de apresentar o sujeito privado em sua liberdade. Quais seriam elas? A título de exemplo, podemos citar as prisões, decorrentes de cumprimento de mandado, em que a polícia militar ou a polícia civil não tenha condições de apresentar o sujeito preso por motivos de segurança. Por vezes, a falta de segurança diz respeito ao risco de resgate de quem foi preso; por outras, ela está ligada ao número de sujeitos presos em uma mesma operação policial.

Seja como for, a previsão de deslocamento do juiz até onde se encontra o sujeito preso ou detido nada mais é que uma alternativa apresentada pelo Conselho Nacional de Justiça às propostas, até aqui feitas, de realização da audiência de custódia por videoconferência / teleaudiência. Como se pode observar do teor da Resolução nº 213, aquele Conselho entendeu por bem não disciplinar a videoconferência / teleaudiência por ato administrativo, muito provavelmente para não sofrer os mesmos questionamentos de ilegalidade verificados anteriormente à inserção dessa possibilidade em nossa legislação. É daí que advém a possibilidade de os Tribunais firmarem convênios para o deslocamento do juiz até onde se encontra o sujeito preso ou detido.

Bibliografia

ANDRADE, Mauro Fonseca. A Audiência de Custódia na Concepção da Justiça Gaúcha. In: ANDRADE, Mauro Fonseca; ALFLEN, Pablo Rodrigo (org.). *Audiência de Custódia: da boa intenção à boa técnica*. Porto Alegre: FMP, 2016. p. 221-246.

——; ALFLEN, Pablo Rodrigo. *Audiência de Custódia no Processo Penal Brasileiro*. 2ª ed. Porto Alegre: Livraria do Advogado, 2016.

MACHADO, Leonardo Marcondes. Resistência Crítica e Poder Punitivo: diálogos em torno da Audiência de Custódia. *Revista Síntese Direito Penal e Processo Penal*. Porto Alegre, a. XVI, nº 93, p. 40-53, ago.-set. 2015.

PAIVA, Caio. *Audiência de Custódia e Processo Penal Brasileiro*. Florianópolis: Empório do Direito, 2015.

Resolução 213 do CNJ – artigo 3º

Art. 3º Se, por qualquer motivo, não houver juiz na comarca até o final do prazo do art. 1º, a pessoa presa será levada imediatamente ao substituto legal, observado, no que couber, o § 5º do art. 1º.

RODRIGO DA SILVA BRANDALISE[1]

1. Prazo para ser feita a comunicação ao substituto ou outro juízo. Prazo que este terá para realizar a audiência de custódia

Como já abordado em momento próprio desta obra, a audiência de custódia deve ser realizada em até 24 horas da comunicação do flagrante.[2] Doutra banda, o artigo 3º, primeira parte, refere que o substituto da *autoridade judicial competente* deverá ser chamado a atuar se, por qualquer motivo, não houver juiz na comarca até o final do prazo do art. 1º.[3] Ou seja, *nos termos do presente artigo,* quando o juiz substituto da *autoridade judicial competente* for comunicado, já terá escoado o prazo inicialmente previsto para a realização da audiência de custódia!

Isso traz uma conclusão inevitável: o prazo previsto no artigo 1º, *caput*, da Resolução *não é absoluto e nem peremptório*, na medida em que ela própria excepciona a regra, como se lê da primeira parte do artigo 3º. E não apenas pelo que foi exposto acima, mas também porque o artigo 3º, parte final, faz referência expressa ao § 5º do artigo 1º. Este último dispositivo autoriza a apresentação à outra autoridade judicial

---

[1] Mestre em Ciências Jurídico-Criminais pela FDUL, Portugal. Professor Palestrante junto à FMP. Promotor de Justiça no Estado do Rio Grande do Sul.

[2] Artigo 1º, *caput*, da Resolução.

[3] Raphael Melo, em obra conhecida após a publicação da primeira edição desta, assevera que a apresentação a um juiz que seja substituto legal, desde logo, pode se dar pela falta de juiz titular na Comarca, ou quando já se souber que o titular estará ausente pelo prazo de apresentação definido (MELO, Raphael. *Audiência de custódia no processo penal*. Conforme Resolução 213 do CNJ e Projeto de Lei do Senado 554/2011. Belo Horizonte: D'Plácido, 2016, p. 185).

quando a *autoridade judicial competente* estiver impossibilitada de cumprir o prazo estabelecido para a audiência de custódia.

Assim, pode-se concluir que a hipótese do artigo 3º não justifica a interposição de *habeas corpus* sob o argumento de excesso de prazo da prisão em flagrante.[4] O que deve estar garantido é que, em até 24 (vinte e quatro) horas após a realização da prisão, seja encaminhado ao juiz competente o auto de prisão em flagrante, nos termos do artigo 306, § 1º, do Código de Processo Penal. Da mesma forma, em idêntico prazo, deve ser-lhe entregue a nota de culpa, mediante recibo (§ 2º).

Se as providências legalmente estabelecidas quanto ao flagrante forem cumpridas, o eventual atraso na audiência de custódia, como dito, não autoriza a imediata soltura do preso. É o que se conclui da interpretação conjunta da Resolução (ato administrativo) com o Código de Processo Penal (lei existente conforme o processo legislativo junto ao Poder respectivo).

Tendo essa premissa como norte, a interpretação que se permite fazer é a de que o juiz substituto da *autoridade judicial competente* que for comunicado também terá para si as mesmas 24 horas para a sua realização. Entretanto, elas serão contadas a partir do término do prazo estabelecido no *caput* do artigo 1º da Resolução.

Diz-se isso, porque não há prazo específico previsto no artigo 3º da Resolução. Assim, necessário valer-se do que estabelece o artigo 3º do Código de Processo Penal, que possibilita a aplicação analógica junto ao processo penal.

Como ensina a doutrina, a analogia nada mais é do que a aplicação de uma regulamentação legal a outra, quando esta última não tiver regulamentação própria, notadamente naquelas situações nas quais a mesma motivação refere-se aos dois preceitos. Serve, portanto, como padrão de integração da ordem jurídica.[5]

Todos os prazos previstos para as hipóteses de prisão em flagrante são de 24 horas (seja no Código de Processo Penal, seja na própria Resolução, conforme já citado). Inexiste razão, portanto, para que o juiz substituto da *autoridade judicial competente* tenha de trabalhar com prazo menor, sem qualquer critério que sirva de parâmetro para tanto.

Na linha do que expõe a doutrina sobre o tema relativo ao prazo para a realização da audiência de custódia, ideal seria uma ampla e clara discussão sobre a adequação temporal compatível para toda a realidade nacional, notadamente, quando se sabe que, por suas proporções

[4] Código de Processo Penal, artigo 648, inciso II.

[5] MONTORO, André Franco. *Introdução à Ciência do Direito*. 28ª ed., rev. e atual. São Paulo: Revista dos Tribunais, 2009, p. 431.

territoriais, o Brasil convive com realidades distintas (o que pode fazer com que exista, por exemplo, o deslocamento do preso por barcos do local onde foi preso até a Comarca de sua audiência).[6]

Faltante tal realidade, cabe à doutrina suprir tal situação. É o que se propõe.

2. O tratamento previsto para a ausência do juiz responsável pela realização da audiência de custódia

Entendida a questão do prazo, necessita-se ver quem será o substituto.

Da leitura do artigo 1º, *caput*, da Resolução, infere-se que a audiência de custódia será presidida pela *autoridade judicial competente*, para os fins ali descritos.

A Resolução, no § 2º do citado artigo, define o que seja *autoridade judicial competente*, ao dizer que é aquela disposta pelas leis locais de organização judiciária, ou, salvo omissão, definida por ato normativo do Tribunal de Justiça ou Tribunal Federal local que instituir as audiências de apresentação, incluído o juiz plantonista.

E se a *autoridade judicial competente* definida pela lei de organização judiciária ou por ato normativo dos Tribunais não puder comparecer ao ato, inclusive na hipótese de não ser localizada?

A resposta, como já vista, vem prevista no artigo 3º ora em comento: se, por qualquer motivo, não houver juiz na comarca (a citada *autoridade judicial competente*), a pessoa presa será levada imediatamente ao *substituto legal*.

Para saber-se quem será o *substituto legal*, tudo dependerá da forma como será estabelecida a *autoridade judicial competente* para a audiência de custódia. Na medida em que tal definição dependerá da organização judiciária de cada ente federativo, várias serão as hipóteses possíveis.

Evidentemente, onde houver vara única, tanto o atendimento em horário forense como o atendimento em plantão será exercido pelo juiz que a estiver jurisdicionando.[7] Assim, se a ele for acometida a função de realizar a audiência de custódia em sua Comarca ou circunscrição, bastará consultar a escala de substituição definida a ela para cumprir-se o disposto na Resolução.

---

[6] ANDRADE, Mauro Fonseca; ALFLEN, Pablo Rodrigo. *Audiência de custódia no processo penal brasileiro*. Porto Alegre: Livraria do Advogado, 2015, p. 62.

[7] Como é o caso previsto na Consolidação Normativa Judicial do Estado do Rio Grande do Sul, artigo 377, inciso I.

O cuidado maior surge quando houver mais de um juiz com atuação na mesma Comarca ou circunscrição.

Nesse caso, vamos às hipóteses iniciais:

a) caso apenas um deles exerça competência criminal, se a ele for acometida a realização da audiência de custódia em sua Comarca ou circunscrição em horário forense, bastará consultar a escala de substituição definida a ela para cumprir-se o disposto na Resolução;

b) caso haja dois ou mais juízes com competência criminal, se a eles for determinada a realização da audiência de custódia em horário forense, necessitar-se-á haver sua individualização pelo critério da distribuição, nos termos do artigo 75 do Código de Processo Penal.[8] Na medida em que ele restar definido, sua escala de substituição será aquela determinada conforme o critério de cada Tribunal.

Não obstante, as audiências de custódia podem ser realizadas fora do horário forense, naquilo que se convenciona chamar de *plantão*.

Por exemplo, nos termos da Consolidação Normativa Judicial do Estado do Rio Grande do Sul (artigo 377), o Serviço de Plantão em Comarcas do Interior, que se destina a prestar jurisdição de caráter urgente, iniciará às 17h30min de quarta-feira, estendendo-se até as 17h30min da quarta-feira seguinte. Todos os juízes com atuação na Comarca deverão ser incluídos na escala do referido serviço, independentemente da natureza de sua jurisdição, cível ou criminal (inciso II).

Como já dito, onde houver vara única, a regra é que o plantão seja exercido pelo juiz que nela estiver jurisdicionando.

Onde existirem duas ou mais varas, haverá uma escala predeterminada. No caso do Rio Grande do Sul, o Juiz de Direito Diretor do Foro elaborará escala trimestral e nela será observada, em princípio, a ordem de antiguidade descendente.[9]

Conforme o inciso IV do artigo 377 da Consolidação, o juiz plantonista nas Comarcas do interior atenderá, fora do expediente forense e aos fins de semana, as matérias relacionadas com prisões em flagrante, provisórias e preventivas (alínea *c*).

Já na Comarca de Porto Alegre, o Serviço de Plantão terá funcionamento autônomo em relação às unidades jurisdicionais (artigo 378 da mesma Consolidação). Neste caso, é obrigatória a permanência do Juiz plantonista no Foro, quando sua designação for exclusiva (§ 7º).

---

[8] Nos termos do indicado artigo, a precedência da distribuição fixará a competência quando, na mesma circunscrição judiciária, houver mais de um juiz igualmente competente. Conforme o seu parágrafo único, a distribuição realizada para o efeito da concessão de fiança ou da decretação de prisão preventiva ou de qualquer diligência anterior à denúncia ou queixa prevenirá a da ação penal.

[9] Consolidação Normativa Judicial, artigo 377, inciso I.

Dentre outras, a jurisdição do Serviço de Plantão na Capital compreenderá a matéria relacionada com prisões em flagrante, preventiva e medidas cautelares, o recebimento das apresentações e a coleta do compromisso e do endereço atualizado daqueles que restarem liberados fora do expediente forense.[10]

No âmbito do Estado do Rio Grande do Sul, a substituição do juiz plantonista é feita da seguinte forma:

- nos casos de serviço de plantão nas Comarcas do Interior, será competente o primeiro magistrado com atuação na Comarca, inclusive em regime de substituição, que for localizado pelo interessado, o qual poderá, alternativamente, dirigir-se ao Plantão da Comarca mais próxima;[11]
- nos casos da capital, o juiz plantonista será substituído, em caso de impedimento, pelos que lhe seguirem na escala.[12]

Ou seja, já existe regramento específico em tal Estado.

Também se pode citar a regulamentação do serviço de plantão no Estado de São Paulo.

Nos termos do Provimento nº 1154/2006 do Tribunal de Justiça do Estado de São Paulo, o Plantão Judiciário destina-se, dentre outras, ao conhecimento de requerimento para a realização de exame de corpo de delito em casos de abuso de autoridade; à apreciação dos pedidos de concessão de liberdade provisória e de pedidos de liberdade em casos criminais de comprovada urgência; ao exame de representação da autoridade policial, visando à decretação de prisão preventiva, desde que o pedido não possa ser apreciado em dia de expediente forense; e às comunicações de prisão em flagrante delito (rol descrito no artigo 1º).

Conforme o artigo 2º, a competência do Juiz de Direito do plantão perdurará mesmo depois do seu encerramento, estendendo-se até a reabertura do expediente do dia imediato, incumbindo-lhe permanecer acessível.[13]

O mesmo Provimento estabelece os critérios de substituição. Consoante o artigo 6º, o magistrado que não puder comparecer ao plantão será substituído pelo seguinte, na ordem de designação constante da escala mensal, competindo-lhe as providências necessárias para comunicação tempestiva ao substituto.

---

[10] Consolidação Normativa Judicial, artigo 378, § 3º, inciso III.

[11] Consolidação Normativa Judicial, artigo 377, inciso V

[12] Consolidação Normativa Judicial, artigo 378, § 9º, inciso III.

[13] Nos termos do parágrafo único, o acesso ao Magistrado far-se-á por intermédio do Diretor da Serventia ou seu substituto, que manterá consigo telefone celular oficial cujo número será divulgado ao responsável pelo plantão policial da comarca-sede à subseção local da Ordem dos Advogados do Brasil e ao Ministério Público.

Mais adiante, nos termos do artigo 16, parágrafo único, ao regular o serviço de plantão na Comarca da capital, define que o magistrado que, por motivo de força maior, não puder comparecer ao plantão, será substituído pelo seguinte na ordem de designação, cabendo-lhe comunicar o fato ao substituto.

Em relação ao serviço no interior do Estado de São Paulo, o artigo 24 do Provimento expõe que o juiz será substituído pelo seguinte na ordem de designação constante da escala mensal, competindo-lhe as providências necessárias para comunicação tempestiva ao substituto, quando não puder comparecer ao plantão por motivo de força maior.

O Supremo Tribunal Federal (STF) também tem regras próprias que guardam relação com o tema ora em pauta.

Por força do artigo 13 de seu Regimento Interno, é atribuição de seu Presidente a decisão de questões urgentes nos períodos de recesso ou de férias (inciso VIII).[14]

Quanto aos Relatores, incumbe-lhes a decisão de questões urgentes no plantão judicial realizado nos dias de sábado, domingo, feriados e naqueles em que o Tribunal o determinar na forma regulamentada em Resolução (artigo 21, inciso V-A).

Conforme a Resolução 449, de 2 de dezembro de 2010, que regula o plantão no STF,[15] realizada a distribuição, dar-se-á conhecimento do pedido ao Relator ou a servidor por ele indicado (artigo 4º).

Nos termos do artigo 5º da mesma Resolução, recaem ao plantão do STF, no que aqui interessa, a comunicação de prisão em flagrante e apreciação de pedidos de concessão de liberdade provisória, em inquérito ou ação penal da competência originária do Tribunal (inciso III); e a decisão acerca da representação da autoridade policial ou requerimento do Ministério Público, visando à decretação de prisão preventiva, observada a competência originária do Tribunal (inciso IV).

Como não poderia deixar de ser, ainda aqui há uma escala de substituição estabelecida, e que pode atingir as audiências de custódia nas hipóteses de flagrante que envolva sua competência criminal originária.

Nos termos do artigo 14 de seu Regimento Interno, o Vice-Presidente substituirá o Presidente nas licenças, ausências e impedimentos eventuais. Já, nos termos do artigo 38, inciso I, o Relator será substituído pelo Revisor, se houver, ou pelo Ministro imediato em antiguidade,

---

[14] Conforme o artigo 78 do Regimento Interno, o ano judiciário no STF divide-se em dois períodos, recaindo as férias em janeiro e julho.

[15] Estabeleceu a mesma Resolução que o plantão será realizado aos sábados, domingos e feriados, das nove às treze horas (artigo 2º).

dentre os do Tribunal ou da Turma, conforme a competência, na vacância, nas licenças ou ausências em razão de missão oficial, de até trinta dias, quando se tratar de deliberação sobre medida urgente.

Ainda, na dicção do § 3º do artigo 78 do Regimento Interno, os Ministros indicarão seu endereço para eventual convocação durante as férias ou recesso.

Evidentemente, trata-se de uma questão de organização interna dos Tribunais, a ser considerada conforme sua oportunidade e conveniência (em regra, respeitam-se aspectos geográficos, populacionais, de número de juízes e de servidores).

Dentro de tais critérios de conveniência e de oportunidade, a Resolução admite a possibilidade excepcional de apresentação à autoridade judicial em Municípios ou sedes regionais quando o juiz competente ou plantonista (a *autoridade judicial competente*) esteja impossibilitado de cumprir o prazo estabelecido para a audiência de custódia, qual seja, em até 24 horas da comunicação do flagrante.[16]

Adotadas as providências pertinentes para a substituição, não haverá, como mencionado anteriormente, motivação para a concessão de ordem em *habeas corpus*. Não obstante, poderá haver apuração administrativa da conduta da *autoridade judicial competente* que foi substituída.

Referências bibliográficas

ANDRADE, Mauro Fonseca; ALFLEN, Pablo Rodrigo. *Audiência de custódia no processo penal brasileiro*. Porto Alegre: Livraria do Advogado, 2015.

MELO, Raphael. *Audiência de custódia no processo penal*. Conforme Resolução 213 do CNJ e Projeto de Lei do Senado 554/2011. Belo Horizonte: D'Plácido, 2016.

MONTORO, André Franco. *Introdução à Ciência do Direito*. 28ª ed., rev. e atual. São Paulo: Revista dos Tribunais, 2009.

[16] Interpretação que pode ser feita nos termos do artigo 3º, parte final, combinado com o artigo 1º, *caput*, e § 5º, da Resolução.

Resolução 213 do CNJ – artigo 4º

Art. 4º A audiência de custódia será realizada na presença do Ministério Público e da Defensoria Pública, caso a pessoa detida não possua defensor constituído no momento da lavratura do flagrante.
Parágrafo único. É vedada a presença dos agentes policiais responsáveis pela prisão ou pela investigação durante a audiência de custódia

Fauzi Hassan Choukr[1]

1. Regime de inclusão e exclusão de participantes na audiência

O presente artigo cuida de um dos pontos mais sensíveis na concretização da audiência de custódia: o da delimitação dos seus intervenientes, com a indicação dos que devem obrigatoriamente comparecer ao ato e os que estão impedidos de fazê-lo.

À parte os tópicos que se seguirão buscando enfrentar algumas questões deixadas em aberto pelo regramento do CNJ – e que podem servir de aprendizado para o andamento do PL 544/2011 ou mesmo para o projeto de reforma global do CPP, que voltou a tramitar na Câmara dos Deputados em 2016 – um aspecto merece destaque inicial, que é o das consequências quando do não cumprimento do quanto determinado pela norma em comento.

2. Consequências do descumprimento do regime

Amparado por um anacrônico modelo de nulidades do processo penal, de resto atualizado mais pelas discussões teóricas do que pelas

[1] Pós doutor pela Universidade de Coimbra. Doutor e Mestre pela USP. Especializado em Direitos Humanos pela Universidade de Oxford (New College) Especializado em Direito Processual Penal pela Universidade Castilla la Mancha. Pesquisador Convidado do Instituto Max Planck para Direito Penal Estrangeiro e Internacional, Freiburg in Bresigau (1998/2008), Alemanha. Pesquisador convidado do Collège de France (2005/2009). Membro da Associação Internacional de Direito Penal Promotor de Justiça/ SP.

mudanças legislativas ainda que pontuais, deve-se buscar extrair o máximo de eficiência da norma convencional, agora projetada na presente Resolução, de modo a não fazer com que, pelo plano das nulidades e, em particular, mediante o emprego do jargão *prejuízo* (cujo conteúdo é marcantemente indeterminado), esvazie-se a importância das presenças obrigatórias, e haja condescendência com a presença de quem não deve ali estar.

Assim, no marco de um processo penal orientado pela estrutura constitucional e convencional, toma-se aqui, como ponto de partida, que a violação do quanto disposto no presente artigo traduz o que se denomina de *nulidade absoluta*, insanável e projetada exclusivamente para as consequências cautelares discutidas na audiência de custódia.

O emprego do *standard ausência de prejuízo* para contornar as situações que venham a violar o disposto na presente Resolução servirá para manter a inovação da audiência de custódia no plano anterior do CPP, frustrando, sobretudo, a fiscalização sobre as internacionalmente reconhecidas violências policiais praticadas no Brasil, cujo enfrentamento é um dos grandes escopos do novo mecanismo judicial, e orienta políticas públicas de enfrentamento da tortura.

Saindo do plano das nulidades, é necessário descer à disciplina legal para compreender a extensão de seus acertos e as incongruências de suas omissões.

3. Órgão de execução do Ministério Público

Na estrutura acusatória do processo penal que se projeta a partir do art. 129, I, da Constituição de 1988, a presença do Ministério Público é, por óbvio, uma necessidade. E, para além dessa constatação, é de se destacar que a presença do MP em audiência, conjugada à expressa ausência da autoridade policial que presidiu a lavratura do auto de prisão em flagrante, significa um avanço para a correta compreensão do papel provocador de medidas cautelares desempenhado por quem não é o titular da ação penal, tal como historicamente presente no processo penal brasileiro, e não alterada com a reforma de 2011.

Levada às suas efetivas consequências, a mencionada norma constitucional não permite que estranhos à titularidade da ação penal assumam a vanguarda de postulações que se projetem para a ação penal de conhecimento. E, mais ainda, no modelo acusatório não seria possível que essas postulações viessem a ser acolhidas judicialmente em desacordo com a postulação do titular da ação penal.

Nada obstante, assim se passa no cenário processual penal brasileiro, no qual autoridades policiais podiam (e podem) postular medidas cautelares pessoais que se projetam para a ação de conhecimento, sem controle prévio do titular da ação penal, postulações – ou *representações*, na linguagem do CPP – que podiam (e podem) ser acolhidas mesmo em desacordo com a postura processual do titular da ação penal.

A audiência de custódia, na forma regulada, enfrenta parcialmente esta situação para superar a desestrutura sistêmica, pois, se não elimina a postulação policial (representação pela prisão, por exemplo, quando do encaminhamento de cópia do flagrante), dá-lhe uma dimensão secundária, porquanto o que se decide sobre a necessidade cautelar e a medida cautelar adequada e necessária é aquilo debatido em audiência.

Outra situação que merece destaque no presente momento é a definição do órgão de execução do MP interveniente na audiência de custódia. Com efeito, inúmeras variáveis devem aqui ser levadas em conta, como a dimensão da comarca, a fim de saber se há mais de um órgão ali atuante, por exemplo.

De todas elas, pode chamar a atenção se o órgão de execução do MP teve ou não papel atuante na determinação da prisão, tendo sido responsável por dar a *voz de prisão em flagrante* à pessoa que, na sequência, será apresentada em audiência.

Aqui, a melhor solução parece ser a de evitar que o mesmo integrante do MP atue nas duas etapas, sendo aconselhável que seu substituto automático participe da audiência de custódia, empregando-se a mesma lógica do parágrafo único do art. 4º da Resolução. E tal substituição se dá mesmo em comarcas com apenas um titular do MP, porquanto as escalas de substituição contemplam as hipóteses de substitutos para comarcas distintas.

4. Defesa constituída ou dativa

A presença defensiva se faz necessária, seja por intermédio de defensor constituído ou por meio da defesa dativa. Para esta última, a Resolução traz uma restrição incompreensível, pois a reduz à atividade da Defensoria Pública que, malgrado presente formalmente em todos os Estados da Federação, não prescinde dos trabalhos conveniados da OAB para a prestação da *assistência judiciária*.

A Resolução não prevê a necessidade de, quando da pluralidade de pessoas presas, haver um exclusivo defensor para cada uma delas. E, como não se trata de audiência para aprofundamento de temas próprios ao eventual futuro processo de conhecimento – quando do flagrante – ou de aspectos destes – quando da audiência, nos termos do art. 13 da Resolução – a hipótese de *defesas conflitantes*, a exigir pluralidade de defensores, fica, ao menos num primeiro momento, relegada a alguma situação residual e potencialmente rara na prática.

Defesa e MP são, por certo, protagonistas da audiência. Mas, na medida em que a Resolução foi além da mera apresentação quando do flagrante, faltou ao texto legal uma visão mais abrangente do sistema das cautelares.

5. Silêncios legislativos: assistente do MP e querelante

Apresentando uma melhor aderência ao texto convencional, que não limita a apresentação judicial da pessoa presa às hipóteses de flagrante delito, o art. 13 determina:

> Art. 13. A apresentação à autoridade judicial no prazo de 24 horas também será assegurada às pessoas presas em decorrência de cumprimento de mandados de prisão cautelar ou definitiva, aplicando-se, no que couber, os procedimentos previstos nesta Resolução.

Contudo, quando a necessidade cautelar se verifica durante o processo, as postulações da constrição cautelar (ou, como insistimos, da verificação da necessidade cautelar) podem ser provocadas pelo assistente da acusação ou do querelante, na ação penal privada a teor do art. 282, § 4º, do CPP.

Nessas hipóteses, como legitimado ativo (querelante) ou atuante em papel de coadjuvação ao acusado público (assistente), este último podendo, inclusive, assumir postulações de encontro ao próprio titular da ação penal, haveria de ter concebido a Resolução a possibilidade de participação na audiência de custódia. Mesmo porque, nesse ato processual, cuja dinâmica é ínsita à própria natureza das cautelares, poderá ser provocada pela Defesa a desnecessidade da cautela ou, mesmo, o excesso de cautela com a prisão preventiva, o que torna mais nítida a necessidade da participação aqui discutida.

E, para além do que já foi dito, em se tratando de ação penal privada subsidiária da pública, o querelante-subsidiário também haveria de participar da audiência, pois tem capacidade postulatória cautelar.

Por fim, certamente não como interveniente na audiência, mas em nome da concretização do quanto disposto no artigo 201, § 2º, do CPP, teria sido de bom tom que o presente artigo mencionasse, em parágrafo próprio, a comunicação à vítima do resultado da audiência, providência de especial relevância quando da imposição das medidas do art. 319, II e III, do CPP. Assim, não seria ela participante do ato, mas teria satisfeito, ao menos formalmente, seu direito à informação sobre o conteúdo do ato processual.

6. Vedação à participação: "agentes policiais"

Neste ponto, a Resolução se manifesta no sentido de otimizar o enfrentamento do endêmico e crônico emprego da tortura por forças policiais. As estimativas oficialmente estimuladas apontam um mínimo de 20% de relato de casos de abusos/violências policiais reportados nas audiências de custódia.[2]

Nesse cenário, a exclusão dos policiais participantes – estes entendidos num conceito amplo, e não apenas cingidos aos "agentes" – na prisão ou na investigação, afigura-se como decorrência natural das razões de existência da própria audiência, e servem para diminuir as inibições ou os constrangimentos naturais que surgiriam, se a pessoa presa se deparasse, no ato processual, com os responsáveis pelas alegadas violências.

Tal providência de exclusão se restringe expressamente ao ato de audiência, não se projetando para a escolta no deslocamento da pessoa presa, o que, por certo, gerará a crítica – nem sempre infundada – que eventuais intimidações possam acontecer no trajeto, antes ou depois do ato processual.

Por tal razão, a Resolução incorporou o "Protocolo II" que, ao lado da disposição do par. único do art. 4º aqui tratado, visa a ampliar a possibilidade de manifestação da vítima acerca de alegadas violências policiais.

[2] Disponível em <http://www.stf.jus.br/portal/cms/verNoticiaDetalhe.asp?idConteudo=308817>, acessado em 30.03.2016, 18:00.

Resolução 213 do CNJ – artigo 5º

Art. 5º Se a pessoa presa em flagrante delito constituir advogado até o término da lavratura do auto de prisão em flagrante, o Delegado de polícia deverá notificá-lo, pelos meios mais comuns, tais como correio eletrônico, telefone ou mensagem de texto, para que compareça à audiência de custódia, consignando nos autos.
Parágrafo único. Não havendo defensor constituído, a pessoa presa será atendida pela Defensoria Pública.

CAIO PAIVA[1]

1. Direito da pessoa presa a escolher a sua defesa técnica

Na primeira parte do *caput* deste artigo, encontramos uma concretização do *direito de escolha* da pessoa presa, a quem é garantido o direito de constituir advogado de sua confiança, não havendo que se falar, portanto, em assistência jurídica compulsória pela Defensoria Pública. O *direito de escolha*, além da sua previsão na Constituição Federal como uma decorrência da ampla defesa (art. 5º, LV), está expressamente assegurado em tratados internacionais de direitos humanos que o Brasil voluntariamente aderiu, a exemplo da Convenção Americana de Direitos Humanos – CADH (art. 8.2,d) – e do Pacto Internacional de Direitos Civis e Políticos – PIDCP (art. 14.3.b,d).

2. Notificação do advogado para comparecimento na audiência de custódia pela autoridade policial

Na segunda parte deste artigo, a Resolução comete um equívoco ao atribuir à autoridade policial a incumbência de *notificar* o advogado

[1] Especialista em Ciências Criminais. Autor dos livros *Audiência de Custódia e o Processo Penal Brasileiro* (2ª edição, Empório do Direito, 2016) e *Prática Penal para Defensoria Pública* (Forense, 2016) e coautor do livro *Jurisprudência Internacional de Direitos Humanos* (CEI, 2017). Defensor Público Federal.

constituído pela pessoa presa para comparecer à audiência de custódia, e isso porque o delegado não dispõe, quando do encerramento da lavratura do APF, de informações relativas à data e horário da audiência de custódia. Além disso, considerando-se a natureza *processual* da AC, a notificação ou intimação das partes para comparecimento somente pode emanar do Poder Judiciário, sendo no mínimo inconveniente, portanto, que uma autoridade *policial* intime alguém para a realização de um ato *processual*. Assim, convém que a Resolução seja alterada neste ponto, atribuindo-se ao delegado apenas a incumbência de consignar no APF a informação de que a pessoa presa possui advogado, o qual deverá ser avisado da designação da AC pelos mesmos de comunicação previstos neste art. 5º.

3. Assistência jurídica pela Defensoria Pública a pessoa presa sem advogado

O parágrafo único do art. 5º repete a orientação lançada no art. 4º, acerca da imprescindibilidade da defesa técnica na audiência de custódia, ressaltando que, não tendo a pessoa presa constituído advogado, a assistência jurídica será prestada pela Defensoria Pública. Importante que as Defensorias se preparem para o incremento de trabalho que a AC provoca, criando rotinas internas de organização entre os defensores públicos, redefinindo prioridades, trabalhando na articulação política para a ampliação da estrutura de pessoal da instituição etc.

Nos tópicos seguintes, analisaremos algumas *questões específicas* sobre a atuação do defensor público na audiência de custódia.[2]

4. A audiência de custódia substitui a necessidade de o defensor público visitar a pessoa presa para formular o pedido de liberdade?

O contato pessoal entre o defensor público e a pessoa presa é fundamental para subsidiar o pedido de liberdade, evitando-se, com isso, uma atuação *pro forma*, sem informações específicas sobre o caso concreto. No entanto, considerando que a AC deve ser realizada – em regra – até vinte e quatro horas após a prisão, parece-me que a realização do ato substituirá a necessidade de o defensor público visitar a pessoa presa para formular o pedido de liberdade. Importante ressaltar

[2] Daqui em diante, o texto tem como base dois trabalhos anteriores que escrevi sobre o tema, quais sejam, (I) *Audiência de Custódia e o Processo Penal Brasileiro*, agora em sua segunda edição (2016, novamente pela editora Empório do Direito; e (II) *Prática Penal para Defensoria Pública*, Editora Forense, 2016.

que estamos comentando apenas sobre a visita realizada previamente à apresentação do pedido de liberdade, de modo que, ainda que realizada a AC, com o contato defensor-assistido estabelecido na entrevista reservada, no caso de a prisão ser mantida, permanecerá a necessidade de o defensor público visitar periodicamente o preso.

5. Aproveitamento do ato para colher informações sobre a pessoa presa para subsidiar a resposta à acusação

Uma das grandes dificuldades da Defensoria Pública, no momento da resposta à acusação, consiste em estabelecer contato com o assistido para colher informações sobre ele e também sobre o caso, a fim de que a defesa técnica possa ser mais efetiva. A audiência de custódia soluciona este problema, na medida em que o defensor público poderá, na entrevista reservada previamente à realização da AC, obter as informações sobre a pessoa presa, solicitar rol de testemunhas, ter uma primeira conversa sobre a acusação etc. Assim, recomenda-se que o defensor público explore ao máximo esse encontro com o assistido.

6. O defensor público é obrigado a comparecer na audiência de custódia?

A LC 80/94 prevê, como dever dos membros da Defensoria Pública, "atender ao expediente forense e participar dos atos judiciais, quando for obrigatória a sua presença" (artigos 45, V, 90, V, e 129, V). O atendimento ao expediente forense e a participação dos atos judiciais não consistem, portanto, em *atividade* sujeita à margem de discricionariedade da independência funcional dos defensores. Logo, a resposta lançada no título do tópico é positiva: o defensor público é obrigado a comparecer na audiência de custódia.

7. O defensor público deve orientar previamente o assistido sobre a finalidade do ato

O defensor público deve orientar o cidadão preso, em ambiente reservado, sem o acompanhamento de policiais, sobre a finalidade do ato. Tratando-se de uma garantia encontrada no art. 7.5 da CADH, que diz respeito exclusivamente à proteção da liberdade pessoal, a audiência de custódia não pode consistir num interrogatório antecipado. Neste sentido, aliás, a Resolução em comento estabelece que o juiz deve "abster-se de formular perguntas com finalidade de produzir prova para a investigação ou ação penal relativas aos fatos objeto do auto de prisão em flagrante" (art. 8º, VIII), e também "(...) indeferir as perguntas [do MP e da defesa técnica] relativas ao mérito dos fatos que possam constituir eventual imputação (...)" (art. 8º, § 1º).[3]

Assim, o aconselhamento do defensor público ao assistido preso deve ser o mais didático possível, explicando que a audiência de custódia consiste numa ocasião para se discutir unicamente a legalidade e a necessidade da sua prisão. A experiência prática revela que, em alguns casos, inevitavelmente o cidadão preso *avançará* para a questão de mérito, em especial, para negar a autoria de crime ou para admitir a autoria de conduta insignificante. Diante deste cenário, o defensor público deve-se atentar apenas para evitar autoincriminações precipitadas, podendo deixar – eventualmente – que o assistido *avance* para o mérito dos fatos, desde que anteveja que tal comportamento não o prejudicará; do contrário, ainda que contra a vontade do preso, pode intervir e requerer que o juiz encerre a oitiva.

8. O defensor público no combate à tortura

Tratando-se da questão relativa à tortura, o primeiro ponto a ser observado pelo defensor público, ainda naquele momento de orientação prévia ao preso, é questioná-lo se ele foi vítima de algum tipo de agressão por parte dos policiais. De tão frequente, banalizada e impune, a pequena ou média violência policial passou a ser assimilada pelos presos (e pela sociedade em geral) como um procedimento padrão, algo quase *inevitável*. Aqui, o vocabulário facilitado e a postura do defensor público são muito importantes, e isso porque deve-se valer de expressões simples e gestos que demonstrem confiança para conversas com o preso sobre esse problema. Recomenda-se, portanto, que indague: "Foi vítima de algum tipo de agressão ou violência?", em vez de "Foi vítima de tortura?", já que a *tortura* designa uma violência mais acentuada, como se a *pequena violência* não importasse.

O segundo ponto a ser observado pelo defensor público, no caso de o cidadão afirmar ter sido vítima de agressão, é requerer ao juiz que a audiência de custódia seja realizada sem a presença dos policiais responsáveis pela prisão do assistido, fator que pode contribuir para uma das principais causas da impunidade da tortura no Brasil: a

[3] Na 2ª edição do meu livro *Audiência de Custódia e o Processo Penal Brasileiro*, mudei de opinião a respeito do *conteúdo* da audiência de custódia, posicionando-me favoravelmente à incursão sobre o *mérito*. Para não invadir o espaço do autor responsável pelos comentários ao dispositivo da Resolução 213 que disciplina a vedação da atividade probatória, remeto o leitor às considerações que diz o tópico 4.11 da 2ª edição do meu livro, cujo título é *Limite cognitivo e o debate sobre à proibição de atividade probatória na audiência de custódia*, páginas 111 e seguintes.

subnotificação.[4] Para garantir a segurança do ambiente, se necessário, o juiz pode requisitar a segurança do próprio fórum. Assim, andou bem a Resolução ao asseverar que: "É vedada a presença dos agentes policiais responsáveis pela prisão ou pela investigação durante a audiência de custódia" (art. 4º, parágrafo único).

O terceiro ponto a ser observado pelo defensor público, agora já durante a audiência, consiste em, tendo o preso relatado alguma violência cometida por policiais contra ele, opor-se a qualquer manifestação do Ministério Público ou do juiz que advirta o cidadão sobre a possibilidade de uma mentira acerca do fato lhe causar um processo por crime de denunciação caluniosa (art. 339 do CP), expediente comumente utilizado que apenas contribui para o problema da subnotificação. Nessa hipótese, deve o defensor público pedir para que o procedimento equivocado seja constado na ata da audiência, para posterior adoção das medidas cabíveis.

Finalmente, após a audiência, tendo havido o relato de agressão pelo assistido, e a prisão sido mantida, aparece o quarto ponto a ser observado pelo defensor público, que consiste na inclusão do preso em cadastro interno específico de pessoas em estado de vulnerabilidade, procedendo não somente com vistas regulares no estabelecimento penal, mas também com requisições de laudos e perícias médicas periódicas sobre a integridade física e psicológica do preso.

A audiência de custódia pode significar uma *revolução* no sistema de Justiça Criminal, uma ruptura com um passado de invisibilidade do preso, mas pode, também, se não conduzida com responsabilidade, ser apenas mais um expediente, em meio a tantos outros, a confirmar a célebre frase do escritor italiano Giuseppe Tomasi di Lampedusa: "Tudo deve mudar para que tudo fique como está".

9. O defensor público é obrigado a sempre pedir a liberdade do preso na audiência de custódia?

Se, no sistema *cartorial*, o defensor público poderia simplesmente considerar o pleito de liberdade inviável, e nada dizer a respeito da prisão; no sistema *presencial* da audiência de custódia, ele precisa se manifestar. Conforme prevê o art. 8º, § 1º, da Resolução, após a oitiva do preso e de eventuais perguntas do MP e da defesa técnica, o juiz lhes permitirá que requeiram: (I) o relaxamento da prisão em flagrante;

[4] Sobre os motivos da permanência da tortura no período democrático no Brasil, consultar RAMOS, André de Carvalho. *Combate à tortura nos 25 anos da Constituição de 1988*. In: CLÈVE, Clèmerson Merlin; FREIRE, Alexandre (coord.). *Direitos Fundamentais e jurisdição constitucional: análise, crítica e contribuições*. São Paulo: RT, 2014, p. 204-205.

(II) a concessão da liberdade provisória sem ou com aplicação de medida cautelar diversa da prisão; (III) a decretação de prisão preventiva; ou (IV) a adoção de outras medidas necessárias à preservação de direitos da pessoa presa.

Assim, diante de um caso no qual o defensor público considere o pleito de liberdade absolutamente inviável, como na hipótese de o assistido ter sido preso em flagrante por crime de homicídio, registrar diversos antecedentes e contra ele pesar uma condenação anterior por ameaça de testemunha noutro processo criminal, como deve proceder? Recomenda-se que o defensor público, quando entender pela absoluta inviabilidade do pedido de liberdade na AC, previamente explique a situação para o seu assistido e, instado a se manifestar sobre o pedido do MP para que a prisão em flagrante seja convertida em prisão preventiva, simplesmente diga que a defesa não se pronunciará na ocasião sobre a prisão, devendo se abster, portanto, de *concordar* com o requerimento do MP, bastando que sobre ele não se pronuncie.

10. A prerrogativa da intimação pessoal mediante remessa dos autos com vista se aplica à audiência de custódia?

A LC 80 assegura aos membros da Defensoria Pública a prerrogativa da intimação pessoal mediante remessa dos autos com vista (artigos 44, I, 89, I, e 128, I). Considerando que a audiência de custódia, nos termos da Resolução em exame, deve ser realizada no prazo de vinte e quatro horas, afigura-se *inviável* a prévia intimação da Defensoria Pública mediante remessa dos autos com vista, sendo o bastante, portanto, que se cumpra o art. 306, § 1º, do CPP, e dê-se acesso ao APF pelo defensor público previamente à realização da AC, a qual poderá ser comunicada à Defensoria Pública por meios mais céleres, como por e-mail ou por telefone.

Resolução 213 do CNJ – artigo 6º

Art. 6º Antes da apresentação da pessoa presa ao juiz, será assegurado seu atendimento prévio e reservado por advogado por ela constituído ou defensor público, sem a presença de agentes policiais, sendo esclarecidos por funcionário credenciado os motivos, fundamentos e ritos que versam a audiência de custódia.
Parágrafo único. Será reservado local apropriado visando a garantia da confidencialidade do atendimento prévio com advogado ou defensor público.

MILTON GUSTAVO VASCONCELOS BARBOSA[1]

1. O direito a ser assistido por advogado e a ampla defesa

O artigo versa sobre o direito à defesa, que é, sem sombra de dúvida, o cerne de nosso sistema processual. Assim não fosse, não haveria a necessidade de processo, nem de juízes ou mesmo de defensores. Apenas o direito à defesa dá sentido ao processo penal.

Antigos autores descreveram o processo penal ora como *guerra* ora como *jogo*. Estavam em seu tempo cobertos de razão, já que não havia as constituições que temos hoje, tampouco os tratados internacionais. O processo não pode ser *guerra*, entendida como a política continuada por outros meios,[2] pois teríamos que considerar justa a pena aplicada ao inocente que houvesse sido *vencido* em combate pelo acusador. Ao contrário, a sentença condenatória nunca transita em julgado para a defesa, pois o objetivo do processo é permitir a defesa, e não promover a vitória do mais forte.

O processo não pode ser *jogo*, porque o jogo, por definição, exige regras iguais para todos os participantes. A atual configuração do processo é assimétrica, pois visa a assegurar a defesa. Por isso, não é necessário "lutar pelas regras do jogo", como se ouve comumente, já que as

[1] Mestre e doutorando em ciências criminais pela PUCRS. Advogado criminalista. Conselheiro Seccional e vice-presidente do TED da OAB/PI.

[2] Definição imortalizada por Carl Von Clausewitz em seu clássico "Da Guerra", publicado em 1832, um ano após a morte do autor.

regras do jogo devem ser suspensas ou até mesmo violadas,[3] desde que em benefício da (ampla) defesa.

O processo é, em verdade, um ritual, no sentido de um conjunto de ritos que atualiza um mito. O mito que pretende ser atualizado pelo processo depende da experiência política a qual esteja vinculado. Nas ditaduras, o processo é o instrumento para o combate aos *inimigos do povo*. Nas revoluções, é o instrumento do *povo* para fazer *justiça* a seus antigos algozes. Algumas revoluções mais escancaradas reconheceram o processo como uma formalidade burguesa desprezível. Nas democracias, em especial as fiéis à tradição do direito no ocidente, o mito que o processo pretende atualizar é o da possibilidade de defesa do indivíduo frente ao Estado.

Os mitos fundadores são, em geral, acontecimentos cujo impacto é tão intenso que acabam estendendo uma cadeia de significados por todos os setores da vida social.[4] O mito fundador do processo liberal[5] é, por outro ponto de vista, o da vítima arbitrariamente condenada. Por isso, o seu objetivo é a limitação do poder do Estado, o que é imensamente desejável. Cada vez que um inocente é condenado, sob o clamor popular, com a ajuda de autoridades corruptas ou arbitrárias, revela-se a necessidade de um processo penal que limite o poder. Jesus, Joana D'Arc, Jacques De Molay, Alfred Dreyfus, Motta Coqueiro, Irmãos Naves, são todos eles parte desse mito. Promover a defesa é esforçar-se para evitar que outros inocentes sejam condenados.

Porém, mesmo hoje, é muito difícil para o indivíduo defender-se do Estado, em especial, quando acusado de um crime que cause escândalo comunitário. Como defendemos alhures,[6] o escândalo contamina o grupo humano tal qual uma epidemia. A acusação funciona como gatilho que ativa o "inconsciente persecutório"[7] do grupo. Nossa tendência, ao saber de uma acusação grave contra alguém, é a imediata adesão acusatória. A unanimidade violenta se forma rapidamente contra o suspeito, colocando todos contra um. É nesse cenário que a impor-

[3] Vide a possibilidade de utilização de provas ilícitas pela defesa, a possibilidade de produzir prova a qualquer tempo por meio de uma justificação criminal etc.

[4] Para saber mais sobre os mitos fundadores: GIRARD, René. *A violência e o Sagrado*. Traduzido por Martha Conceição Gambini. São Paulo: Paz e Terra, 1990.

[5] Chamaremos aqui de processo liberal em referência ao liberalismo como doutrina dos limites do Estado conforme defendido por Ortega y Gasset em: ORTEGA Y GASSET, J. *Notas*. Buenos Aires: Espasa – Calpe. 1938. p.141-146.

[6] FRANCK JR, Wilson. VASCONCELOS BARBOSA, Milton Gustavo. *A confissão do acusado e o fechamento do círculo de violência mimética*. Disponível em: http://ebooks.pucrs.br/edipucrs/anais/cienciascriminais/III/2.pdf

[7] Para saber mais sobre inconsciente persecutório: GIRARD, René. *O bode expiatório*. Traduzido por Ivo Storniolo. São Paulo: Paulus, 2004.

tância da defesa é mais sentida. O Advogado, o paráclito,[8] é aquele que rompe a unanimidade, dando ao réu a possibilidade de uma narrativa alternativa.

Embora a Resolução nº 213/2015 trate da apresentação de pessoa presa em flagrante, medida, como bem sabido, de natureza precautelar, o Conselho Nacional de Justiça andou muito bem em prever a obrigatoriedade da presença do advogado ou defensor público. Se o cerne do processo é, de fato, possibilitar a defesa ao acusado, é necessário que o defensor atue também nos procedimentos que possam importar em incriminação ou mesmo nos que modifiquem a situação de direito e, com isso, influenciem futuramente o processo.

2. Falhas na redação do artigo

O artigo 6º da resolução apresenta alguns problemas de redação. No final do *caput*, lê-se o seguinte: "sendo esclarecidos por funcionário credenciado os motivos, fundamentos e ritos que versam a audiência de custódia".

Ora, se uma das funções mais importantes da defesa técnica é justamente esclarecer seu constituinte sobre os procedimentos que serão levados a cabo no juízo, por que razão deixar a cargo de um funcionário essa incumbência? O funcionário "credenciado" terá treinamento específico para essa finalidade? Se sim, mais difícil ainda entender por que não deixar esse mister a cargo do defensor. Se não, trata-se de expressão colocada de forma equivocada pelos redatores.

O último período do *caput* é incompreensível. O funcionário terá que explicar "os motivos, fundamentos e ritos que versam a audiência de custódia". Acreditamos que o redator intenciona que seja explicado o motivo pelo qual a audiência de custódia se realizará e seus possíveis desfechos.

3. Concluindo

Um trabalho bem feito pela defesa antes da audiência de custódia pode facilitar a soltura do custodiado; por outro lado, uma defesa equivocada pode fazer com que ele perca o maior trunfo de quem se defende: a possibilidade de falar por último.

Resta evidente que a audiência de custódia não vai resolver o problema do excesso de presos provisórios no Brasil. Também não corri-

[8] Do grego *paráklētos*, aquele que defende em um Tribunal, mas também pode significar "aquele que traz consolo".

girá a aplicação abusiva do instituto da prisão preventiva. Parece-nos ingênuo depositar demasiada esperança nas Leis ou regulamentos, quando quem os opera são os homens. Porém, cabe ao legislador, e, nesse caso, aos que regulamentam esse tipo de procedimento, buscar a máxima adequação dos dispositivos à Constituição da República, o que se verifica na Resolução 213/2015. Refiro-me, aqui especialmente, ao direito à razoável duração do processo, consagrado no artigo 5º, LXXVIII, da CR.

Bibliografia

FRANCK JR., Wilson. VASCONCELOS BARBOSA, Milton Gustavo. *A confissão do acusado e o fechamento do círculo de violência mimética.* Disponível em: http://ebooks.pucrs.br/edipucrs/anais/cienciascriminais/III/2.pdf.

GIRARD, René. *A violência e o Sagrado.* Traduzido por Martha Conceição Gambini. São Paulo: Paz e Terra, 1990.

——. *O bode expiatório.* Traduzido por Ivo Storniolo. São Paulo: Paulus, 2004.

ORTEGA Y GASSET, J. *Notas.* Buenos Aires: Espasa – Calpe. 1938.

Resolução 213 do CNJ – artigo 7º

Art. 7º A apresentação da pessoa presa em flagrante delito à autoridade judicial competente será obrigatoriamente precedida de cadastro no Sistema de Audiência de Custódia (SISTAC).

§ 1º O SISTAC, sistema eletrônico de amplitude nacional, disponibilizado pelo CNJ, gratuitamente, para todas as unidades judiciais responsáveis pela realização da audiência de custódia, é destinado a facilitar a coleta dos dados produzidos na audiência e que decorram da apresentação de pessoa presa em flagrante delito a um juiz e tem por objetivos:

I – registrar formalmente o fluxo das audiências de custódia nos tribunais;

II – sistematizar os dados coletados durante a audiência de custódia, de forma a viabilizar o controle das informações produzidas, relativas às prisões em flagrante, às decisões judiciais e ao ingresso no sistema prisional;

III – produzir estatísticas sobre o número de pessoas presas em flagrante delito, de pessoas a quem foi concedida liberdade provisória, de medidas cautelares aplicadas com a indicação da respectiva modalidade, de denúncias relativas a tortura e maus tratos, entre outras;

IV – elaborar ata padronizada da audiência de custódia;

V – facilitar a consulta a assentamentos anteriores, com o objetivo de permitir a atualização do perfil das pessoas presas em flagrante delito a qualquer momento e a vinculação do cadastro de seus dados pessoais a novos atos processuais;

VI – permitir o registro de denúncias de torturas e maus tratos, para posterior encaminhamento para investigação;

VII – manter o registro dos encaminhamentos sociais, de caráter voluntário, recomendados pelo juiz ou indicados pela equipe técnica, bem como os de exame de corpo de delito, solicitados pelo juiz;

VIII – analisar os efeitos, impactos e resultados da implementação da audiência de custódia.

§ 2º A apresentação da pessoa presa em flagrante delito em juízo acontecerá após o protocolo e distribuição do auto de prisão em flagrante e respectiva nota de culpa perante a unidade judiciária correspondente, dela constando o motivo da prisão, o nome do condutor e das testemunhas do flagrante, perante a unidade responsável para operacionalizar o ato, de acordo com regramentos locais.

§ 3º O auto de prisão em flagrante subsidiará as informações a serem registradas no SISTAC, conjuntamente com aquelas obtidas a partir do relato do próprio autuado.

§ 4º Os dados extraídos dos relatórios mencionados no inciso III do § 1º serão disponibilizados no sítio eletrônico do CNJ, razão pela qual as autoridades judiciárias responsáveis devem assegurar a correta e contínua alimentação do SISTAC.

Marcus Alan de Melo Gomes[1]

1. O Sistema de Audiência de Custódia – SISTAC

Inovação importante instituída pela Resolução 213/2015 do CNJ, o Sistema de Audiência de Custódia (SISTAC) é uma ferramenta virtual destinada a operacionalizar o registro e a prática dos atos nas audiências de forma padronizada em todos os segmentos do Poder Judiciário. Trata-se de um sistema eletrônico de alcance nacional, oferecido pelo próprio CNJ às varas encarregadas de realizar audiências de custódia, e que contribuirá para a *uniformização de procedimentos* nas diversas justiças de nível estadual e federal, bem como para a *organização sistematizada de informações* a respeito de prisões em flagrante em todo o país, notadamente sobre a identificação de pessoas presas (cadastro) e denúncias de tortura e maus-tratos.

Pela uniformização de procedimentos alcança-se realizar, com maior efetividade, a isonomia na tramitação jurisdicional das comunicações de prisão em flagrante. Como a lei processual penal nunca se ocupou de estabelecer regras procedimentais mais detalhadas para as comunicações de flagrante ao juiz, essa matéria acabou por se tornar, muitas vezes, objeto de disciplina normativa diferenciada pelos vários tribunais brasileiros ou de interpretação nem sempre criteriosa de cada magistrado. É por isso que questões como a necessidade de oitiva do Ministério Público, antes ou depois da apreciação da legalidade do flagrante, ou o momento para a juntada de informações sobre antecedentes costumavam ser diferentemente solucionadas em juízos distintos, com significativas implicações em relação à concessão de liberdade provisória. A tendência é que agora essa divergência deixe de existir e que se institua uma rotina procedimental nas audiências de custódia, de tal sorte que uma pessoa detida em flagrante, por exemplo, no Rio Grande do Sul, receba das instâncias judiciais o mesmo tratamento dado a quem é preso e apresentado ao juiz em Goiás, no Acre ou em qualquer outro estado.

A organização sistematizada de informações, por sua vez, facilitará a racionalização dos dados referentes a pessoas presas em flagrante no Brasil e proporcionará, em especial, uma visualização ampla das denúncias de tortura e maus-tratos e das providências e encaminhamentos adotados pelos juízes para a devida apuração.

[1] Pós-doutor pela Universidade de Coimbra (Portugal). Doutor e mestre em Direito Penal pela PUC-SP. Professor Associado do Instituto de Ciências Jurídicas da UFPA. Professor Convidado da Escola de Criminologia da Faculdade de Direito da Universidade do Porto (Portugal). *Visiting Scholar* na Durham *Law School* (Inglaterra) em 2015. Juiz de Direito/PA.

O SISTAC se destina tanto ao registro da audiência de custódia quanto à elaboração automática da respectiva ata. Nele são inseridos os dados pessoais do autuado (nome, nome social, filiação, data de nascimento, gênero e autodeterminação LGBTI, estado gravídico, documentos pessoais, endereço, origem indígena, antecedentes criminais, escolaridade, eventual deficiência física ou dependência química, etc.); informações referentes do auto de prisão em flagrante, em especial sobre relato e sinais aparentes de tortura e maus-tratos; e um sumário dos incidentes ocorridos em audiência, da decisão do juiz sobre aplicação de medidas cautelares ou concessão de liberdade provisória, e dos encaminhamentos porventura determinados. As funcionalidades do sistema podem, obviamente, ser atualizadas e aprimoradas, como acontece com qualquer ferramenta de informática.

2. Finalidades do SISTAC

A apresentação de pessoa presa em flagrante à autoridade judicial será necessariamente antecedida de cadastro no SISTAC (art. 7º, *caput*) para que se possa proceder à coleta dos dados produzidos em audiência. Essa reunião de informações se realizará buscando implementar oito objetivos previstos nos incisos do § 1º do art. 7º, e que podem ser assim agrupados e classificados:

a) *Funcionalidade processual*: consta dos incisos I, IV e V. O SISTAC se destina ao registro do fluxo específico das audiências de custódia (I). A maior parte dos tribunais do país já substituiu a simples redução a termo de certos atos processuais pelo seu armazenamento virtual. Não raramente o registro da prova oral produzida em audiência é feito mediante emprego de recursos de gravação audiovisual (art. 405, §§ 1º e 2º, do CPP), o que garante a autenticidade dos depoimentos e a transparência das manifestações (perguntas) das partes e do juiz. No que afeta a audiência de custódia, o sistema permitirá a lavratura de ata padronizada (IV), da qual constarão todos os dados relevantes referentes à pessoa do autuado, a anotação dos principais incidentes ocorridos e os encaminhamentos determinados pelo magistrado nas hipóteses de denúncias de tortura e maus-tratos. Essas informações ficarão arquivadas no próprio sistema e disponíveis para consultas posteriores, caso a mesma pessoa venha a ser outra vez presa em flagrante e apresentada ao juiz, com a possibilidade de atualização de seus dados de identificação (V). Promove-se, portanto, significativa economia de esforços com a disponibilidade, para aproveitamento imediato, dos registros referentes a audiências já realizadas.

Importante ressaltar que os dados pessoais de quem é apresentado ao juiz devem ser coletados mediante perguntas formuladas diretamente ao preso, e não com a simples reprodução da qualificação constante do flagrante. Essa pode parecer uma observação óbvia e desnecessária, mas aqueles que vivem a rotina forense dos juízos criminais sabem como é comum haver incorreções ou incompletudes na identificação do preso procedida na polícia, com inevitáveis repercussões no âmbito da ação penal. Assim, uma simples imprecisão do endereço do autuado informado no flagrante pode posteriormente inviabilizar em juízo a localização do réu e ensejar citação por edital, sucedida de suspensão do processo e do curso do prazo prescricional (art. 366 do CPP). Desse modo, deve haver atenção e cautela no registro dos dados de identificação que, lembre-se, ficarão armazenados no SISTAC para eventual atualização do perfil da pessoa presa nas hipóteses de prisões subsequentes.

Uma questão relevante diz respeito à configuração do crime do art. 307 do CP quando o preso mente à autoridade policial sobre a sua verdadeira identidade, via de regra, com o propósito de ocultar antecedentes criminais ou evitar sua prisão em virtude de mandado pendente de cumprimento. A matéria constitui hoje objeto da Súmula 522 do Superior Tribunal de Justiça, publicada em 6 abril de 2015, e segundo a qual "a conduta de atribuir-se falsa identidade perante autoridade policial é típica, ainda que em situação de alegada autodefesa". Trata-se de tema controvertido, já muito debatido pela doutrina e pela jurisprudência,[2] e que agora recebe um novo ingrediente com a obrigatoriedade de identificação do autuado pelo juiz na audiência de custódia e inserção de seus dados no SISTAC, no prazo máximo de 24 horas a contar da comunicação do flagrante (art. 1º da Resolução 213/2015 do CNJ). Sem invadir o debate teórico – de resto, ainda latente na doutrina, a despeito da sedimentação da matéria na jurisprudência – sobre a caracterização ou não do delito do art. 307 do CP nos casos em que a falsa identidade se dá no contexto de autodefesa, vale indagar se haveria crime quando o autuado, após mentir sobre a sua identidade na polícia (flagrante), retrata-se ao juiz na audiência de custódia. O assunto demanda uma breve reflexão sobre os contornos dogmáticos e político-criminais desse delito. Em primeiro lugar, deve-se ter em mente que o objeto jurí-

---

[2] A Súmula 522 consagrou mudança na orientação do STJ, cuja jurisprudência já havia sido consolidada no sentido de que a atribuição de falsa identidade, nas circunstâncias mencionadas, não constituía o delito do art. 307 do Código Penal, por configurar referida conduta expressão da autodefesa. A reversão dessa interpretação no STJ se deu, em certa medida, pela reafirmação do entendimento contrário no âmbito do Supremo Tribunal Federal, que sempre considerou criminoso o comportamento. Sobre a matéria, ver os seguintes precedentes do STJ: AgRg no AgRg no AREsp 185094 DF 2012/0113527-1, Decisão: 19/03/2013, DJe 22/03/2013; AgRg no AREsp 357943 RS 2013/0211847-2 Decisão: 15/10/2013, DJe 28/10/2013; AgRg no HC 181700 RJ 2010/0146293-0 Decisão: 15/10/2013, DJe 12/11/2013; HC 156087 SP 2009/0238785-7 Decisão: 28/08/2012, DJe 05/09/2012; HC 168671 SP 2010/0064388-9 Decisão: 23/10/2012, DJe 30/10/2012; HC 176405 RO 2010/0110146-0 Decisão: 23/04/2013, DJe 03/05/2013.

dico da norma penal do art. 307 do CP é a fé pública,[3] sem cuja lesão não haverá que se falar em crime (princípio da lesividade). Em outras palavras, se do ato de atribuir-se falsa identidade não houver afetação concreta do bem jurídico protegido, não estará autorizada a resposta penal.[4] Nesse sentido, Luigi Ferrajoli esclarece que "a lei penal tem o dever de prevenir os mais graves custos individuais e sociais representados por estes *efeitos lesivos* e somente eles podem justificar o custo das penas e proibições" (destaque do original).[5] Ora, atribuir-se falsa identidade na polícia quando da lavratura do flagrante para, menos de 24 horas depois, revelar a verdadeira identidade ao juiz na audiência de custódia, é conduta que não pode ser tomada como danosa à fé pública para fins penais, pelo simples fato de que, por vontade do próprio agente (autuado) manifestada de forma espontânea diante do juiz, acaba por não advir da falsidade inicial qualquer prejuízo à persecução penal. Os efeitos lesivos à fé pública que se seguiriam ao falso não se concretizam, e a resposta penal perde qualquer sentido. Do ponto de vista político-criminal, a imediata retratação do autuado ao juiz a respeito de sua identidade deve ser equiparada à situação análoga prevista pela lei penal, em que se afasta a punibilidade do agente do crime de falso testemunho sempre que este, antes da sentença no processo em que ocorreu o ilícito, declara a verdade sobre os fatos (art. 343, § 2º, do CP).

Desse modo, seja por razões dogmáticas, seja por uma interpretação comprometida com critérios político-criminais de racionalização do sistema normativo-penal, não haverá o crime do at. 307 do CP se o autuado declarar sua verdadeira identidade ao juiz na audiência de custódia, ainda que sobre ela tenha mentido no flagrante.

b) *Formação de banco de dados*: a sistematização dos dados coletados na audiência de custódia tem por escopo proporcionar uma melhor gestão das informações relativas a prisões em flagrante, a decisões proferidas pelo juiz nesta etapa ainda incipiente da persecução penal (relaxamento do flagrante, sua conversão em prisão preventiva, concessão de liberdade provisória e aplicação de medidas cautelares reais), e ao ingresso de presos no sistema carcerário (art. 7º, § 1º, II), viabilizando a produção de estatísticas que reflitam o impacto da jurisdição penal cautelar sobre a realidade prisional brasileira (art. 7º, § 1º, III). O

[3] Não há divergência sobre essa questão na doutrina. A título exemplificativo, consultar: BITENCOURT, Cezar Roberto. *Código penal comentado*. 4ª ed. São Paulo: Saraiva, 2007, p. 1069; PRADO, Luiz Regis. *Comentários ao código penal*. 4ª ed. São Paulo. Revista dos Tribunais, 2007, p. 869.

[4] Conferir, a respeito do assunto: ZAFFARONI, E. Raúl; BATISTA, Nilo *et al*. *Direito penal brasileiro, segundo volume: teoria do delito: introdução histórica e metodológica, ação e tipicidade*. 2ª ed. Rio de Janeiro: Revan, 2010, pp. 212-215.

[5] FERRAJOLI, Luigi. *Direito e razão: teoria do garantismo penal*. 3ª ed. São Paulo: Revista dos Tribunais, 2010, p. 426.

SISTAC constitui, nesse sentido, uma ferramenta virtual de racionalização dos dados referentes a prisões em flagrante que permitirá visualizar as peculiaridades das diferentes regiões do país nessa esfera, a partir de informações coletadas e organizadas pelo próprio Poder Judiciário, e não mais por órgãos do Executivo encarregados da administração das instituições carcerárias. Há, ademais, um ganho em termos de transparência, uma vez que essas informações estarão acessíveis no sítio eletrônico do CNJ, conforme prescreve o § 4º do art. 7º da Resolução 213/2015 daquele Conselho.

O SISTAC deve contribuir para a consecução de dois importantes propósitos da audiência de custódia: *valorização da liberdade, como regra, no curso do processo penal*, com a superação – efetiva e definitiva, espera-se – da mentalidade inquisitorial do *encarceramento provisório punitivo*, tão arraigada na justiça criminal brasileira;[6] e difusão de uma *cultura de resistência à tortura e aos maus-tratos policiais*, e de sua devida apuração. Aliás, é de se aplaudir a instituição, pelo CNJ, de um protocolo (Protocolo I) destinado a orientar o trabalho do juiz, contendo dez diretrizes de aplicação e acompanhamento de medidas cautelares diversas da prisão para custodiados apresentados nas audiências de custódia, inspiradas na promoção da legalidade; subsidiariedade e intervenção mínima; presunção de inocência; dignidade e liberdade; individuação, respeito às trajetórias individuais e reconhecimento das potencialidades da pessoa presa; respeito e promoção das diversidades; responsabilização; provisoriedade; normalidade; e não penalização da pobreza.

c) *Investigação de denúncias de tortura e maus-tratos*: ao proceder à oitiva da pessoa custodiada, o juiz deverá indagar se foi ela torturada ou submetida a maus-tratos pelos responsáveis pela sua prisão, adotando providências para apurar eventuais denúncias ou reclamações, além de registrá-las no SISTAC (art. 7º, § 1º, VI). Assim, havendo indícios da prática de tortura, caberá ao magistrado requisitar, se for o caso (vestígios físicos de agressão), o exame de corpo de delito, além de determinar, desde logo, os encaminhamentos sociais adequados, indicados pela equipe técnica e aceitos voluntariamente pelo preso, como o atendimento psicológico ou a inserção em programa de proteção (art. 7º, § 1º, VII). Não é incomum pessoas presas relatarem em juízo, ao se-

[6] Segundo o Levantamento Nacional de Informações Penitenciárias, INFOPEN, concluído em dezembro de 2014 pelo Departamento Penitenciário Nacional do Ministério da Justiça, a população prisional do Brasil somava, àquela altura, 622.202 pessoas, porém 40,1% desse total correspondiam a presos provisórios. É preocupante constatar que quase metade da população carcerária brasileira compõe-se de investigados ou acusados que ainda aguardam o desfecho da persecução penal, e em relação aos quais não há, portanto, juízo de culpabilidade definitivo. Esse quadro exprime, sem dúvida, o recrudescimento da aplicação da prisão provisória por juízes e tribunais, assim como as distorções de um sistema penal completamente desprovido de qualquer aptidão preventiva.

rem interrogadas na instrução criminal, que sofreram agressões físicas ou psicológicas no momento do flagrante, mas é raro, por outro lado, identificarem os responsáveis pela tortura, especialmente quando estes são policiais. O receio de represálias posteriores desestimula a denúncia, sobretudo pela vulnerabilidade do preso no ambiente carcerário, onde se encontra sujeito a intimidações, ameaças e novas agressões.

A oitiva do autuado na audiência de custódia deve-se revestir, portanto, de cuidados para preservação de sua integridade física e psicológica e que proporcionem à pessoa, igualmente, sensação de segurança e confiança na apuração dos fatos. Para tanto, o CNJ criou o Protocolo II, que versa sobre oitiva, registro e encaminhamento pelo juiz de denúncias de tortura e outros tratamentos cruéis, desumanos ou degradantes, prevendo as condições adequadas para a oitiva do preso na audiência de custódia; procedimentos relativos à coleta de informações sobre práticas de tortura durante a oitiva da pessoa custodiada; procedimentos para coleta do depoimento da vítima de tortura; questionário para identificação e registro da tortura; e providências de apuração quando constatados indícios de tortura e tratamento cruel, desumano ou degradante.

Essas são regras muito bem-vindas que, cumpridas com rigor, tendem a prevenir a tortura e os maus-tratos ao custodiado, práticas tristemente incorporadas à rotina da ação policial, mas de difícil apuração, dadas as circunstâncias em que usualmente se operam. Não se pode esquecer que a agência policial é legatária, no Brasil, de uma cultura de opressão e de desrespeito a garantias fundamentais profundamente entranhadas nas instituições de repressão pelos métodos de investigação aplicados nas mais de duas décadas de governo militar. Lastimavelmente, remanesce no período político democrático pós-1988 a visão do autor do delito – ou do mero suspeito – como uma ameaça social, um renegado ao qual não se devem reconhecer os mesmos direitos assegurados a qualquer cidadão, uma espécie de *inimigo público* não merecedor de tratamento digno e condizente com a condição humana. Há, por razões históricas que se somam às distorções próprias do sistema punitivo,[7] uma confusão entre as figuras do *subversivo político* e do *criminoso*, ambos representados, no imaginário coletivo e no discurso das agências repressivas, como párias, escórias, indivíduos perigosos que se dedicam a desestabilizar a ordem pública. Criou-se, desse modo, uma postura social tolerante – e, em alguns casos, preocupantemente legitimadora – em relação à tortura e aos maus-tratos policiais, seja

[7] Acerca das raízes ibéricas da tortura no continente europeu, talvez a obra mais completa publicada em língua portuguesa no Brasil e de consulta recomendada para quem pretende compreender a lógica histórica do sofrimento físico e psíquico aplicado pelo poder punitivo: SABADELL, Ana Lucia. *Tormenta juris permissione: tortura e processo penal na península ibérica (séculos XVI – XVIII)*. Rio de Janeiro: Revan, 2006.

quando utilizados como meio de obtenção de confissão ou de facilitação da investigação, seja quando aplicados com propósitos meramente retributivos ou de vingança.[8] Esse quadro parece não evoluir para dias melhores, conforme se percebe de recentes advertências feitas por organismos internacionais independentes, a exemplo da ONG *Human Rights Watch*, cujo Relatório Anual de 2016 destaca casos de ação policial que resultou na morte de suspeitos ou investigados em São Paulo, Rio de Janeiro, Pará e Amazonas. Uma realidade que precisa ser, para o amadurecimento do regime democrático brasileiro e humanização do sistema penal, definitivamente superada.

d) *Repercussões da audiência de custódia*: prevê o art. 7º, § 1º, VIII, que as informações coletadas no SISTAC devem propiciar a análise dos efeitos, impactos e resultados da implementação da audiência de custódia. É preciso interpretar a Resolução 213/2015 do CNJ no contexto das modificações introduzidas no regime de medidas cautelares do processo penal brasileiro pela Lei nº 12.403/2011. Há muito já se reclamava uma completa reformulação da disciplina legal da prisão provisória, ainda sujeita, na primeira década do século XXI, aos parâmetros inquisitoriais do vetusto e bolorento Código de Processo Penal de 1941. A reforma chegou – significativa em muitos aspectos, a despeito de preservada a iniciativa do juiz para decretação de ofício da prisão preventiva (art. 312 do CPP) – e instituiu a polimorfia cautelar no processo penal, ao criar e disciplinar as medidas cautelares reais (art. 319 do CPP), prevalecentes e preferíveis à prisão provisória. Além disso, os efeitos segregatícios do flagrante foram definitivamente sepultados com a redação atribuída ao art. 310 do CPP, que passou a prever a conversão daquele em custódia preventiva, quando presentes os fundamentos do art. 312 do CPP e inadequadas ou insuficientes, no caso concreto, as medidas diversas da prisão.[9]

---

[8] O endosso da sociedade à violência policial praticada contra presos encontra reflexo na disposição – ou na falta dela – dos atores do sistema de justiça para apurar denúncias de tortura e maus tratos. Percebe-se uma espécie de cumplicidade passiva nas salas de audiências diante de evidências muitas vezes inegáveis do emprego abusivo da força ou de métodos torturantes para a detenção e transporte de pessoas custodiadas, a demonstrar que o Ministério Público e os juízes ainda não estão verdadeiramente comprometidos com a obrigação de investigar esse tipo de desvio da agência policial, bem como responsabilizar quem nele incorre. A incipiente experiência com as audiências de custódia parece não ter conseguido, por enquanto, alterar essa lamentável realidade, conforme já se pode constatar por dados levantados no monitoramento da medida realizado por grupos de pesquisa acadêmica. Ver, a respeito: VALENÇA, Manuela Abath; CASTRO, Helena Rocha C. de; BORBA, Marcela Martins; MACHADO, Érica Babini Lapa do Amaral. Um balanço sobre a implementação das audiências de custódia na cidade do Recife. In: *Boletim do Instituto Brasileiro de Ciências Criminais*. São Paulo: IBCCRIM, n. 280, março de 2016, pp. 8-9.

[9] Como não há interpretação isolada de dispositivos legais, o art. 310, II, do CPP deve ser aplicado em harmonia com a regra do art. 311 do mesmo código, que veda ao juiz a decretação de ofício de prisão preventiva antes do processo. Assim, para converter o flagrante em custódia provisória, o magistrado depende de representação da autoridade policial ou de requerimento

Todavia, a alteração da lei parece não ter repercutido, como se esperava, nas decisões dos juízes e tribunais, incapazes de superar os condicionamentos interpretativos de uma formação jurídica que sempre difundiu e enalteceu uma visão inquisitorial do papel do julgador no processo penal. Isso explica, em certa medida, a multiplicação da quantidade de pessoas provisoriamente presas no Brasil e a tolerância judicial com o excesso de prazo da custódia, especialmente nas hipóteses de crimes considerados graves.[10] A audiência de custódia representa a oportunidade para uma mudança sincera de paradigma, tanto no que diz respeito à condescendência com a tortura policial – fruto de uma mentalidade, como já referido, herdada do regime político militar, que acobertava os abusos cometidos pelas instituições de controle – quanto no que pode significar, para a concretização do sistema acusatório constitucional, a admissão definitiva da liberdade como regra no processo penal. Nesse sentido, é razoável ter a esperança de que, se bem compreendida e aplicada pelos juízes com a importância que merece, a audiência de custódia venha a causar algum impacto sobre o sistema carcerário, desacelerando sua expansão, assim como sobre os desvios da agência policial, caso a apuração das denúncias de tortura e maus-tratos se torne realidade.

3. Prazos para comunicação da prisão em flagrante e para apresentação do custodiado

A Lei nº 12.403/2011 manteve no Código de Processo Penal uma importante regra anteriormente introduzida pela Lei nº 11.449/2007, e que viera extinguir, de uma vez por todas, alguma vacilação interpretativa então ainda existente sobre o *prazo para a comunicação do flagrante*

---

do Ministério Público. Lamentavelmente, a jurisprudência vem firmando outro entendimento, incompatível, a nosso ver, com o sistema acusatório. Sobre essa questão, consultar: STJ, RHC 66.497/MG, Rel. Ministro Reynaldo Soares da Fonseca, Quinta Turma, julgado em 08/03/2016, DJe 11/03/2016; STJ, RHC 65.721/MG, Rel. Ministro Jorge Mussi, Quinta Turma, julgado em 17/12/2015, DJe 02/02/2016; STJ, RHC 65.052/BA, Rel. Ministro Felix Fischer, Quinta Turma, julgado em 01/12/2015, DJe 15/12/2015.

[10] Segundo parcela da jurisprudência amplamente predominante, inclusive no Superior Tribunal de Justiça, a gravidade concreta do delito (*modus operandi*) aferida pelo juiz ainda no curso da instrução criminal, associada às peculiaridades do caso (quantidade de réus e de crimes imputados, dificuldades para produção da prova, etc.), justificam a flexibilização do prazo da prisão preventiva e seu prolongamento até a sentença. Está muito claro que essa interpretação tangencia a natureza cautelar da custódia provisória para convertê-la em verdadeira antecipação de pena, sem qualquer finalidade assecuratória dos atos do processo. Uma espécie de *condenação prévia* que viola o devido processo legal e a presunção de inocência, e ignora a base constitucional acusatória do processo penal brasileiro. O raciocínio constitutivo da motivação usualmente empregada em tais hipóteses está expresso em julgados recentes, como: STJ, HC 324.029/RS, Rel. Ministro Reynaldo Soares da Fonseca, Quinta Turma, julgado em 02/02/2016, DJe 10/02/2016; STJ, HC 340.996/PR, Rel. Ministro Ribeiro Dantas, Quinta Turma, julgado em 01/03/2016, DJe 10/03/2016.

ao juiz,[11] ademais de deixar claro que este não se confunde com *o prazo de configuração do flagrante*.[12] Nesse sentido, consta hoje do art. 306, § 1°, do CPP que o auto de prisão em flagrante será encaminhado ao juiz competente em até 24 horas após a realização da prisão. Essa remessa do auto equivale à efetiva *comunicação do flagrante* ao magistrado para os fins constitucionais e legais,[13] conforme se depreende do art. 1°, § 1°, da Resolução 213/2015 do CNJ, o qual prescreve que a comunicação da prisão em flagrante à autoridade judicial se dará por meio do encaminhamento do respectivo auto de prisão.

Pois bem, a apresentação da pessoa custodiada ao juiz pode não coincidir com a comunicação do flagrante (encaminhamento do auto de prisão), já que não há, sobre esses atos, exigência legal de simultaneidade. Observe-se, a propósito, que o art. 1°, *caput*, da Resolução 213/2015 do CNJ fixa o prazo máximo de 24 horas, *a contar da comunicação do flagrante à autoridade judicial competente*, para apresentação da pessoa custodiada a fim de que seja ouvida sobre as circunstâncias da prisão.[14] Têm-se hoje, portanto, dois prazos: o de comunicação da prisão em flagrante ao juiz (art. 306, § 1°, do CPP); e o de apresentação da pessoa custodiada ao magistrado (art. 1°, *caput*, da Resolução 213/2015 do CNJ). Essa parece ser a melhor conclusão, uma vez que o próprio CNJ se preocupou em distinguir os dois atos ao estabelecer que a comunicação do flagrante não dispensa a apresentação do preso (art. 1°, § 1°, da Resolução 213/2015).

Assim compreendida a questão, seria de se ter como aceitável a apresentação do custodiado ao juiz num prazo máximo de 48 horas a contar da efetivação da prisão (24 horas para comunicação do flagrante *mais* 24 horas para apresentação do preso). Esse constitui o critério temporal a ser considerado para a aplicação do art. 7°, § 2°, da Reso-

---

[11] O art. 5°, LXII, da CF/88 preconiza que a prisão de qualquer pessoa e o local onde se encontre serão comunicados *imediatamente* ao juiz competente e à família do preso ou à pessoa por ele indicada, sem, contudo, delimitar no tempo o alcance do advérbio *imediatamente*. Essa correspondência só veio a ser estabelecida pela Lei n° 11.449/2007, que, modificando o art. 306 do CPP, fixou o prazo de 24 horas, a contar da prisão, para comunicação do flagrante ao juiz. A regra foi preservada pela Lei n° 12.403/2011.

[12] A confusão aqui é fruto do entendimento equivocado – e difundido, sobretudo, no meio policial – segundo o qual haveria um prazo de 24 horas, a contar da prática do crime, dentro do qual estaria autorizada a prisão em flagrante. Trata-se de um completo desvirtuamento das hipóteses legais do art. 302 e incisos do CPP, que em momento algum fixam prazo para configuração do flagrante, mas, ao contrário, exigem a associação de uma multiplicidade de circunstâncias espaciais e temporais para tanto, empregando as expressões *logo após* e *logo depois* para caracterização do quase flagrante e do flagrante presumido, respectivamente.

[13] Art. 5°, LXII, da CF; e art. 306, *caput*, do CPP.

[14] Sobre a porosidade normativa dessa matéria, inclusive na esfera internacional e no âmbito da jurisprudência do Tribunal Europeu de Direitos Humanos e da Corte Interamericana de Direitos Humanos, indispensável a leitura de: ANDRADE, Mauro Fonseca; ALFLEN, Pablo Rodrigo. *Audiência de custódia no processo penal brasileiro*. Porto Alegre: Livraria do Advogado, 2016, p. 59-68.

lução 213/2015 do CNJ, entendendo-se o *protocolo* do auto de prisão e respectiva nota de culpa na secretaria da unidade jurisdicional competente ou no órgão encarregado da distribuição como a efetiva *comunicação do flagrante*.

4. Registro de informações no SISTAC

A consecução dos objetivos atribuídos ao SISTAC depende, obviamente, da mais ampla coleta de informações para registro no sistema, a serem extraídas do auto de prisão em flagrante, bem como a partir do relato do próprio autuado, conforme prescreve o art. 7º, § 3º, da Resolução 213/2015 do CNJ. As declarações que a pessoa custodiada prestar ao juiz a respeito das circunstâncias da sua prisão devem constituir, por conseguinte, uma importante fonte de registro de informações que justificará, em muitos casos, a adoção de providências judiciais, sobretudo no que diz respeito à apuração de denúncias de tortura e maus-tratos (art. 11, *caput*, da Resolução nº 213/2015 do CNJ). Aliás, nesse caso, havendo indícios de abuso policial, a oitiva do conduzido na audiência de custódia constituirá verdadeira *notitia criminis*, a justificar a iniciativa investigatória do Ministério Público. Veja-se que, em tal situação, alguém detido em flagrante e suspeito da prática de um delito ocupará também a posição de vítima de outro crime (tortura), pelo que seu relato terá, relativamente a esta infração penal, valor de fonte de prova.[15]

Ademais, não se pode olvidar que, com alguma frequência, a versão do conduzido sobre as circunstâncias da sua prisão (tempo, local, ação policial, etc.) diverge da descrição dada pelo condutor e testemunhas no flagrante. Assim é que as declarações que a pessoa presa presta ao juiz na audiência de custódia, conquanto não constituam um interrogatório propriamente dito, devem ser compreendidas como uma primeira oportunidade para o exercício da ampla defesa (autodefesa), ao menos naquilo que diz respeito ao flagrante como ato de natureza pré-cautelar que implica a restrição de direitos fundamentais. Por isso, tudo o que for informado pelo conduzido – dados pessoais e circunstâncias da prisão – tem que ser registrado no SISTAC.

5. SISTAC e oralidade na audiência de custódia

A legislação processual penal brasileira vem buscando se adaptar ao aumento incontrolável da quantidade de processos criminais – re-

[15] Não é outra a razão pela qual o art. 11, § 2º, da Resolução nº 213/2015 do CNJ prevê expressamente o procedimento a ser adotado em audiência no caso de o juiz vislumbrar indícios da prática de tortura.

sultado de diversos fatores ligados à seletividade do poder punitivo – que impôs ao sistema de justiça o aprimoramento de mecanismos tradicionais de registro de atos processuais, em especial das audiências. Assim é que em 2008[16] passou-se a admitir que os depoimentos prestados ao juiz na instrução criminal no rito comum sejam registrados e armazenados por meios ou recursos de gravação magnética, estenotipia, digital ou técnica similar, inclusive audiovisual, de sorte a se alcançar maior celeridade na dinâmica da audiência e fidelidade probatória para fins de formação do convencimento do julgador. Veja-se que a evolução tecnológica, aproveitada no âmbito do processo penal, contribui sobremaneira para otimizar a *oralidade* dos atos processuais e tornar efetivas condições próprias do sistema acusatório.[17]

Importante lembrar que a oralidade não afasta a escrituração dos atos. Essa persiste e é, ainda, necessária. O que se deve ter em conta é que, em virtude da oralidade, o convencimento do julgador se formará, sobretudo, a partir das provas e alegações que lhe forem apresentadas verbalmente.[18] Para tanto, imprescindível que haja: a prevalência da palavra falada; a imediatidade do contato do juiz com as partes e com os meios de prova; a identidade física do julgador; e a concentração dos atos processuais.[19] A documentação dos atos não é incompatível com a oralidade. A conversão da palavra falada em palavra escrita permitirá o registro da prova oral e das alegações para questionamentos futuros, em especial pelas partes, e constitui, nesse sentido, uma garantia de que a decisão judicial não pode desprezar o material revelado na instrução. Todavia, o sentido preciso da oralidade exige do juiz elaborar sua convicção a respeito dos fatos e do direito com base no que lhe for apresentado oralmente, em interação direta com o acusado, vítima, testemunhas, peritos, acusador e defensor. Em poucas palavras, a audiência deve ser a principal fonte da decisão, a ser construída mediante contato pessoal do juiz com os intervenientes do processo, que se ex-

---

[16] A partir das alterações promovidas pela Lei nº 11.719, de 20.6.2008, na redação do art. 405, §§ 1º e 2º, do CPP.

[17] Sobre a oralidade no processo penal: AROCA, Juan Montero. *Principios del proceso penal: una explicación basada en la razón*. Valencia: Tirant lo Blanch, 1997, p. 178-180; BACIGALUPO, Enrique. *El debido proceso penal*. Buenos Aires: Hammurabi, 2005, p. 97-116; DIAS, Jorge de Figueiredo. *Direito processual penal*. Reimpressão da 1ª ed. 1974. Coimbra: Coimbra Editora, 2004, p. 229-235; ROXIN, Claus. *Derecho procesal penal*. Buenos Aires: Editores del Puerto, 2000, p. 115-116; SANTOS, Andrés de la Oliva; MARTÍNEZ, Sara Aragoneses; SEGOVIA, Rafael Hinojosa; ESPARZA, Julio Muerza; GARCÍA, José Antonio Tomé. *Derecho procesal penal*. Madrid: Editorial Centro de Estudios Ramón Areces, 2000, p. 45-47; SOLER, José María Rifá; GOMBAU, José Francisco Valls. *Derecho procesal penal*. Madrid: Iurgium Editores, 2000, p. 37-38.

[18] ANDRADE, Mauro Fonseca. *Sistemas processuais penais e seus princípios reitores*. 2ª ed. Curitiba: Juruá, 2013, p. 149-150.

[19] PRADO, Geraldo. *Sistema acusatório: a conformidade constitucional das leis processuais penais*. 4ª ed. Rio de Janeiro: Lumen Juris, 2006, p. 153-154.

pressarão verbalmente, de modo a se estabelecer uma relação dialógica entre todos.

A consecução dos fins atribuídos à audiência de custódia depende da oralidade. Ao proporcionar o registro eletrônico do ato e a elaboração automática da respectiva ata, o SISTAC privilegia a palavra falada em detrimento da escrita. Daí por que as declarações do custodiado e as alegações do Ministério Público e do defensor serão preferencialmente gravadas em mídia, sem necessidade de redução a termo, fazendo-se constar em ata tão somente um resumo do ocorrido em audiência no que tocar a aplicação de medidas cautelares pessoais ou reais e a concessão de liberdade provisória, como também os encaminhamentos determinados pelo juiz na hipótese de se constatarem indícios de tortura e maus-tratos.[20]

Referências bibliográficas

ANDRADE, Mauro Fonseca. *Sistemas processuais penais e seus princípios reitores*. 2ª ed. Curitiba: Juruá, 2013.

AROCA, Juan Montero. *Principios del proceso penal*: una explicación basada en la razón. Valencia: Tirant lo Blanch, 1997.

BACIGALUPO, Enrique. *El debido proceso penal*. Buenos Aires: Hammurabi, 2005.

BITENCOURT, Cezar Roberto. *Código penal comentado*. 4ª ed. São Paulo: Saraiva, 2007.

DIAS, Jorge de Figueiredo. *Direito processual penal*. Reimpressão da 1ª ed. 1974. Coimbra: Coimbra Editora, 2004.

FERRAJOLI, Luigi. *Direito e razão: teoria do garantismo penal*. 3ª ed. São Paulo: Revista dos Tribunais, 2010.

PRADO, Geraldo. *Sistema acusatório*: a conformidade constitucional das leis processuais penais. 4ª ed. Rio de Janeiro: Lumen Juris, 2006.

PRADO, Luiz Regis. *Comentários ao código penal*. 4ª ed. São Paulo: Revista dos Tribunais, 2007.

ROXIN, Claus. *Derecho procesal penal*. Buenos Aires: Editores del Puerto, 2000.

SABADELL, Ana Lucia. *Tormenta juris permissione*: tortura e processo penal na península ibérica (séculos XVI – XVIII). Rio de Janeiro: Revan, 2006.

SANTOS, Andrés de la Oliva; MARTÍNEZ, Sara Aragoneses; SEGOVIA, Rafael Hinojosa; ESPARZA, Julio Muerza; GARCÍA, José Antonio Tomé. *Derecho procesal penal* Madrid: Editorial Centro de Estudios Ramón Arcces, 2000

SOLER, José María Rifá; GOMBAU, José Francisco Valls. *Derecho procesal penal*. Madrid: Iurgium Editores, 2000.

VALENÇA, Manuela Abath; CASTRO, Helena Rocha C. de; BORBA, Marcela Martins; MACHADO, Érica Babini Lapa do Amaral. Um balanço sobre a implementação das audiências de custódia na cidade do Recife. In: *Boletim do Instituto Brasileiro de Ciências Criminais*. São Paulo: IBCCRIM, n. 280, março de 2016.

ZAFFARONI, E. Raul; BATISTA, Nilo *et al*. *Direito penal brasileiro*, 2º volume: teoria do delito: introdução histórica e metodológica, ação e tipicidade. 2ª ed. Rio de Janeiro: Revan, 2010.

[20] Conforme previsto no artigo 8º, §§ 2º e 3º, da Resolução 213/2015 do CNJ.

O procedimento da audiência de custódia nos termos da Resolução 213 do CNJ – artigo 8º

Art. 8º Na audiência de custódia, a autoridade judicial entrevistará a pessoa presa em flagrante, devendo:
I – esclarecer o que é a audiência de custódia, ressaltando as questões a serem analisadas pela autoridade judicial;
II – assegurar que a pessoa presa não esteja algemada, salvo em casos de resistência e de fundado receio de fuga ou de perigo à integridade física própria ou alheia, devendo a excepcionalidade ser justificada por escrito;
III – dar ciência sobre seu direito de permanecer em silêncio;
IV – questionar se lhe foi dada ciência e efetiva oportunidade de exercício dos direitos constitucionais inerentes à sua condição, particularmente o direito de consultar-se com advogado ou defensor público, o de ser atendido por médico e o de comunicar-se com seus familiares;
V – indagar sobre as circunstâncias de sua prisão ou apreensão;
VI – perguntar sobre o tratamento recebido em todos os locais por onde passou antes da apresentação à audiência, questionando sobre a ocorrência de tortura e maus tratos e adotando as providências cabíveis;
VII – verificar se houve a realização de exame de corpo de delito, determinando sua realização nos casos em que:
a) não tiver sido realizado;
b) os registros se mostrarem insuficientes;
c) a alegação de tortura e maus tratos referir-se a momento posterior ao exame realizado;
d) o exame tiver sido realizado na presença de agente policial, observando-se a Recomendação CNJ 49/2014 quanto à formulação de quesitos ao perito;
VIII – abster-se de formular perguntas com finalidade de produzir prova para a investigação ou ação penal relativas aos fatos objeto do auto de prisão em flagrante;
IX – adotar as providências a seu cargo para sanar possíveis irregularidades;
X – averiguar, por perguntas e visualmente, hipóteses de gravidez, existência de filhos ou dependentes sob cuidados da pessoa presa em flagrante delito, histórico de doença grave, incluídos os transtornos mentais e a dependência química, para analisar o cabimento de encaminhamento assistencial e da concessão da liberdade provisória, sem ou com a imposição de medida cautelar.
§ 1º Após a oitiva da pessoa presa em flagrante delito, o juiz deferirá ao Ministério Público e à defesa técnica, nesta ordem, reperguntas compatíveis com a natureza do ato, devendo indeferir as perguntas relativas ao mérito dos fatos que possam constituir eventual imputação, permitindo-lhes, em seguida, requerer:
I – o relaxamento da prisão em flagrante;
II – a concessão da liberdade provisória sem ou com aplicação de medida cautelar diversa da prisão;

III – a decretação de prisão preventiva;
IV – a adoção de outras medidas necessárias à preservação de direitos da pessoa presa.
§ 2º A oitiva da pessoa presa será registrada, preferencialmente, em mídia, dispensando-se a formalização de termo de manifestação da pessoa presa ou do conteúdo das postulações das partes, e ficará arquivada na unidade responsável pela audiência de custódia.
§ 3º A ata da audiência conterá, apenas e resumidamente, a deliberação fundamentada do magistrado quanto à legalidade e manutenção da prisão, cabimento de liberdade provisória sem ou com a imposição de medidas cautelares diversas da prisão, considerando-se o pedido de cada parte, como também as providências tomadas, em caso da constatação de indícios de tortura e maus tratos.
§ 4º Concluída a audiência de custódia, cópia da sua ata será entregue à pessoa presa em flagrante delito, ao Defensor e ao Ministério Público, tomando-se a ciência de todos, e apenas o auto de prisão em flagrante, com antecedentes e cópia da ata, seguirá para livre distribuição.
§ 5º Proferida a decisão que resultar no relaxamento da prisão em flagrante, na concessão da liberdade provisória sem ou com a imposição de medida cautelar alternativa à prisão, ou quando determinado o imediato arquivamento do inquérito, a pessoa presa em flagrante delito será prontamente colocada em liberdade, mediante a expedição de alvará de soltura, e será informada sobre seus direitos e obrigações, salvo se por outro motivo tenha que continuar presa.

Douglas Fischer[1]

1. Introdução

O tema referente aos procedimentos a serem adotados em caso de prisão de qualquer pessoa está regulado, sobretudo, no art. 306 do CPP, mas não há previsão, atualmente, da denominada *audiência de custódia*.

Como defendemos em companhia de Eugênio Pacelli,[2] a "Declaração Universal dos Direitos do Homem prevê que toda pessoa presa ou detida deverá ser levada, *o mais rápido possível*, à presença de uma autoridade judicial. Exatamente é nisso que se constitui a chamada audiência de custódia: *a apresentação do preso perante um juiz, permitindo o contato direto de modo a assegurar o respeito aos direitos fundamentais daquele que teve a liberdade limitada pelo ato prisional.* Registramos compreensão de que este contato do juiz com o preso não necessariamente precisa ser físico – no mesmo ambiente –, pois entendemos plenamente possível a realização da audiência de custódia, de forma excepcional, por intermédio de videoconferência,

[1] Mestre em Instituições de Direito e do Estado – PUCRS. Professor de Direito Processual Penal e de Direito Penal. Procurador Regional da República na 4ª Região. <http://lattes.cnpq.br/5240252425788419>. douglas@mpf.mp.br.

[2] PACELLI, Eugênio. FISCHER, Douglas. *Comentários ao Código de Processo Penal e sua Jurisprudência.* 10ª ed. São Paulo: Atlas, 2018, item 306.4.

mesmo que ausente previsão expressa quanto ao tema, já que hoje regulamentada sua utilização quanto ao interrogatório judicial – arts. 185, § 2º, CPP".

Não temos dúvidas de que a Convenção Americana dos Direitos Humanos – da qual o Brasil é signatário – *impõe*, em seu art. 2º, que os Estados-Parte se comprometem a adotar, segundo conformidade com as suas regras constitucionais, medidas *legislativas* ou de *outra natureza* que forem necessárias para tornar efetivos os direitos e liberdades mencionados em seu primeiro artigo.[3] Uma observação inicial ainda: consta expressamente no item n. 5 do art. 7º do Pacto de San Jose da Costa Rica que "toda pessoa detida ou retida deve ser conduzida, sem demora, à presença de um juiz ou outra autoridade autorizada pela lei a exercer funções judiciais e tem direito a ser julgada dentro de um prazo razoável ou a ser posta em liberdade, sem prejuízo de que prossiga o processo. Sua liberdade pode ser condicionada a garantias que assegurem o seu comparecimento em juízo".

A finalidade da regra é evidente: a averiguação, e o mais rápido possível, de eventual ilegalidade na prisão efetuada e quais as medidas que devem ser adotadas pelo Judiciário no caso concreto.

Na legislação brasileira atualmente vigente, há previsão genérica de que o simples envio *dos autos de prisão em flagrante* no prazo de 24 horas (art. 306, § 1º, CPP) *poderia* atender à previsão assumida em pacto internacional do qual o Brasil é signatário. Entretanto, como bem anotam Mauro Fonseca Andrade e Pablo Rodrigo Alflen,[4] este entendimento se caracterizaria como contrário à evolução e compatibilização do Direito Penal e os direitos humanos.

Não temos dúvidas em afirmar que a previsão hoje existente no CPP é *insuficiente* e ***não*** atende às imposições constantes dos princípios e regras norteadoras especialmente do Pacto de San José da Costa Rica, pois "esta aferição direta e pessoal pelo magistrado das condições em que efetuada a prisão não tem como ser plenamente atendida pela mera remessa apenas do auto ao juiz no prazo estipulado, muito menos possibilita a aferição de hipótese de eventual cautelar substitutiva (se ausentes os pressupostos da prisão preventiva)".[5]

[3] Os Estados-Parte nesta Convenção comprometem-se a respeitar os direitos e liberdades nela reconhecidos e a garantir seu livre e pleno exercício a toda pessoa que esteja sujeita à sua jurisdição, sem discriminação alguma por motivo de raça, cor, sexo, idioma, religião, opiniões políticas ou de qualquer outra natureza, origem nacional ou social, posição econômica, nascimento ou qualquer outra condição social.

[4] ANDRADE, Mauro Fonseca; ALFLEN, Pablo Rodrigo. *Audiência de Custódia no Processo Penal Brasileiro*. Porto Alegre: Livraria do Advogado, 2018, p. 70 e seguintes.

[5] PACELLI, Eugênio. FISCHER, Douglas. *Comentários ao Código de Processo Penal e sua Jurisprudência*. 10ª ed. São Paulo: Atlas, 2018, item 306.4.

De fato, existe proposta de alteração do Código de Processo Penal pelo PLS 554/2011, com inserção de algumas regras específicas no art. 306 do CPP com a finalidade de atender ao que pactuado internacionalmente. Nosso propósito não é, aqui, analisar estas propostas legislativas, mas, diante do verdadeiro vácuo da legislação infraconstitucional (*stricto sensu*), abordar a Resolução n. 213 do Conselho Nacional de Justiça, que *regulamenta* o tema no presente momento.

2. Pode(ria) o Conselho Nacional de Justiça regulamentar o tema por intermédio da Resolução nº 213 diante da ausência de previsão legislativa *stricto sensu*?

Em 15 de dezembro de 2015, o Conselho Nacional de Justiça – CNJ – editou a Resolução n. 213, que "dispõe sobre a apresentação de toda pessoa presa à autoridade judicial no prazo de 24 horas". Estão em seus *considerandos*, dentre outros: a) o art. 9º, item 3, do Pacto Internacional de Direitos Civis e Políticos das Nações Unidas, bem como o art. 7º, item 5, da Convenção Americana sobre Direitos Humanos (Pacto de São José da Costa Rica); b) a decisão nos autos da Arguição de Descumprimento de Preceito Fundamental 347 do Supremo Tribunal Federal, consignando a obrigatoriedade da apresentação da pessoa presa à autoridade judicial competente; c) o que dispõe a letra "a" do inciso I do art. 96 da Constituição Federal, que defere aos tribunais a possibilidade de tratarem da competência e do funcionamento dos seus serviços e órgãos jurisdicionais e administrativos; d) a decisão prolatada na Ação Direta de Inconstitucionalidade 5240 do Supremo Tribunal Federal, declarando a constitucionalidade da disciplina pelos Tribunais da apresentação da pessoa presa à autoridade judicial competente; e) que a prisão, conforme previsão constitucional (CF, art. 5º, LXV e LXVI), é medida extrema que se aplica somente nos casos expressos em lei e quando a hipótese não comportar nenhuma das medidas cautelares alternativas; f) que as inovações introduzidas no Código de Processo Penal pela Lei 12.403, de 4 de maio de 2011, impuseram ao juiz a obrigação de converter em prisão preventiva a prisão em flagrante delito, somente quando apurada a impossibilidade de relaxamento ou concessão de liberdade provisória,[6] com ou sem medida cautelar diversa da prisão; g) que a condução imediata da pessoa presa à autoridade judicial é o meio mais eficaz para prevenir e reprimir a prática de tortura

[6] "[...] Não se compreende – porque não se justifica! – a manutenção da terminologia *liberdade provisória*. Antes do trânsito em julgado, toda *prisão* é que é *provisória*. Não havendo razões cautelares que justifiquem a manutenção do cárcere, a liberdade deverá ser restituída, ainda quando imposta alguma outra (cautelar) diversa da prisão". PACELLI, Eugênio. FISCHER, Douglas. *Comentários ao Código de Processo Penal e sua Jurisprudência*. 10ª ed. São Paulo: Atlas, 2018, item 310.6.

no momento da prisão, assegurando, portanto, o direito à integridade física e psicológica das pessoas submetidas à custódia estatal, previsto no art. 5.2 da Convenção Americana de Direitos Humanos e no art. 2.1 da Convenção Contra a Tortura e Outros Tratamentos ou Penas Cruéis, Desumanos ou Degradantes.

Há inúmeras críticas – e muitas efetivamente bem construídas (especialmente as que questionam a viabilidade de o Poder Judiciário normatizar a aplicação de direitos fundamentais) – no sentido de que o Conselho Nacional de Justiça não poderia "regulamentar" o tema referente à audiência de custódia, pois haveria não só uma invasão de competências, mas também uma reserva exclusiva para o âmbito da legislação infraconstitucional em sentido estrito, atribuição do Poder Legislativo. Não nos cabe aqui desenvolver todos os argumentos no sentido da viabilidade constitucional de o Conselho Nacional de Justiça atuar suplementarmente para solucionar o impasse até que exista legislação específica tratando do tema. Mas (re)afirmamos – e fundamentamos – a compreensão no sentido de que a regulamentação se apresenta como válida.

O CNJ é *órgão do Poder Judiciário*, nos termos do art. 92, I-A, da Constituição da República (Emenda Constitucional n. 45, de 2004). Compreendemos que, dentro de um sistema jurídico democrático, decorre da função conferida constitucionalmente aos membros do Poder Judiciário, regulamentado também pelo Estatuto da Magistratura, o dever de zelar pelas garantias fundamentais existentes no ordenamento pátrio e também aquelas decorrentes dos pactos internacionais. Daí que, com a finalidade de estabelecer um padrão (senão o ideal, mas seguindo alguns princípios reitores fundamentais) na atuação judicial, é viável – sempre suplementar e excepcionalmente – o Conselho Nacional de Justiça estabelecer as regras fundamentais a serem adotadas pelos magistrados em todo país no caso da prisão de alguém, seguindo-se um rito para a denominada *audiência de custódia*. Não podemos esquecer também que não foram poucas as vezes que, por falta de previsão expressa em lei, o Poder Judiciário (sem que se possa impor a – indevida – pecha de "ativismo") acabou estabelecendo *standards* de providências que foram, ulteriormente, convertidas em letra de lei para tratar do tema.

3. A decisão do Supremo Tribunal Federal sobre o Provimento Conjunto nº 3 (TJSP/CNJ)

Não se está invocando como "argumento de autoridade" o que decidido pelo Supremo Tribunal Federal especialmente na ADI n. 5.240, em que era questionado o Provimento Conjunto n. 3/2015 (firmado pelo CNJ e o Tribunal de Justiça de São Paulo), mas realmente estamos convencidos do acerto da Corte Constitucional brasileira.

É preciso reconhecer que há uma identidade muito próxima das providências a serem tomadas no âmbito da audiência de custódia com possíveis ações no caso de *habeas corpus* (inclusive de ofício, pelo juiz), conforme preconiza o art. 656, CPP: "Recebida a petição de *habeas corpus*, o juiz, se julgar necessário, e estiver preso o paciente, mandará que este lhe seja imediatamente apresentado em dia e hora que designar". E se "os documentos que instruírem a petição evidenciarem a ilegalidade da coação, o juiz ou o tribunal ordenará que cesse imediatamente o constrangimento" (art. 660, § 2º, CPP).

Não cabe aqui uma análise pormenorizada do Provimento Conjunto n. 3, mas, após as detalhadas análises comparativas das suas regras, estamos plenamente de acordo com a conclusão do voto-condutor do julgamento da ADI 5.240 quando assentou que da leitura "das normas colacionadas acima, evidencia-se o seu caráter exclusivamente administrativo, dispondo o tribunal, no exercício da sua autogestão, sobre a organização e funcionamentos dos seus órgãos judiciais, impondo novas rotinas cartorárias e disciplinando o modo pelo qual o serviço judiciário será prestado, mormente na fase de transição até a total implementação das audiências de custódia em todas as unidades jurisdicionais do TJSP", constatando, na sequência, que "os seus artigos 1º, 3º, 5º, 6º e 7º limitam-se a regulamentar previsões legais e convencionais já referidas, sem extrapolar ou contrariar o conteúdo dessas normas, representando exercício lícito de poder regulamentar que a todas as autoridades administrativas é outorgado, para o fiel cumprimento da lei", arrematando, por fim, que estas normas "apenas explicitam disposições esparsas da Convenção Americana sobre Direitos do Homem e do Código de Processo Penal, permitindo, assim, a sua compreensão clara e sistemática, indispensável ao seu fiel cumprimento". Igualmente reconhecemos, com acerto, a referência quanto aos arts. 2º, 4º, 8º, 9º, 10 e 11, ao se firmar que "veiculam comandos de mera organização administrativa interna do TJSP, no exercício da prerrogativa que lhe é outorgada pelo artigo 96, inciso I, alínea a, da Constituição Federal. Daí decorre que, sendo normas que ostentam fundamento de validade situado diretamente na Constituição Federal, é possível o seu controle pela via da ação direta. Ocorre, contudo, que os supracitados dispositivos do Provimento objurgado não violam reserva de lei instituída pela Constituição Federal, tampouco afrontam qualquer disposição material da Carta Política. Com efeito, nos termos já enunciados acima, o Tribunal de Justiça de São Paulo meramente organizou o funcionamento dos seus órgãos judiciários, estritamente dentro da esfera de atribuições inerentes à sua autogestão, assegurada pelo artigo 96, inciso I, alínea *a*, da Carta Política".

No que se destaca, impõe apenas referir as ementas dos julgados, que refletem o que decidido pela Corte Suprema:

> AÇÃO DIRETA DE INCONSTITUCIONALIDADE. PROVIMENTO CONJUNTO 03/2015 DO TRIBUNAL DE JUSTIÇA DE SÃO PAULO. AUDIÊNCIA DE CUSTÓDIA.
>
> 1. A Convenção Americana sobre Direitos do Homem, que dispõe, em seu artigo 7º, item 5, que "toda pessoa presa, detida ou retida deve ser conduzida, sem demora, à presença de um juiz", posto ostentar o status jurídico supralegal que os tratados internacionais sobre direitos humanos têm no ordenamento jurídico brasileiro, legitima a denominada "audiência de custódia", cuja denominação sugere-se "audiência de apresentação".
>
> 2. O direito convencional de apresentação do preso ao Juiz, consectariamente, deflagra o procedimento legal de *habeas corpus*, no qual o Juiz apreciara a legalidade da prisão, a vista do preso que lhe e apresentado, procedimento esse instituido pelo Código de Processo Penal, nos seus artigos 647 e seguintes.
>
> 3. O *habeas corpus ad subjiciendum*, em sua origem remota, consistia na determinação do juiz de apresentação do preso para aferição da legalidade da sua prisão, o que ainda se faz presente na legislação processual penal (artigo 656 do CPP).
>
> 4. O ato normativo sob o crivo da fiscalização abstrata de constitucionalidade contempla, em seus artigos 1º, 3º, 5º, 6º e 7º normas estritamente regulamentadoras do procedimento legal de *habeas corpus* instaurado perante o Juiz de primeira instância, em nada exorbitando ou contrariando a lei processual vigente, restando, assim, inexistência de conflito com a lei, o que torna inadmissível o ajuizamento de ação direta de inconstitucionalidade para a sua impugnação, porquanto o *status* do CPP não gera violação constitucional, posto legislação infraconstitucional.
>
> 5. As disposições administrativas do ato impugnado (artigos 2º, 4° 8°, 9º, 10 e 11), sobre a organização do funcionamento das unidades jurisdicionais do Tribunal de Justiça, situam-se dentro dos limites da sua autogestão (artigo 96, inciso I, alínea *a*, da CRFB). Fundada diretamente na Constituição Federal, admitindo *ad argumentandum* impugnação pela via da ação direta de inconstitucionalidade, mercê de materialmente inviável a demanda.
>
> 6. *In casu*, a parte do ato impugnado que versa sobre as rotinas cartorárias e providências administrativas ligadas a audiência de custódia em nada ofende a reserva de lei ou norma constitucional.
>
> 7. Os artigos 5º, Inciso II, e 22, inciso I, da Constituição Federal não foram violados, na medida em que há legislação federal em sentido estrito legitimando a audiência de apresentação.
>
> 8. A Convenção Americana sobre Direitos do Homem e o Código de Processo Penal, posto ostentarem eficácia geral e *erga omnes*, atingem a esfera de atuação dos Delegados de Polícia, conjurando a alegação de violação da cláusula pétrea de separação de poderes. [...]
>
> 11. Ação direta de inconstitucionalidade parcialmente conhecida e, nessa parte, julgada improcedente, indicando a adoção da referida pratica da audiência de apresentação por todos os tribunais do país. (*Ação Direta de Inconstitucionalidade n. 5.240-SP, STF, Plenário, Rel. Min. Luiz Fux, julgado em 20.8.2015, publicado no DJ em 16.2.2016).*

CUSTODIADO – INTEGRIDADE FÍSICA E MORAL – SISTEMA PENITENCIÁRIO – ARGUIÇÃO DE DESCUMPRIMENTO DE PRECEITO FUNDAMENTAL – ADEQUAÇÃO. Cabível é a arguição de descumprimento de preceito fundamental considerada a situação degradante das penitenciárias no Brasil. [...] AUDIÊNCIA DE CUSTÓDIA – OBSERVÂNCIA OBRIGATÓRIA. Estão obrigados juízes e tribunais, observados os artigos 9.3 do Pacto dos Direitos Civis e Políticos e 7.5 da Convenção Interamericana de Direitos Humanos, a realizarem, em até noventa dias, audiências de custódia, viabilizando o comparecimento do preso perante a autoridade judiciária no prazo máximo de 24 horas, contado do momento da prisão. (*Medida Cautelar na Arguição de Descumprimento de Preceito Fundamental n. 347-DF, STF, Plenário, Rel. Min. Marco Aurélio, julgado em 9.9.2015, publicado no DJ em 19.2.2016)*

Diferentemente do Provimento Conjunto n. 3, limitado com sua incidência ao Estado de São Paulo, a Resolução n. 213/CNJ foi editada com a finalidade de trazer normas *gerais* a serem aplicadas a todas as unidades da federação quanto à audiência de custódia, observadas sempre as particularidades de cada local (vide, exemplificativamente, o § 5º do art. 1º).

Seus comandos estão diretamente vinculados ao que já abordado pelo STF no bojo da ADI 5.240 e da ADPF n. 347.[7] É verdade que a redação dos referidos comandos são diversos, mas, em nossa análise, traduzem a mesma essência. E caberá neste capítulo a análise apenas do conteúdo e da existência (ou não) de compatibilidade das regras do art. 8º da Resolução n. 213, que trata especificamente das providências a serem adotadas pelo juiz na *audiência de custódia*.

4. As determinações constantes do art. 8º da Resolução n. 213/CNJ

4.1. O prazo de apresentação

Embora não *diretamente* objeto de exame (e certamente melhor analisada em capítulo inicial da presente obra), é fundamental uma nota quanto ao disposto no art. 1º da Resolução n. 213, que impõe que a apresentação da pessoa presa seja efetuada "em até 24 horas da comunicação do flagrante, à autoridade judicial competente, e ouvida

[7] [...] Nos termos do decidido liminarmente na ADPF 347/DF (Relator(a): Min. MARCO AURÉLIO, Tribunal Pleno, julgado em 09/09/2015), por força do Pacto dos Direitos Civis e Políticos, da Convenção Interamericana de Direitos Humanos e como decorrência da cláusula do devido processo legal, a realização de audiência de apresentação é de observância obrigatória. Descabe, nessa ótica, a dispensa de referido ato sob a justificativa de que o convencimento do julgador quanto às providencias do art. 310 do CPP encontra-se previamente consolidado. [...] (HC n. 133.992-SP, STF, 1ª Turma, Rel. Min. Edson Fachin, julgado em 11.10.2016, publicado no DJ em 2.12.2016)

sobre as circunstâncias em que se realizou sua prisão ou apreensão".[8] Atento às particularidades do território nacional, foi prudente o CNJ em reconhecer no § 5º do art. 1º que, ouvidos os órgãos jurisdicionais locais, posteriormente "editará ato complementar a esta Resolução, regulamentando, em caráter excepcional, os prazos para apresentação à autoridade judicial da pessoa presa em Municípios ou sedes regionais a serem especificados, em que o juiz competente ou plantonista esteja impossibilitado de cumprir o prazo estabelecido no *caput*".

Não olvidamos que o art. 7º, item 4, do Pacto de San José da Costa Rica refere apenas que "toda pessoa detida ou retida deve ser informada das razões da detenção e notificada, *sem demora*, da acusação ou das acusações formuladas contra ela", não se reportando a nenhum prazo específico. Mas cremos que, nos moldes em que previsto na legislação brasileira (art. 306, § 1º, CPP), o prazo de 24 horas se apresenta bem razoável, sendo viável a verificação, no caso concreto, se há alguma justificativa excepcional para eventual demora além deste limite.

4.2. Primeiros esclarecimentos e direito constitucional ao silêncio, assistência de advogado e da família

A primeira providência do juiz competente será o de *esclarecer* ao preso o que é a audiência de custódia, ressaltando as questões que serão analisadas naquele momento (art. 8º, I), advertindo o preso que ele tem o direito a permanecer em silêncio (art. 8º, III).

Esta regra (similar a parte do contido no art. 6º do Provimento n. 3) decorre da expressa disposição do art. 5º, LXIII, da CF/88, que dispõe que o "preso será informado de seus direitos, entre os quais o de permanecer calado, sendo-lhe assegurada a assistência da família e de advogado", e guarda integral similitude ao procedimento do interrogatório, previsto no art. 186, CPP, que refere que "depois de devidamente qualificado e cientificado do inteiro teor da acusação, o acusado será informado pelo juiz, antes de iniciar o interrogatório, do seu direito de permanecer calado e de não responder perguntas que lhe forem formuladas".

Conforme destacamos na companhia de Eugênio Pacelli,[9] o "*nemo tenetur se detegere*, que pode ser traduzido como 'ninguém é obrigado a

[8] § 5º do art. 306 do CPP (*De lege ferenda*, PLS n. 554/2011). No prazo máximo de 24 (vinte e quatro) horas após a lavratura do auto de prisão em flagrante, o preso será conduzido à presença do juiz para ser ouvido, com vistas às medidas previstas no art. 310 e para que se verifique se estão sendo respeitados seus direitos fundamentais, devendo a autoridade judiciária tomar as medidas cabíveis para preservá-los e para apurar eventual violação.

[9] PACELLI, Eugênio. FISCHER, Douglas. *Comentários ao Código de Processo Penal e sua Jurisprudência*. 10ª ed. São Paulo: Atlas, 2018, item 186.1.

se descobrir', é um aforismo renascido (data do século XVII, no direito inglês) no pós-iluminismo, emblemático de uma era de transformação na teoria do processo e, sobretudo, no âmbito do processo judicial criminal, já no século XIX. [...] O direito ao silêncio, portanto, é uma das manifestações mais importantes do aludido princípio (*nemo tenetur*), na medida em que tutela, não só a consciência moral daquele que, pelo fato de correr o risco de uma condenação, se vê compelido a mentir em seu favor, mas, também, protege o acusado contra juízos de convencimentos lastreados em percepções subjetivas indignas de graus aceitáveis de certeza". Ou seja, a garantia do direito ao silêncio reafirma a necessidade de controle das decisões judiciais, de modo a vedar que o Poder Judiciário se utilize do silêncio ou da negativa de respostas às perguntas feitas como um critério de convencimento. Assim, é fundamental advertir desde o primeiro momento do ato que o preso não é obrigado a falar absolutamente nada, especialmente o que lhe possa causar prejuízo.

No inciso IV, impõe-se o dever de juiz competente "questionar se lhe foi dada ciência e efetiva oportunidade de exercício dos direitos constitucionais inerentes à sua condição, particularmente o direito de consultar-se com advogado ou defensor público, o de ser atendido por médico e o de comunicar-se com seus familiares". Essa parte final da norma também decorre do preceito constitucional da ampla defesa, bem assim do já referido inciso LXIII do art. 5º, conjugado com aquele contido (não em igual redação, mas na sua essência) no art. 306, *caput*, CPP ("A prisão de qualquer pessoa e o local onde se encontre serão comunicados imediatamente ao juiz competente, ao Ministério Público e à família do preso ou à pessoa por ele indicada").

*4.3. Direito a **não** ser algemado, como regra*

Consta no inciso II que deverá ser assegurado que "a pessoa presa não esteja algemada, salvo em casos de resistência e de fundado receio de fuga ou de perigo à integridade física própria ou alheia, devendo a excepcionalidade ser justificada por escrito".

Nova identidade, primeiro, com a Súmula Vinculante n. 11 do Supremo Tribunal Federal, que dispõe que "só é lícito o uso de algemas em casos de resistência e de fundado receio de fuga ou de perigo à integridade física própria ou alheia, por parte do preso ou de terceiros, justificada a excepcionalidade por escrito, sob pena de responsabilidade disciplinar, civil e penal do agente ou da autoridade e de nulidade da prisão ou do ato processual a que se refere, sem prejuízo da responsabilidade civil do Estado. (Publicada no DJ de 22.8.2008)".

Depois impende referir que o Código de Processo Penal trata o tema do uso de algemas em várias disposições (algumas de forma expressa, como o art. 474, § 3º; outras não, como o art. 284, CPP). A questão central que norteia a regra é sempre a *necessidade* da medida, evitando-se a estigmatização pelo só uso das algemas se o uso não se revela como fundamental. Assim, somente se deverá manter alguém algemado quando houver indicativos seguros de resistência ou de fundado receio de fuga ou de perigo à integridade física própria e/ou alheias.

4.4. Esclarecimentos sobre o modo como realizada a prisão ou a apreensão

Segundo previsto nos incisos V e VI, deverá também o preso ou apreendido indagado sobre "as circunstâncias" da realização do ato, bem assim sobre o "tratamento recebido em todos os locais por onde passou antes da apresentação à audiência, questionando sobre a ocorrência de tortura e maus tratos e adotando as providências cabíveis".

A finalidade da regra parece ser bastante clara: permitir ao magistrado aquilatar se, durante o procedimento de prisão, não foram adotados procedimentos írritos, notadamente maus-tratos e/ou tortura. Claro que não bastará uma alegação genérica para dar ensejo às providências que impõem a parte final do comando normativo, mas o contato pessoal do magistrado sempre permite uma melhor aferição da versão apresentada por quem foi preso, oportunizando esclarecer a verossimilhança do que eventualmente arguido. Tal como previsto hoje, com formalidades apenas *no papel*, como aquelas constantes especialmente do art. 307 do CPP, que prevê que, "quando o fato for praticado em presença da autoridade, ou contra esta, no exercício de suas funções, constarão do auto a narração deste fato, a voz de prisão, as declarações que fizer o preso e os depoimentos das testemunhas, sendo tudo assinado pela autoridade, pelo preso e pelas testemunhas e remetido imediatamente ao juiz a quem couber tomar conhecimento do fato delituoso, se não o for a autoridade que houver presidido o auto". Por este contato pessoal, e mediante o questionamento específico, será possível reduzir – e muito – eventuais dissensos que existam entre o contido nos documentos legais exigidos e a narrativa apresentada pelo preso. Ainda: não se pode olvidar que, em alguns casos, a prisão em flagrante poderá ser realizada por *qualquer pessoa*, nos termos do art. 301, CPP, justificando, mais ainda, a cautela de deixar bem claras as circunstâncias em que se deu o ato prisional.

4.5. *Realização do exame de corpo de delito*

No inciso VII, a imposição de verificação de exame de corpo de delito, determinando a sua realização nos casos em que: a) não tiver sido realizado; b) os registros se mostrarem insuficientes; c) as alegações de tortura e maus-tratos referirem-se a momento posterior ao exame realizado; d) o exame tiver sido realizado na presença de agente policial, observando-se a Recomendação CNJ 49/2014 quanto à formulação de quesitos ao perito.

Novamente aqui, há providências complementares para a análise de eventuais maus-tratos ou lesões causadas ao preso. Não se está dizendo que lesões, por si só, possam indicar a existência de maus-tratos e/ou tortura. Em algumas vezes, até pela resistência, é possível que o agente preso em flagrante tenha lesões. Mas tal circunstância, repise-se, por si só, não caracterizará qualquer irregularidade se demonstrado que, no caso concreto, foi uma consequência inafastável do *modo* como executada a prisão (necessidade e adequação).

A realização é obrigatória (alínea "a"). Se o juiz competente reputar que os dados existentes no laudo de exame de corpo de delito são insuficientes, deverá mandar que outro seja feito (alínea "b"). Se as alegações de maus-tratos ou tortura forem após a realização do exame pericial e, complementamos nós, houver indicativos razoáveis de tal ocorrência, deverá ser realizado *novo* exame.

A última hipótese é aquela em que o exame tiver sido realizado na presença de agente policial, observando-se a Recomendação CNJ 49/2014 quanto à formulação de quesitos ao perito. A recomendação mencionada "dispõe sobre a necessidade de observância, pelos magistrados brasileiros, das normas – princípios e regras – do chamado Protocolo de Istambul, da Organização das Nações Unidas (ONU), e, bem assim, do Protocolo Brasileiro de Perícia Forense, em casos de crime de tortura e dá outras providências". Especificamente no art. 1º, II, e sem prejuízo de outras providências existentes na recomendação, refere-se que sempre que houver notícias concretas ou fundadas da prática de tortura, devem ser formulados, ao perito, quesitos estruturados na seguinte ordem e forma: 1) se há indicativos médico-legais que caracterizem a prática de tortura física; 2) se há indícios clínicos que caracterizem a prática de tortura psíquica; 3) se há evidências médico-legais que sejam característicos, indicadores ou sugestivos de ocorrência de tortura contra a pessoa sob exame, mas que poderiam excepcionalmente ser produzidos por outra causa, devendo-se, neste caso, explicitar a resposta.

4.6. Limitação da extensão das perguntas formuladas ao preso

O inciso VIII estabelece uma vedação ao juiz: *não poderá* formular perguntas com a finalidade de produzir prova para a investigação ou ação penal relativas aos fatos objeto do auto de prisão em flagrante.[10]

Registra-se similitude da previsão com aquela do § 1º do art. 6º do Provimento n. 3.

É fundamental notar que a audiência de custódia *não* tem a finalidade de produção de provas, notadamente em desfavor do preso. O objetivo do ato é, unicamente, aferir se, na prisão, não houve a violação de direitos fundamentais, bem assim se não há recomendação da adoção de medidas cautelares menos gravosas.

A limitação aqui imposta está também diretamente ligada ao direito constitucional de o preso não produzir provas em seu desfavor (*nemo tenetur se detegere*), antes já mencionado.

4.7. Averiguação de condições específicas

No inciso X, prevê-se que há dever do magistrado analisar, "por perguntas e visualmente, hipóteses de gravidez, existência de filhos ou dependentes sob cuidados da pessoa presa em flagrante delito, histórico de doença grave, incluídos os transtornos mentais e a dependência química, para analisar o cabimento de encaminhamento assistencial e da concessão da liberdade provisória, sem ou com a imposição de medida cautelar".

Em sua primeira parte, a providência novamente se relaciona com a (correta) preocupação em se preenchidos os requisitos legais, evitar a desproteção de filhos ou dependentes da pessoa presa em flagrante, bem assim quando houver indicação de gravidez (presa mulher). A disposição guarda similitude com a novel redação do art. 318 do CPP, que dispõe que:

> Art. 318. Poderá o juiz substituir a prisão preventiva pela domiciliar quando o agente for:
>
> I – maior de 80 (oitenta) anos;
>
> II – extremamente debilitado por motivo de doença grave;
>
> III – imprescindível aos cuidados especiais de pessoa menor de 6 (seis) anos de idade ou com deficiência;

---

[10] § 7º do art. 306 do CPP (De lege ferenda, PLS n. 554/2011): "A oitiva a que se refere o parágrafo anterior será registrada em autos apartados, não poderá ser utilizada como meio de prova contra o depoente e versará, exclusivamente, sobre a legalidade e necessidade da prisão; a prevenção da ocorrência de tortura ou de maus-tratos; e os direitos assegurados ao preso e ao acusado".

IV – gestante (Lei 13.257/2016);

V – mulher com filho de até 12 (doze) anos de idade incompletos (Lei 13.257/2016);

VI – homem, caso seja o único responsável pelos cuidados do filho de até 12 (doze) anos de idade incompletos (Lei 13.257/2016).

Parágrafo único. Para a substituição, o juiz exigirá prova idônea dos requisitos estabelecidos neste artigo. (*Redação dada pela Lei nº 12.403, de 2011*)

Conforme também defendemos noutro espaço,[11] "a prova das circunstâncias dos incisos I e IV, primeira parte, é muito mais simples, exigindo apenas o registro civil e os documentos comprobatórios do diagnóstico médico. A Lei n. 13.257, de 8.3.2016, alterou a redação do inciso IV, dizendo que total e qualquer gestante (se comprovada esta condição) poderá ser beneficiária da prisão domiciliar, não mais se exigindo que devesse ser a partir do 7º mês de gravidez ou sendo ela de alto risco. Segundo compreendemos, não há direito automático à prisão domiciliar pelo só fato de ser gestante. Deverá o juiz aquilatar as circunstâncias do caso concreto e fundamentar em caso de não reconhecimento as razões pelas quais não defere a substituição. As hipóteses previstas nos incisos II e III poderão exigir prova pericial, a tanto não sendo suficientes laudos médicos particulares, a menos que sobre o respectivo conteúdo não paire qualquer dúvida, em qualquer das partes e também para o magistrado, a quem se incumbe o controle de legalidade das medidas restritivas de direito. Nunca é demais ressaltar que, especialmente nas hipóteses previstas no inciso II, cuidados redobrados deverão ser adotados, evitando-se situações que possam tender a desvirtuar a real situação de saúde do requerente. A Lei n. 13.257/2016 acresceu outras duas hipóteses para a concessão da prisão domiciliar: a) se a presa for mulher e tiver filho de até 12 anos de idade incompletos (inciso V); b) se o preso for homem e seja o único responsável pelos cuidados do filho de até 12 anos de idade incompletos (inciso VI). Tal qual defendido em relação à novel disposição do inciso IV, entendemos que a substituição da prisão por domiciliar não deverá ser automática. Deve ser aquilatada a necessidade pelo juiz de tal providência, fundamentando sobretudo em caso de indeferimento. E há se ter redobrados cuidados na interpretação destes dispositivos, pois, se houver a efetiva necessidade da prisão cautelar (excepcional), não se deverá substituir por prisão domiciliar. (vide anotações ao art. 317, CPP)".

A análise destas circunstâncias é fundamental para, sempre diante do caso concreto, o magistrado verificar se não é hipótese de encaminhamento para atendimento assistencial ou, se preenchidos os requisitos

[11] PACELLI, Eugênio. FISCHER, Douglas. *Comentários ao Código de Processo Penal e sua Jurisprudência*. 10ª ed. São Paulo: Atlas, 2018, anotações ao art. 318.

legais, não for hipótese de concessão de cautelar(es) menos gravosa(s), dentre ela(s), e preferencialmente, se couber, a prisão domiciliar.

4.8. Providências saneadoras

O inciso IX refere que deverá ainda "adotar providências a seu cargo para sanar possíveis irregularidades".

Trata-se de normativo até desnecessário, mas correto, pois é dever inerente à atividade jurisdicional a realização constante de saneamento do feito que estiver ao seu encargo. Assim, sempre que notar qualquer irregularidade – *que não se enquadrem em outras hipóteses específicas, notadamente aquelas do § 1º do art. 8º* – deverá adotar as providências para deixar o processo/procedimento devidamente regularizado. Guarda integral similitude com o disposto no art. 139, IX, NCPC (aplicável também ao processo penal, por força do art. 3º, CPP), que prevê que: "Art. 139. O juiz dirigirá o processo conforme as disposições deste Código, incumbindo-lhe: [...] IX – determinar o suprimento de pressupostos processuais e o saneamento de outros vícios processuais".

4.9. Higidez do flagrante e a adoção, quando cabível, de medidas cautelares diversas da prisão[12]

Provavelmente uma das principais razões da audiência de custódia para melhor aquilatar as hipóteses de verificação da efetiva necessidade da prisão cautelar está no § 1º.

A oitiva da pessoa presa em flagrante delito é o primeiro ato, conforme já destacado anteriormente. Na sequência, deverá ser permitida (e nessa ordem) a formulação de perguntas ao preso pelo Ministério Público e pela defesa técnica (por advogado indicado pelo preso ou então pela nomeação de defensor pelo magistrado, nos termos em que prevê a legislação processual).[13]

Os questionamentos devem ser *restritos e suficientes* para que se possa analisar unicamente a higidez do *ato da prisão*, jamais podendo incursionar no mérito dos fatos que possam constituir eventual impu-

---

[12] § 6º do art. 306 do CPP (De lege ferenda, PLS n. 554/2011). Na audiência de custódia de que trata o parágrafo quarto, o juiz ouvirá o Ministério Público, que poderá, caso entenda necessária, requerer a prisão preventiva ou outra medida cautelar alternativa à prisão, em seguida, ouvirá o preso e, após manifestação da defesa técnica, decidirá fundamentadamente, nos termos do art. 310.

[13] § 8º do art. 306 do CPP (*de lege ferenda*, PLS n. 554/2011). A oitiva do preso em juízo sempre se dará na presença de seu advogado, ou, se não tiver ou não o indicar, na de Defensor Público, e na do membro do Ministério Público, que poderão inquirir o preso sobre os temas previstos no parágrafo sexto, bem como se manifestar previamente à decisão judicial de que trata o art. 310.

tação em desfavor do preso. A limitação imposta ao juiz (vide anotações ao inciso VIII) é *idêntica* para o Ministério Público e para a defesa.

As hipóteses de providências são quatro, havendo identidade de regulamentação com o disposto no art. 310 do Código de Processo Penal:

> Art. 310. Ao receber o auto de prisão em flagrante, o juiz deverá fundamentadamente: *(Redação dada pela Lei nº 12.403, de 2011).*
>
> I – relaxar a prisão ilegal; ou *(Incluído pela Lei nº 12.403, de 2011).*
>
> II – converter a prisão em flagrante em preventiva, quando presentes os requisitos constantes do art. 312 deste Código, e se revelarem inadequadas ou insuficientes as medidas cautelares diversas da prisão; ou *(Incluído pela Lei nº 12.403, de 2011).*
>
> III – conceder liberdade provisória, com ou sem fiança. *(Incluído pela Lei nº 12.403, de 2011).*
>
> Parágrafo único. Se o juiz verificar, pelo auto de prisão em flagrante, que o agente praticou o fato nas condições constantes dos incisos I a III do *caput* do art. 23 do Decreto-Lei nº 2.848, de 7 de dezembro de 1940 – Código Penal, poderá, fundamentadamente, conceder ao acusado liberdade provisória, mediante termo de comparecimento a todos os atos processuais, sob pena de revogação. *(Redação dada pela Lei nº 12.403, de 2011).*

Como se sabe, há muito (e ainda bem) a prisão em flagrante *não mais* pode subsistir por si mesma se não houver requisitos para a prisão cautelar ou então para adoção das denominadas medidas cautelares diversas da prisão (art. 319, CPP):

> [...] Em diversas oportunidades, deixamos assentado que o nosso CPP foi elaborado em bases autoritárias, estruturado sob o princípio da presunção de culpa e da presunção do risco de fuga, sempre que presente a prisão em flagrante. É dizer: a prisão em flagrante *antecipava os resultados finais* do processo. Com a Lei nº 12.403/11, inverteu-se a lógica do Código, prevendo a nova legislação diversas alternativas ao cárcere, com a instituição de variadas medidas cautelares pessoais, orientadas pelos critérios de *proporcionalidade* e *adequação* (ver art. 282, CPP). E todas elas, incluindo já a prisão preventiva, dependerão de ordem judicial escrita e fundamentada, segundo sejam necessárias para a proteção da investigação ou do processo, e, em alguns casos, para se evitar a reiteração criminosa (art. 282 e art. 312, CPP). Assim, cumpre redefinir os rumos da prisão em flagrante, no que toca à importante questão de sua *manutenção*, após o cumprimento de suas funções (recolhimento imediato dos elementos informativos disponíveis e impedimento de maiores consequências do fato praticado). Uma coisa, então, parece induvidosa: a prisão em flagrante *não* poderá ser *mantida* sob este específico fundamento: a *flagrância*. Não poderá, portanto, fundamentar *presunção de culpa*, embora não se possa, de outro lado, subestimar a eficácia instrumental da medida, relativamente à *visibilidade do fato e sua autoria*, bem como no que respeita aos possíveis riscos de perturbação das investigações, diante de sua força de convencimento. [...] O flagrante *válido*, com efeito, oferece ponderável visibilidade acerca das possíveis consequências penais do fato, seja na dimensão da responsabilidade pessoal (autoria), seja da *materialidade*. No entanto, ainda que assim seja, não se poderá avançar para a *antecipação dos possíveis* resultados do processo, como se ele, flagrante, implicasse a pre-

sunção de condenação. Por isso, a manutenção da prisão em flagrante somente seria e será possível se estiverem presentes as mesmas razões que autorizariam a imposição de quaisquer das medidas cautelares pessoais *sem a situação de flagrância*. Realizadas as missões da prisão em flagrante, o juiz deverá apreciar não mais a evidência dos fatos trazida por ele (flagrante), mas a eventual *necessidade* de se manter o cárcere.[14]

A primeira hipótese é o *relaxamento da prisão em flagrante*. Tecnicamente, o *relaxamento* se dá quando o juiz verificar que não foram atendidos os requisitos *legais* para a prisão. Trata-se da análise se, no ato (administrativo) de prisão, seguiu-se à risca o procedimento previsto na legislação, com todas as providências correlatas. Há se ver que a eventual ilegalidade da prisão em flagrante não enseja, automaticamente, a soltura do preso, pois, se preenchidos os requisitos legais, nenhum óbice para a decretação da preventiva ou então a adoção de medidas cautelares diversas. É exatamente o que dispõem, respectivamente, os incisos II e III do § 1º do art. 8º da Resolução n. 213.

A prisão preventiva deve atender os requisitos estritos do art. 312, CPP.[15] Sua adoção deve ser a *última hipótese*, sempre devendo ser analisada a viabilidade de imposição de uma ou mais cautelares diversas (art. 319, CPP), desde que sejam suficientes diante do caso concreto (necessidade e adequação – vide art. 282, I e II, CPP, *a contrario sensu*).

Nunca é demais ressaltar, ainda, que a Lei 12.403/11 dispôs na redação do art. 282, § 2º, CPP, que "as medidas cautelares serão decretadas pelo juiz, de ofício ou a requerimento das partes ou, quando no curso da investigação criminal, por representação da autoridade policial ou mediante requerimento do Ministério Público". Há se observar que, recentemente, o Superior Tribunal de Justiça ratificou entendimento no sentido de que:

> [...] 1. Na fase investigativa da persecução penal, o decreto de prisão preventiva não prescinde de requerimento do titular da ação penal – Ministério Público ou querelante –, ou, ainda, de representação do órgão responsável pela atividade investigatória para que possa ser efetivada pelo magistrado, sob pena de violação à imparcialidade do juiz, da inércia da jurisdição e do sistema acusatório.
>
> 2. Contudo, a impossibilidade de decretação da prisão preventiva *ex officio* pelo juiz na fase investigativa não se confunde com a hipótese dos autos, retratada no art. 310, II, do CPP, que permite ao magistrado, quando do recebimento do auto de prisão em flagrante, e constatando ter sido esta formalizada nos termos legais, convertê-la em

---

[14] PACELLI, Eugênio. FISCHER, Douglas. *Comentários ao Código de Processo Penal e sua Jurisprudência*. 10ª ed. São Paulo: Atlas, 2018, anotações ao item 310.2.

[15] Art. 312. A prisão preventiva poderá ser decretada como garantia da ordem pública, da ordem econômica, por conveniência da instrução criminal, ou para assegurar a aplicação da Lei penal, quando houver prova da existência do crime e indício suficiente de autoria. Parágrafo único. A prisão preventiva também poderá ser decretada em caso de descumprimento de qualquer das obrigações impostas por força de outras medidas cautelares (art. 282, § 4º). *(Redação dada pela Lei nº 12.403, de 2011)*

preventiva quando presentes os requisitos constantes do art. 312 do CPP. Isso porque a conversão da prisão em flagrante, nos termos já sedimentados por ambas as Turmas que compõem a Terceira Seção desta Corte Superior de Justiça, pode ser realizada de ofício pelo juiz.

3. Não é ilegal o encarceramento provisório que se funda em dados concretos a indicar a necessidade da medida cautelar para garantia da ordem pública, especialmente em elemento extraído da conduta perpetrada pelos acusados, qual seja, a reiteração delitiva, sendo enfatizado pelo juízo a quo que, quando da suposta prática do presente delito de furto qualificado, os acusados encontravam-se "beneficiados com a liberdade provisória recente, concedida em 16/02/2015, pela prática do mesmo crime". 4. Recurso a que se nega provimento. *(RHC n. 66.680-MG, STJ, 6ª Turma, unânime, Rel. Min. Maria Thereza de Assis Moura, julgado em 23.2.2016, publicado no DJ em 2.3.2016)*

Por fim, no inciso IV, dispõe-se novamente de providência cautelar genérica que determina ao juiz que sempre deverá nortear sua conduta mediante a preservação dos direitos da pessoa presa, adotando todas as medidas necessárias para tal fim.

Registra-se que similares disposições estão inseridas nos §§ 2º e 3º do art. 6º do Provimento Conjunto n. 3 (ADI 5.240).

4.10. Gravação da oitiva do preso preferencialmente em mídia

A gravação da oitiva da pessoa presa, *preferencialmente*, em mídia (§ 2º do art. 8º) não é novidade no ordenamento jurídico brasileiro (tendo a previsão em voga correlação ao que contido no § 4º do art. 6º do Provimento Conjunto n.3).

Veja-se que, no art. 405, § 1º, CPP (que trata do interrogatório e dos depoimentos dos demais atores do processo), há expressa previsão que "sempre que possível, o registro dos depoimentos do investigado, indiciado, ofendido e testemunhas será feito pelos meios ou recursos de gravação magnética, estenotipia, digital ou técnica similar, inclusive audiovisual, destinada a obter maior fidelidade das informações". A finalidade é dúplice: de um lado, permitir a agilidade e rapidez do ato; de outro, deixar o registro do procedimento mais fiel possível de todas as providências adotadas.[16]

---

[16] O art. 405 do Código de Processo Penal, com a redação atribuída pela Lei nº 11.719/2008, ao possibilitar o registro da audiência de instrução em meio audiovisual, não só acelerou o andamento dos trabalhos, tendo em vista a desnecessidade da redução, a termo, dos depoimentos do acusado, vítima e testemunhas, mas, também, possibilitou um registro fiel da íntegra do ato, com imagem e som, em vez da simples escrita. A busca da celeridade na prestação jurisdicional é hoje imperativo constitucional, consubstanciado no art. 5º, inciso LXXVIII, da Constituição da República, o qual estabelece que "a todos, no âmbito judicial e administrativo, são assegurados a razoável duração do processo e os meios que garantam a celeridade de sua tramitação" [...]. (Habeas Corpus nº 153.423/SP, STJ, Rel. Min. Laurita Vaz, 5ª Turma, publicado no DJ em 26.4.2010)

Por mais esforços que sejam empregados pelo juiz responsável pela audiência, jamais conseguirá reduzir *a termo* todos os detalhes do que falado pelas partes, especialmente, no caso, pela "pessoa presa". A gravação preferencialmente em mídia (com todas as tecnologias inerentes) tem exatamente a finalidade de deixar registrado que as cautelas legais foram adotadas, permitindo a constante aferição e controle pelos demais atores do processo em momentos posteriores.

4.11. A ata da audiência de custódia

A ata da audiência deverá conter, apenas e resumidamente, "a deliberação fundamentada do magistrado quanto à legalidade e manutenção da prisão, cabimento de liberdade provisória sem ou com a imposição de medidas cautelares diversas da prisão, considerando-se o pedido de cada parte, como também as providências tomadas, em caso da constatação de indícios de tortura e maus tratos".

Também aqui há similitude ao que previsto no *caput* do art. 405 do CPP: "Do ocorrido em audiência será lavrado termo em livro próprio, assinado pelo juiz e pelas partes, contendo breve resumo dos fatos relevantes nela ocorridos". Especialmente quando realizada a gravação em mídia, o registro dos procedimentos adotados em *ata* não precisa todo detalhamento necessário, necessitando constar, sobretudo, os fundamentos acerca da legalidade e/ou manutenção da prisão, da eventual concessão de liberdade (com ou sem medidas cautelares diversas), bem assim as providências adotadas quando constatada a existência de indícios de maus-tratos ou tortura à pessoa presa.

4.12. Providências após a conclusão da audiência de custódia

Dispõe o § 4º do art. 8º que "concluída a audiência de custódia, cópia da sua ata será entregue à pessoa presa em flagrante delito, ao Defensor e ao Ministério Público, tomando-se a ciência de todos, e apenas o auto de prisão em flagrante, com antecedentes e cópia da ata, seguirá para livre distribuição".

Trata-se de atos meramente ordinatórios em que se garante que todos os atores, mas principalmente o preso, tenham acesso aos documentos produzidos (ampla defesa). A regra, porém, estabelece uma restrição: apenas o auto de prisão em flagrante, com os antecedentes e cópia da ata (onde estão sintetizados os atos praticados), seguirá para distribuição livre para as providências posteriores relacionadas aí sim com a produção das provas, se necessário. A razão é óbvia: como já enfatizado anteriormente, a audiência de custódia *não tem* a finalidade de produção de provas, mas unicamente aferir se a prisão foi realizada corretamente e não seria a hipótese de adoção de medida cautelar diversa da prisão. Estes elementos são desimportantes (salvo a demonstração sintética de que o rito legal foi observado) para o que seguirá mediante procedimento próprio de investigação.

4.13. Providências específicas em caso de soltura

Por fim, o § 5º, referindo que "proferida a decisão que resultar no relaxamento da prisão em flagrante, na concessão da liberdade provisória sem ou com a imposição de medida cautelar alternativa à prisão, ou quando determinado o imediato arquivamento do inquérito, a pessoa presa em flagrante delito será prontamente colocada em liberdade, mediante a expedição de alvará de soltura, e será informada sobre seus direitos e obrigações, salvo se por outro motivo tenha que continuar presa".

São três as hipóteses aqui versadas que importarão em colocação do preso em liberdade (*se por outros motivos alheios ao caso não deva continuar preso*):

a) houver ilegalidade na prisão em flagrante (relaxamento da prisão);

b) concessão de liberdade, com ou sem a imposição de medidas cautelares alternativas à prisão;

c) quando determinado o imediato arquivamento do inquérito.

Quanto às duas primeiras hipóteses, parece não existir nenhum problema de compreensão. Se não houver a necessidade da prisão ou concedidas medidas diversas, a solução consequente é a liberdade (condicionada ou não a eventuais cautelares).

Problema maior surge com a previsão de "imediato arquivamento do inquérito". Nem se adentrará na discussão da visão bastante limitada da regra, que *não* adotou a previsão de arquivamento (mais ampla) de *investigação criminal* (partiu-se do pressuposto já superado de que o *inquérito policial* seria o único meio para tal fim). De qualquer modo, a interpretação que se lhe deve ser conferida (à regra) é neste sentido: refere-se a *procedimento de investigação,* independentemente da natureza dele.

Aqui a situação é-nos insuperável. Ora, se como dito até aqui a audiência de custódia tem a finalidade de verificar *exclusivamente* a regularidade da prisão (sem qualquer produção probatória), não conseguimos visualizar (nem para as situações de manifesto valor bagatelar) como poderia o juiz determinar o *arquivamento de imediato* de inquérito (até, porque, tecnicamente não há *inquérito*). Pior que isso: arquivamento de *inquérito* ou qualquer outro procedimento investigatório é atribuição exclusiva a ser requerido pelo titular da *opinio delicti*. Neste ponto, acorremos a Mauro Fonseca Andrade e Pablo Alflen quando, corretamente, ponderam que se adotado o procedimento poderá levar "à abertura de sério e incorreto precedente, qual seja, caso o juiz entenda por admitir que a defesa faça seu pedido de arquivamento da investigação criminal na audiência de custódia, forçosamente deverá abrir a oportunidade de rebate dos argumentos defensivos ao Ministério Público. Ao assim proceder, o magistrado estará inserindo o princípio do contraditório em um ato já disciplinado em sentido contrário pelo CPP, que somente admite requerimento de arquivamento partindo do Ministério Público. Consequentemente, a possibilidade de manejo de correição parcial, em razão da inversão tumultuária do feito por parte do juiz, passa a ser uma possibilidade concreta, levando para a audiência de custódia um problema de modo desnecessário, e pelas mãos do CNJ".[17]

Nem se diga que haveria a possibilidade de o juiz conceder *habeas corpus* (de ofício ou mediante requerimento da defesa) para gerar o arquivamento *dos autos* (adaptemos a expressão arquivamento de *inquérito*). É verdade que, em situações absolutamente excepcionais, pode se revelar que os fatos apurados realmente não teriam necessidade de prosseguimento. Mas, aí, é preciso atentar para a ponderação novamente feita por Mauro Fonseca Andrade e Pablo Alflen, quando, com exatidão, sintetizam que "para que se possa encontrar algum sentido para a previsão contida no § 5º do artigo 8º da Resolução nº 213, do CNJ, somente se vislumbra a possibilidade de o arquivamento da investigação criminal haver partido de requerimento feito pelo Ministério Público, oportunidade em que o juiz deverá seguir os ditames do artigo 28 do CPP, sem qualquer abertura de palavra à defesa".[18]

5. Considerações finais

Enfim. Analisados os dispositivos do art. 8º da Resolução n. 213/ Conselho Nacional de Justiça, chegamos à conclusão de que, com a ressalva interpretativa feita quanto ao *arquivamento* previsto no seu § 5º, todas as regras procedimentais se coadunam com o sistema jurídico vigente, atendem aos compromissos assumidos internacionalmente pelo Brasil e guardam consonância com regras do Código de Processo Penal.

[17] ANDRADE, Mauro Fonseca; ALFLEN, Pablo Rodrigo. *Audiência de Custódia no Processo Penal Brasileiro*. 3ª ed. Porto Alegre: Livraria do Advogado, 2018, p. 183.

[18] Idem, p. 184.

Porque perfeitamente aplicável ao caso, adotamos excerto do voto-condutor da ADI n. 5.240, quando assentou que "não se observando exorbitância das aludidas normas regulamentares em relação à lei, que é seu fundamento de validade, não se abre a possibilidade de controle da sua constitucionalidade, resolvendo-se eventual inconformismo entre o regulamento e a lei (o qual, de qualquer forma, não vislumbro) no plano da legalidade", sendo que "os princípios da legalidade (artigo 5º, inciso II, da CRFB) e da reserva de lei federal em matéria processual (artigo 22, inciso I, da CRFB) foram observados pelo ato normativo impugnado". De fato, também a Resolução nº 213/CNJ "não inova na ordem jurídica, mas apenas explicita conteúdo normativo já existente em diversas normas do Código de Processo Penal – recepcionado pela Constituição Federal de 1988 como lei federal de conteúdo processual – e da Convenção Americana sobre Direitos do Homem – reconhecida pela jurisprudência do Supremo Tribunal Federal como norma de status jurídico supralegal".

Resolução 213 do CNJ – artigos 9º e 10

Art. 9º A aplicação de medidas cautelares diversas da prisão previstas no art. 319 do CPP deverá compreender a avaliação da real adequação e necessidade das medidas, com estipulação de prazos para seu cumprimento e para a reavaliação de sua manutenção, observando-se o Protocolo I desta Resolução.

§ 1º O acompanhamento das medidas cautelares diversas da prisão determinadas judicialmente ficará a cargo dos serviços de acompanhamento de alternativas penais, denominados Centrais Integradas de Alternativas Penais, estruturados preferencialmente no âmbito do Poder Executivo estadual, contando com equipes multidisciplinares, responsáveis, ainda, pela realização dos encaminhamentos necessários à Rede de Atenção à Saúde do Sistema Único de Saúde (SUS) e à rede de assistência social do Sistema Único de Assistência Social (SUAS), bem como a outras políticas e programas ofertados pelo Poder Público, sendo os resultados do atendimento e do acompanhamento comunicados regularmente ao juízo ao qual for distribuído o auto de prisão em flagrante após a realização da audiência de custódia.

§ 2º Identificadas demandas abrangidas por políticas de proteção ou de inclusão social implementadas pelo Poder Público, caberá ao juiz encaminhar a pessoa presa em flagrante delito ao serviço de acompanhamento de alternativas penais, ao qual cabe a articulação com a rede de proteção social e a identificação das políticas e dos programas adequados a cada caso ou, nas Comarcas em que inexistirem serviços de acompanhamento de alternativas penais, indicar o encaminhamento direto às políticas de proteção ou inclusão social existentes, sensibilizando a pessoa presa em flagrante delito para o comparecimento de forma não obrigatória.

§ 3° O juiz deve buscar garantir às pessoas presas em flagrante delito o direito à atenção médica e psicossocial eventualmente necessária, resguardada a natureza voluntária desses serviços, a partir do encaminhamento ao serviço de acompanhamento de alternativas penais, não sendo cabível a aplicação de medidas cautelares para tratamento ou internação compulsória de pessoas autuadas em flagrante que apresentem quadro de transtorno mental ou de dependência química, em desconformidade com o previsto no art. 4º da Lei 10.216, de 6 de abril de 2001, e no art. 319, inciso VII, do CPP.

Art. 10. A aplicação da medida cautelar diversa da prisão prevista no art. 319, inciso IX, do Código de Processo Penal, será excepcional e determinada apenas quando demonstrada a impossibilidade de concessão da liberdade provisória sem cautelar ou de aplicação de outra medida cautelar menos gravosa, sujeitando-se à reavaliação periódica quanto à necessidade e adequação de sua manutenção, sendo destinada exclusivamente a pessoas presas em flagrante delito por crimes dolosos puníveis com pena privativa de liberdade máxima superior a 4 (quatro) anos ou condenadas por outro crime doloso, em sentença transitada em julgado,

ressalvado o disposto no inciso I do caput do art. 64 do Código Penal, bem como pessoas em cumprimento de medidas protetivas de urgência acusadas por crimes que envolvam violência doméstica e familiar contra a mulher, criança, adolescente, idoso, enfermo ou pessoa com deficiência, quando não couber outra medida menos gravosa.
Parágrafo único. Por abranger dados que pressupõem sigilo, a utilização de informações coletadas durante a monitoração eletrônica de pessoas dependerá de autorização judicial, em atenção ao art. 5°, XII, da Constituição Federal.

MATEUS MARQUES[1]

1. Sobre as medidas cautelares alternativas ao cárcere

Numa tendência de revisar o denominado sistema de Justiça Penal Clássica, abandonando as ideias de repressão e castigo do delinquente, orientada desde a prevenção do delito, a promoção de medidas de substituição das penas privativas de liberdade, a reinserção social dos delinquentes e a ajuda às vítimas, surgem as chamadas medidas alternativas.

Essa necessidade de buscar vias alternativas à privação de liberdade com pena apoia ainda mais a tese sobre a necessária criação de substitutivos ou medidas diversas à prisão uma vez que, de acordo com Silvia Barona Vilar, "se representa mal para o apenado a pena privativa de liberdade, mais ainda deve qualificar-se como mal maior a prisão provisória, porquanto, ao aplicar dita medida ao sujeito imputado, ainda não tenha sido condenado mediante sentença".[2]

Nesse sentido, e sobre as medidas cautelares, leciona Nereu Giacomolli, "não são medidas substitutivas da prisão preventiva, mas alternativas ao encarceramento (prisão preventiva), embora não percam o seu caráter de cautelaridade e nem o de constrangimento do suspeito, imputado ou acusado da prática de uma infração criminal. Ocupam, portanto, uma posição intermediária entre a liberdade provisória e a prisão preventiva".[3]

Há tempos se fazia necessário que fosse alterado o sistema cautelar processual penal brasileiro, a fim de que pudesse o magistrado, no momento da decretação de uma prisão cautelar, ter a opção de verificar a necessidade, adequação e proporcionalidade, e fugisse do antigo

[1] Mestre em Ciências Criminais pela PUCRS. Professor da Faculdade de Direito da FMP. Advogado Criminalista.

[2] BARONA VILAR, Silvia. *Prisión provisional y medidas alternativas*. Barcelona: Bosch, 1988, p. 174.

[3] GIACOMOLLI, Nereu. *Prisão, liberdade e as cautelares alternativas ao cárcere*. Madri: Marcial Pons, 2013, p. 99.

e ultrapassado binômio prisão/liberdade e assim, considerando o caso concreto ter como forma de opção a decretação de outras medidas que fossem suficientes e alternativas ao cárcere.

Para Teresa Armenta Deu, "no processo penal, a título de exemplo, se reconhece que, junto ao risco de fuga, as medidas cautelares pessoais também podem servir – sobretudo nos casos de medida limitadoras de liberdade – a outros fins, como assegurar a presença do imputado a efeitos de prova e evitar a suspensão do processo, ou prevenir a prática de outros delitos; fins estes que dificilmente se encaixam dentro da ideia de contrariar um periculum in mora concebido".[4]

Portanto, com o advento da Lei nº 12.403, de 04 de maio de 2011, introduziu em nosso sistema jurídico-criminal, de forma inovadora, uma série de medidas consideradas alternativas, diversas do recolhimento ao cárcere por meio da prisão preventiva, quando presente a exigência cautelar, podendo ser decretadas independentemente ou mesmo de forma isolada ou cumulativa com outra medida cautelar.

2. Das medidas cautelares alternativas ao cárcere previstas nos artigos 319 e 320 do CPP

É nítido que a inovação legislativa que inseriu um rol de nove medidas cautelares alternativas, presentes no artigo 319 do CPP, dá ao magistrado a possibilidade de acabar com binômio prisão/liberdade. Sob este aspecto, o magistrado, ao deferir a liberdade provisória ao imputado, poderá inserir uma ou mais medidas cautelares, dependendo do caso concreto.

O rol taxativo apresentado na redação do artigo 319 do CPP apresenta como medidas cautelares: *I*- comparecimento periódico em juízo, no prazo e nas condições fixadas pelo juiz, para informar e justificar atividades; *II*- proibição de acesso ou frequência a determinados lugares quando, por circunstâncias relacionadas ao fato, deva o indiciado ou acusado permanecer distante desses locais para evitar o risco de novas infrações; *III*- proibição de manter contato com pessoa determinada quando, por circunstâncias relacionadas ao fato, deva o indiciado ou acusado dela permanecer distante; *IV*- proibição de ausentar-se da Comarca quando a permanência seja conveniente ou necessária para a

[4] ARMENTA DEU, Teresa. *Lecciones de derecho procesal penal*. Madrid: Marcial Pons, 2012, p. 165: "No processo penal, por exemplo, se reconhece que, junto ao risco de fuga, as medidas cautelares pessoais também podem servir – sobretudo nos casos de medidas limitativas da liberdade – a outros fins, como garantir a presença do imputado a efeitos de provas e evitar a suspensão do processo, ou prevenir o cometimento de mais delitos; enfim todos estes que dificilmente se encaixam dentro da ideia de contra-arrestar um *periculum in mora* concebido". (Tradução do autor)

investigação ou instrução; *V*- recolhimento domiciliar no período noturno e nos dias de folga quando o investigado ou acusado tenha residência e trabalho fixos; *VI*- suspensão do exercício de função pública ou de atividade de natureza econômica ou financeira quando houver justo receio de sua utilização para a prática de infrações penais; *VII*- internação provisória do acusado nas hipóteses de crimes praticados com violência ou grave ameaça, quando os peritos concluírem ser inimputável ou semi-imputável (art. 26 do Código Penal) e houver risco de reiteração; *VIII*- fiança, nas infrações que a admitem, para assegurar o comparecimento a atos do processo, evitar a obstrução do seu andamento ou em caso de resistência injustificada à ordem judicial; e *IX*- monitoração eletrônica.

Embora ausente do rol apresentado pelo artigo 319 do CPP, a Lei n° 12.403/2011, a última medida cautelar alternativa ao cárcere, que trata sobre a proibição do investigado/acusado de ausentar-se do país, mediante entrega de seu passaporte, está inserida no art. 320 do CPP.[5] De acordo com Gustavo Henrique Righi Ivahy, "é a menos severa das medidas alternativas à prisão. Isso porque, o grau de restrição à liberdade de locomoção será diminuto".[6]

Essa inovação, trazida pelo advento da Lei n° 12.403/2011, trata-se de medida que tem como principal finalidade impedir a fuga e assegurar a aplicação da lei penal, imputando ao sujeito a proibição de ausentar do país – e não só da Comarca, como prevê a medida cautelar prevista no art. 319, IV, do CPP, para a qual deverão ser comunicadas as autoridades de polícia de fronteiras (Polícia Federal) e determinado o recolhimento do passaporte, no prazo de 24 horas.

Sobre o tema, tem sido entendimento do Superior Tribunal de Justiça, analisando o HC 307.370/RS, que em virtude de o Acusado já ter residido em outro país, poderia evadir-se do distrito da culpa e tornar falha a aplicação da lei penal, de tal sorte que concede a ordem de *habeas corpus* mediante entrega de tal documento.[7]

Conforme sustenta Eugênio Pacelli de Oliveira, "essa é uma medida que poderá trazer transtornos àqueles que, no desenvolvimento

---

[5] Substancialmente, o novo dispositivo não encontrava correspondência no CPP, que não continha qualquer disciplina sobre a proibição cautelar do investigado ou acusado se ausentar do país. A regra anteriormente prevista no mesmo dispositivo tinha por objetivo tema diverso, sobre o cumprimento do mandado de prisão, no caso de prisão civil. A redação originária do art. 320 era: "A prisão decretada na jurisdição cível será executada pela autoridade policial a quem forem remetidos os respectivos mandados".

[6] BADARÓ, Gustavo Henrique Righi Ivahy. *Medidas cautelares no processo penal:* prisões e suas alternativas – comentários à Lei 12.403, de 04/05/2011. Coordenação: Og Fernandes. São Paulo: Revista dos Tribunais, 2011, p. 261.

[7] Superior Tribunal de Justiça. Habeas Corpus n° 307.370/RS. 6ª Turma. Julgado em 21.05.2015.

de suas regulares atividades, tenham que se ausentar do país com mais frequência. No entanto, ela somente se justificará quando o presente o fundado receio de fuga e sempre como alternativa à prisão preventiva".[8]

Importante problemática se insere neste contexto, pois para os países do Mercosul não se exige passaporte entre os seus integrantes. O acusado, querendo, de forma exemplificativa, pode sair para o Uruguai, pelo Sul do país, pela via terrestre, que não haverá controle nenhum, e pode tentar a obtenção de novo passaporte junto à respectiva embaixada. Assim, e para que haja maior eficácia na medida cautelar imposta ao sujeito, é necessário que o magistrado determine a proibição de expedição de novo passaporte para todas as autoridades diplomáticas envolvidas.

Portanto, é medida cautelar que, se investigarmos a fundo, em nível constitucional, será de duvidosa constitucionalidade por ferir o princípio da isonomia de todos perante a lei.

3. Das outras medidas cautelares alternativas presentes em Leis Penais Especiais

Embora ausente no *caput* no artigo 9° da Resolução 213 do Conselho Nacional de Justiça, importante destacar que, além das medidas cautelares pessoais alternativas inseridas nos artigos 319 e 320 do Código de Processo Penal, existem em nosso ordenamento jurídico outras espécies, inseridas em Leis Penais Especiais.

Para tanto, destacamos como medidas cautelares alternativas ao cárcere as seguintes situações: *a) Artigo 294 do Código Brasileiro de Trânsito*, que possibilita ao magistrado "em qualquer fase da investigação ou da ação penal, havendo necessidade para garantia da ordem pública, como medida cautelar, de ofício, ou a requerimento do Ministério Público ou ainda mediante representação da autoridade policial, decretar, em decisão motivada, a suspensão da permissão ou da habilitação para dirigir veículo automotor, ou a proibição de sua obtenção"; *b) Artigo 22 da Lei n° 11.340/2006, também denominada de Lei Maria da Penha*, em relação às medidas protetivas de urgência, assegura que "constatada a prática de violência doméstica e familiar contra a mulher, nos termos desta Lei, o juiz poderá aplicar, de imediato, ao agressor, em conjunto ou separadamente, as seguintes medidas protetivas de urgência, entre outras: I- suspensão da posse ou restrição do porte de armas,

[8] OLIVEIRA, Eugênio Pacelli de. *Curso de processo penal*. 18ª ed. rev. e ampl. São Paulo: Atlas, 2014, p. 518-519.

com comunicação ao órgão competente, nos termos da Lei nº 10.826, de 22 de dezembro de 2003; II- afastamento do lar, domicílio ou local de convivência com a ofendida; III- proibição de determinadas condutas, entre as quais: a) aproximação da ofendida, de seus familiares e das testemunhas, fixando o limite mínimo de distância entre estes e o agressor; b) contato com a ofendida, seus familiares e testemunhas por qualquer meio de comunicação; c) frequentação de determinados lugares a fim de preservar a integridade física e psicológica da ofendida; IV- restrição ou suspensão de visitas aos dependentes menores, ouvida a equipe de atendimento multidisciplinar ou serviço similar; V- prestação de alimentos provisionais ou provisórios; *c) Em relação a Lei de Drogas, Lei n° 11.343/2006*, merece especial atenção a medida cautelar prevista no artigo 56, § 1°, quando refere que "tratando-se de condutas tipificadas como infração do disposto nos artigos 33, *caput* e § 1º, e 34 a 37 desta Lei, o juiz, ao receber a denúncia, poderá decretar o afastamento cautelar do denunciado de suas atividades, se for funcionário público, comunicando ao órgão respectivo"; e *d) Conforme a Lei de Improbidade Administrativa, Lei n° 8.429/1992*, a mesma prevê a possibilidade de afastamento cautelar do agente público do exercício do cargo, emprego ou função, quando a medida se fizer necessária para a instrução criminal.

Portanto, mesmo que o rol de medidas cautelares alternativas presentes no artigo 319 do CPP seja taxativo, é imprescindível buscar na legislação especial amparo legal para buscar maior eficácia do processo criminal, sem ter que recorrer à medida extrema da prisão cautelar.

4. Sobre a compreensão da real adequação e necessidade das medidas cautelares diversas da prisão previstas no art. 319 do CPP

Quando houver, na solenidade de audiência de custódia, requerimento da defesa ou mesmo do Ministério Público, o magistrado, ao decidir pelo deferimento da liberdade provisória vinculada à aplicação das medidas cautelares adversas ao cárcere previstas no artigo 319 do CPP, deverá fundamentadamente proferir sua decisão, analisando, para tanto, os critérios de necessidade e adequação de tal medida, presentes no artigo 312 do CPP.

Nesse sentido, a aplicação da liberdade provisória vinculada à submissão de medidas alternativas ao cárcere devem passar por uma releitura constitucional a partir da noção reformulada de segurança jurídica, a fim de se adequarem à sua justificação teleológica constitucional, no sentido de que a importância das violências visíveis e invisíveis que acarreta.

Portanto, em relação à real adequação para aplicação as medidas cautelares alternativas, importante destacar que uma medida estatal é adequada quando o seu emprego faz com que o objetivo legítimo pretendido seja alcançado. Ademais, podemos considerar que uma medida é inadequada quando sua aplicação não contribuir em nada para fomentar a realização do objetivo pretendido.[9]

Para Nicolas Gonzáles-Cuéllar Serrano, "a adequação quanto a aplicação de medidas cautelares exige que as ingerências facilitem a obtenção do êxito perseguido em virtude de sua adequação qualitativa, quantitativa e de seu âmbito subjetivo de aplicação. Esclarece a distinção, definindo que a adequação qualitativa requer que, para alcançar o fim perseguido, as medidas adotadas devam ser idôneas por sua própria natureza, enquanto a adequação quantitativa refere-se à duração e à intensidade da restrição em relação à finalidade. Já em relação ao âmbito subjetivo de aplicação, requer que a medida fique restrita à pessoa do processado, vedando a extensão indevida de sua aplicação".[10]

Assim, deve-se verificar se a medida cautelar é adequada para os fins imediatos e mediatos (geral e especial) da persecução criminal, ou seja, se contribuiu de forma adequada para esses fins.

Em relação à necessidade, também denominada de "menor ingerência possível", importa analisar se a intervenção estatal é imprescindível, verificando, concretamente, se para a obtenção dos fins almejados não seria possível adotar outro meio menos oneroso para a pessoa submetida. Em termos práticos, releva acrescentar outros elementos visando a propiciar uma análise concreta da efetiva necessidade da medida estatal restritiva, e com isso verificar se seria possível adotar outro meio igualmente eficaz e menos oneroso, tomando por parâmetro, a exigibilidade material (menor limitação dos direitos fundamentais), exigibilidade espacial (limitação do âmbito de intervenção), exigibilidade temporal (limitação do tempo de duração da medida) e exigibilidade pessoal (restrita à pessoa submetida à restrição).[11]

Importante destacar que, além de ser adequada ou idônea para atingir o fim esperado, a medida deve ser a alternativa menos onerosa ou gravosa.

---

[9] CHOUKR, Fauzi Hassan. *Medidas cautelares e prisão processual. Comentários à Lei 12.403/2011*. Rio de Janeiro: Forense. 2011, p. 42.

[10] GONZÁLES-CUÉLLAR SERRANO, Nicolas. *Proporcionalidad y derechos fundamentales en el proceso penal*. Madrid: Colex, 1990, p. 160.

[11] CANOTILHO, José Joaquim Gomes. *Direito constitucional e teoria da constituição*. 3ª ed. Coimbra: Almedina, 2003, p. 270.

Trata-se de uma escolha comparativa, entre duas ou mais disponíveis, igualmente idôneas para atingir o objetivo a que se propõe com a providência cautelar, cumprindo o magistrado, portanto, identificar e escolher qual delas representa a menor lesão ao direito à liberdade do investigado ou acusado, sem prejuízo do resultado concreto e da efetividade da iniciativa.[12]

Silvia Barona Vilar[13] traz a importância acerca da necessidade de partir do princípio da proporcionalidade para estudo, desenvolvendo a aplicação de medidas alternativas às medidas cautelares pessoais do processo penal, pois se deve levar em conta que a submissão de um sujeito à prisão provisória supõe uma clara violação dos mais elementares critérios de justiça[14] e humanidade.

5. Da estipulação de prazos para cumprimento e reavaliação da manutenção das medidas cautelares de acordo com o Protocolo I desta Resolução

Assim como ocorre na prisão preventiva, não há um prazo limite para o término das medidas cautelares alternativas previstas no artigo 319 do Código de Processo Penal. Apesar de não haver regra para delimitar o período em que alguém estará submetido a tal situação, o atendimento da finalidade acautelatória poderá, desde pronto, vir delimitado no momento de sua decretação. Tal situação ficará a critério do magistrado, que deverá avaliar, através dos critérios de necessidade e adequação, se há possibilidade de revogação de tais medidas ou sua substituição por outra que for mais conveniente.[15]

Nesse sentido, não é possível ao magistrado estipular prazo de duração das medidas alternativas conforme refere o Protocolo I desta Resolução, muito embora tenha o dever de reanalisar e se for o caso substituir (artigo 282, § 5°, do CPP), a qualquer tempo, diante de requerimento do Ministério Público ou mesmo da Defesa, se as medidas imputadas ao sujeito são suficientes e proporcionais para o caso con-

---

[12] CRUZ, Rogério Schietti Machado. *Prisão cautelar:* dramas, princípios e alternativas. Rio de Janeiro: Lúmen Juris, 2006, p. 98.

[13] BARONA VILAR, Silvia. *Prisión provisional y medidas alternativas.* Barcelona: Bosch, 1988, p. 198-199.

[14] A autoria é partidária de dar voto de confiança aos órgãos jurisdicionais, que são quem, com seu juízo de razoabilidade ou como queira chamar, princípio da proporcionalidade, discricionariedade judicial, arbítrio judicial, etc., irá determinar qual medida será mais adequada para assegurar os fins do processo penal e impedir que se chegue a uma situação de injustiça (BARONA VILAR, Silvia. *Prisión provisional y medidas alternativas.* Barcelona: Bosch, 1988, p. 198-199).

[15] GIACOMOLLI, Nereu. *Prisão, liberdade e as cautelares alternativas ao cárcere.* Madrid: Marcial Pons, 2013, p. 113.

creto, pois quando não mais subsistir necessidade na sua manutenção, as mesmas deverão ser alteradas por outras menos rigorosas ou se for o caso, revogadas.

6. Sobre o acompanhamento das medidas cautelares diversas da prisão pelas Centrais Integradas de Alternativas Penais

Consta no § 1° desta Resolução que, ao indivíduo que for concedida liberdade provisória com a aplicação de medidas cautelares alternativas ao cárcere na solenidade de audiência de custódia, será acompanhado pelas Centrais Integradas de Alternativas Penais, serviço este que ficará a cargo do Poder Executivo (muito provavelmente pelo Órgão responsável pelos Serviços Penitenciários de cada Estado), e que deverá, através das equipes multidisciplinares, realizar o encaminhamento do indivíduo aos programas de saúde ou de políticas sociais disponibilizados pelo Poder Público (SUS e SUAS) definidos na audiência de custódia, informando regularmente sobre seus resultados e acompanhamento ao juízo competente.

Entre os programas de atendimento que o Estado deverá fornecer e que o indivíduo poderá estar submetido, destacamos aqueles que entendemos mais frequentes, como em relação à monitoração eletrônica, violência doméstica, uso de drogas, tratamento psiquiátrico, etc.

7. Do encaminhamento do flagrado a rede de políticas públicas e proteção social com o acompanhamento das Centrais de Alternativas Penais

Após o deferimento da liberdade provisória, caberá ao magistrado encaminhar o flagrado para atendimento da equipe multidisciplinar junto às Centrais de Alternativas Penais, que identificarão qual a necessidade de acompanhamento, dependendo de cada caso, dentro dos programas sociais vinculados às Centrais, informando sobre a importância de sua participação, muito embora não sendo obrigatória.

8. Do direito à atenção médica e psicossocial após audiência de custódia

Cabe ao magistrado, encerrada a audiência de custódia e comprovada sua necessidade, encaminhar o indivíduo à atenção médica e psicossocial que for necessária para o caso. Entende-se que esse tipo de situação dependerá necessariamente da instalação das Centrais Integradas de Alternativas Penais, para que as equipes multidisciplinares possam, após o recebimento da solicitação judicial, realizar o devido encaminhamento.

9. Sobre a impossibilidade de aplicação de medidas cautelares para tratamento ou internação compulsória de pessoas autuadas em flagrante

Refere a presente Resolução que o magistrado não poderá determinar a aplicação de medida cautelar alternativa visando a tratamento ou internação do flagrado quando for constatado que o mesmo apresenta quadro de transtorno mental ou dependência química, ou ainda que não se enquadra nas previsões legais dos artigos 319, inciso VII, do CPP, e 4º da Lei 10.216, de 6 de abril de 2001.

Importante destacar que não há qualquer referência no artigo 319 do CPP quanto à inaplicabilidade da medida cautelar prevista em seu inciso VII, podendo desde logo ser utilizada inclusive quando for caso de transtorno mental ou dependência química, pois essa medida alternativa tem por objetivo estabelecer uma espécie de "medida de segurança cautelar",[16] especificando que atentará para os casos em que o crime foi praticado com violência ou grave ameaça à pessoa por agente inimputável ou semi-imputável, com exclusiva finalidade de evitar o risco de (uma possível) reiteração criminosa.

Sobre a medida cautelar prevista no artigo 319, VII, do CPP sustenta Paulo Rangel, que "trata-se de medida que visa resguardar a ordem pública e a paz e a tranquilidade social que deve existir no seio da sociedade, pois se o acusado comete um crime mediante violência ou grave ameaça de forma reiterada, ou seja, mais de uma vez, sendo semi ou inimputável é claro que há uma ameaça séria ao modo de viver da sociedade, exigindo por parte do estado uma postura mais severa, retirando logo o acusado de circulação, mas colocando-o em hospital adequado e apropriado ao seu tratamento".[17]

Considerando a urgência em que se destaca a presente cautelar alternativa, por vezes não sendo possível assegurar a realização dos exames de insanidade de forma adequada, alcançado muitas vezes sem quaisquer condições, deve-se ter muito cuidado para que não seja ins-

---

[16] LOPES JUNIOR, Aury. *Direito processual penal*. 11ª ed. São Paulo: Saraiva, 2014, p. 887.

[17] RANGEL, Paulo. *Direito processual penal*. 22ª ed. São Paulo: Atlas, 2014, p. 916.

tituída a situação de "louco temporário",[18] e após, em exame mais criterioso e definitivo, verificar que o diagnóstico é diferente.

Sobre este aspecto, não basta que a inimputabilidade ou a semi-imputabilidade, mas exige-se uma indicação clara e objetiva da necessidade de internação pelos técnicos, como ser o crime praticado com violência ou grave ameaça à pessoa, colocando-se assim, diante da perigosa e conturbada relação[19] entre o direito penal e a medicina.

Nesse sentido, cria-se com a presente medida alternativa do art. 319, VII, do CPP, diante da urgência da medida cautelar, a possibilidade de um laudo de constatação provisória da inimputabilidade, apto a ensejar a internação provisória. Cabe salientar que esta possiblidade não está descrita na lei, mas não se pode hesitar que em determinados casos uma situação de urgência conduza a este cenário.

No que tange à internação do sujeito, a lei não esclarece em que tipo de local ficará o sujeito, de tal sorte que é necessário fazer uma analogia com o Código Penal, o qual refere que a internação ocorrerá em hospital de custódia e tratamento psiquiátrico ou, na falta, em outro estabelecimento adequado, quando o delito for apenas de reclusão. Nos casos em que a pena cominada for de detenção, poderá o imputado ser submetido a tratamento ambulatorial.

Já em relação ao artigo 4° da Lei n° 10.216/2001, não há qualquer referência sobre eventual internação para tratamento de transtorno mental ou ainda dependência química, de tal sorte que apresenta certa confusão na sua formulação, e que entendemos pela sua inconstitucionalidade.

10. Sobre a monitoração eletrônica como medida cautelar prevista no artigo 319, IX, do CPP

Importante alteração advinda com a Lei n° 12.403/11, o monitoramento eletrônico é uma das cautelares alternativas previstas no artigo 319 do CPP. Nesse sentido, e quando sob uma acusação criminal, o sujeito passa a ser controlado pelo Estado. O controle sobre o sujeito vai desde o comparecimento aos atos processuais até o recolhimento ao cárcere, passando pelas formas de compromisso na liberdade provisória e na fiança. Porém, através dos avanços tecnológicos, além de situ-

[18] LOPES JUNIOR, Aury. *Direito processual penal*. 11ª ed. São Paulo: Saraiva, 2014, p. 887.

[19] Segundo o autor: "Duas ciências moles, sem dureza de outras ciências. Portanto, duas ciências sujeitas ao erro e com limites muito claros de apreciação de certas questões, especialmente da inimputabilidade e da semi-imputabilidade" (WEDY, Miguel Tedesco. *Eficiência e prisões cautelares*. Porto Alegre: Livraria do Advogado, 2013, p. 149).

arem o próprio processo na virtualidade, também interferem na forma de controle e na restrição da liberdade de ir e vir.

Em relação à utilização da monitoração eletrônica, acrescenta Gustavo Badaró que "como o legislador nada estabeleceu quanto ao escopo da medida, ela poderá, em tese, cumprir tanto a finalidade de cautela instrumental, quanto a de cautela final, segundo a regra geral do inc. I do art. 282 do CPP. Todavia, concretamente, o monitoramento eletrônico poderá ser utilizado, com maior eficiência, para assegurar a aplicação da lei penal, como uma forma mais branda e, quiçá, mais eficaz – dependendo da natureza do equipamento –, que a prisão preventiva".[20]

Dentre as inovações trazidas com o advento da "Lei das Cautelares", o monitoramento eletrônico é aquele que permite que o Estado exerça maior controle e assim maior fiscalização do monitorado, que mesmo não estando recolhido ao cárcere, possa, através dos dispositivos acoplados ou inseridos em seu corpo, ser localizado/encontrado, satisfazendo-se assim a exigência de cautelaridade quando há eventual risco de fuga e também em uma (im)possível violação à garantia da aplicação da lei penal.

11. Em relação à excepcionalidade da aplicação da monitoração eletrônica

Quando demonstrada a impossibilidade de concessão da liberdade provisória sem cautelar ou de aplicação de outra medida cautelar menos gravosa, o magistrado, após ouvir a Defesa e também o Ministério Público acerca da liberdade provisória, decidirá se há no presente caso, possibilidade de soltura do flagrado, de forma plena ou imputando ao mesmo uma ou mais medidas cautelares alternativas previstas no artigo 319 do CPP, inclusive o monitoramento eletrônico.

Não há como tratar de forma excepcional a aplicação da medida cautelar de monitoração eletrônica, tendo em vista que a mesma está inserida no rol taxativo das medidas alternativas e que ficam a critério de livre escolha do juiz, desde que presentes os requisitos e fundamentos para aplicação.

Nesse sentido, adverte Odone Sanguiné que "a implicação do controle eletrônico a suspeitos nos casos em que não se ia ou não se deveria decretar a prisão preventiva implica riscos. Em consequência, a intro-

[20] BADARÓ, Gustavo Henrique Righi Ivahy. *Medidas cautelares no processo penal:* prisões e suas alternativas – comentários à Lei 12.403, de 04/05/2011. Coordenação: Og Fernandes. São Paulo: Revista dos Tribunais, 2011, p. 265.

dução do controle eletrônico como suposto substituto da prisão provisória deve ser assumida com uma grande cautela, devido ao grande risco de estender sua aplicação a quem na atualidade não preencha o requisito e o fundamento para ser preso preventivamente".[21]

Por certo que a monitoração eletrônica é medida bastante útil, mas de rigoroso controle de liberdade, devendo ser empregada quando as outras medidas alternativas não forem suficientes, sob pena de que sua utilização de forma desenfreada acarrete um expansionismo ilegítimo de controle penal, com sérios riscos à liberdade individual e à própria dignidade da pessoa humana.

12. Da reavaliação periódica da monitoração eletrônica

Conforme referido anteriormente, o magistrado poderá a qualquer tempo rever a necessidade e adequação da aplicação da medida alternativa, não sendo privilégio exclusivo da monitoração eletrônica, pois quando entender que as medidas impostas na audiência de custódia não forem mais necessárias ou suficientes, poderá realizar sua revogação, ou mesmo imputar ao flagrado outras medidas que entender satisfatórias.

Verifica-se ainda, que a avaliação referida no artigo 10 desta Resolução ficará condicionada ao efetivo encaminhamento de relatórios gerados pelas Centrais Integradas de Alternativas Penais, responsáveis pela fiscalização no cumprimento das medidas, ao magistrado responsável pela ação penal.

13. Do monitoramento eletrônico

O monitoramento eletrônico é destinado exclusivamente a pessoas presas em flagrante delito por crimes dolosos puníveis com pena privativa de liberdade máxima superior a 4 (quatro) anos ou condenadas por outro crime doloso, em sentença transitada em julgado, ressalvado o disposto no inciso I do *caput* do art. 64 do CP, bem como pessoas em cumprimento de medidas protetivas de urgência acusadas por crimes que envolvam violência doméstica e familiar contra a mulher, criança, adolescente, idoso, enfermo ou pessoa com deficiência, quando não couber outra medida menos gravosa.

Inicialmente, constata-se certa dissonância entre a presente Resolução 213 do CNJ e o artigo 319, inciso IX, da Lei nº 12.403/2011, tendo em vista que, via de regra, caberá medida alternativa para os crimes

---

[21] SANGUINÉ, Odone. *Prisión provisional y derechos fundamentales*. Valencia: Tirant lo Blanch, 2003, p. 667-669.

cuja pena máxima não ultrapasse os 4 anos, desde que existam *fumus commissi delicti* e o *periculum libertatis*.

Ocorre que com a redação do § 2° da referida Resolução, entendeu por aplicar exclusivamente o monitoramento eletrônico para pessoas presas em flagrante delito por crimes dolosos puníveis com pena privativa de liberdade máxima superior a 4 (quatro) anos ou condenadas por outro crime doloso, em sentença transitada em julgado, ressalvado o disposto no inciso I do *caput* do art. 64 do Código Penal, bem como pessoas em cumprimento de medidas protetivas de urgência acusadas por crimes que envolvam violência doméstica e familiar contra a mulher, criança, adolescente, idoso, enfermo ou pessoa com deficiência, ou ainda quando não couber outra medida menos gravosa.

Nesse sentido, observa-se que a Lei 12.403/2011 regula e estabelece quais são e quando será admitida a utilização de medidas cautelares alternativas ao cárcere.

Porém, a Resolução 213 do CNJ estabelece critérios completamente diferentes daquele descrito na citada legislação, de tal sorte que com a possibilidade de aplicação de duas normas jurídicas válidas nos deparamos com uma antinomia.

Entendemos que essa antinomia deve ser resolvida atendendo o critério (hierárquico, cronológico e da especialidade) central de tal situação, de modo que a utilização de um critério hierárquico nota-se que se deve aplicar o disposto na Lei 12.403/2011.

14. Do sigilo das informações coletadas durante a monitoração eletrônica

Determinado o procedimento de monitoração eletrônica ao flagrado, a Central de Alternativas Penais ficará encarregada de realizar tanto o monitoramento quanto o acompanhamento e encaminhamento de relatórios ao juiz competente.

Ainda, importante salientar que em respeito ao segredo das informações adquiridas, é inviolável o sigilo de toda e qualquer informação obtida através da monitoração eletrônica, ou mesmo sua divulgação, salvo nos casos que houver autorização judicial para sua disponibilização, em respeito a regra contida no artigo 5°, XII, da Constituição Federal.

Bibliografia

ANDRADE, Mauro Fonseca; ALFLEN, Pablo Rodrigo (org.). *Audiência de Custódia:* da boa intenção à boa técnica. Porto Alegre: FMP, 2016.

——; ——. *Audiência de Custódia no Processo Penal Brasileiro.* 2ª ed. Porto Alegre: Livraria do Advogado, 2016.

ARMENTA DEU, Teresa. *Lecciones de derecho procesal penal.* Madrid: Marcial Pons, 2012.

BADARÓ, Gustavo Henrique Righi Ivahy. *Medidas cautelares no processo penal:* prisões e suas alternativas – comentários à Lei 12.403, de 04/05/2011. Coordenação: Og Fernandes. São Paulo: Revista dos Tribunais, 2011.

BARONA VILAR, Silvia. *Prisión provisional y medidas alternativas.* Barcelona: Bosch, 1988.

CANOTILHO, José Joaquim Gomes. *Direito constitucional e teoria da constituição.* 3ª ed. Coimbra: Almedina, 2003.

CHOUKR, Fauzi Hassan. Medidas cautelares e prisão processual. Comentários à Lei 12.403/2011. Rio de Janeiro: Forense. 2011.

CRUZ, Rogério Schietti Machado. *Prisão cautelar:* dramas, princípios e alternativas. Rio de Janeiro: Lúmen Juris, 2006.

GIACOMOLLI, Nereu. Prisão, liberdade e as cautelares alternativas ao cárcere. Madrid: Marcial Pons, 2013.

GONZÁLES-CUÉLLAR SERRANO, Nicolas. Proporcionalidad y derechos fundamentales en el proceso penal. Madrid: Colex, 1990.

LOPES JUNIOR, Aury. *Direito processual penal.* 11ª ed. São Paulo: Saraiva, 2014.

MARQUES, Mateus. *Perspectiva Crítica das Cautelares "Alternativas" ao Cárcere após o advento da Lei nº 12.403/2011.* Dissertação (Mestrado em Ciências Criminais) – Programa de Pós-Graduação em Ciências Criminais. Pontifícia Universidade Católica do Rio Grande do Sul. Porto Alegre. 2014.

——. Sobre a implantação da Audiência de Custódia e a proteção de direitos fundamentais no âmbito do sistema multinível. In: ANDRADE, Mauro Fonseca; ALFLEN, Pablo Rodrigo (org.). *Audiência de Custódia: da boa intenção à boa técnica.* Porto Alegre: FMP, 2016.

OLIVEIRA, Eugênio Pacelli de. *Curso de processo penal.* 18ª ed. rev. e ampl. São Paulo: Atlas, 2014.

RANGEL, Paulo. *Direito processual penal.* 22ª ed. São Paulo: Atlas, 2014.

SANGUINÉ, Odone. *Prisión provisional y derechos fundamentales.* Valencia: Tirant lo Blanch, 2003.

WEDY, Miguel Tedesco. *Eficiência e prisões cautelares.* Porto Alegre: Livraria do Advogado, 2013.

Resolução 213 do CNJ – artigo 11

Art. 11. Havendo declaração da pessoa presa em flagrante delito de que foi vítima de tortura e maus tratos ou entendimento da autoridade judicial de que há indícios da prática de tortura, será determinado o registro das informações, adotadas as providências cabíveis para a investigação da denúncia e preservação da segurança física e psicológica da vítima, que será encaminhada para atendimento médico e psicossocial especializado.

§ 1º Com o objetivo de assegurar o efetivo combate à tortura e maus tratos, a autoridade jurídica e funcionários deverão observar o Protocolo II desta Resolução com vistas a garantir condições adequadas para a oitiva e coleta idônea de depoimento das pessoas presas em flagrante delito na audiência de custódia, a adoção de procedimentos durante o depoimento que permitam a apuração de indícios de práticas de tortura e de providências cabíveis em caso de identificação de práticas de tortura.

§ 2º O funcionário responsável pela coleta de dados da pessoa presa em flagrante delito deve cuidar para que sejam coletadas as seguintes informações, respeitando a vontade da vítima:

I – identificação dos agressores, indicando sua instituição e sua unidade de atuação;

II – locais, datas e horários aproximados dos fatos;

III – descrição dos fatos, inclusive dos métodos adotados pelo agressor e a indicação das lesões sofridas;

IV – identificação de testemunhas que possam colaborar para a averiguação dos fatos;

V – verificação de registros das lesões sofridas pela vítima;

VI – existência de registro que indique prática de tortura ou maus tratos no laudo elaborado pelos peritos do Instituto Médico Legal;

VII – registro dos encaminhamentos dados pela autoridade judicial para requisitar investigação dos relatos;

VIII – registro da aplicação de medida protetiva ao autuado pela autoridade judicial, caso a natureza ou gravidade dos fatos relatados coloque em risco a vida ou a segurança da pessoa presa em flagrante delito, de seus familiares ou de testemunhas.

§ 3º Os registros das lesões poderão ser feitos em modo fotográfico ou audiovisual, respeitando a intimidade e consignando o consentimento da vítima.

§ 4º Averiguada pela autoridade judicial a necessidade da imposição de alguma medida de proteção à pessoa presa em flagrante delito, em razão da comunicação ou denúncia da prática de tortura e maus tratos, será assegurada, primordialmente, a integridade pessoal do denunciante, das testemunhas, do funcionário que constatou a ocorrência da prática abusiva e de seus familiares, e, se pertinente, o sigilo das informações.

§ 5º Os encaminhamentos dados pela autoridade judicial e as informações deles resultantes deverão ser comunicadas ao juiz responsável pela instrução do processo.

Rodrigo da Silva Brandalise[1]

1. Artigo 11, *caput*: a notícia de tortura feita pelo preso em audiência de custódia

Há forte preocupação com a tortura no cenário jurídico.

A Convenção Interamericana de Direitos Humanos (datada de 1969), em seu artigo 5º, nºs 1 e 2, afirma que toda pessoa tem o direito de que se respeite sua integridade física, psíquica e moral, motivo pelo qual ninguém deve ser submetido a torturas, nem a penas ou tratos cruéis, desumanos ou degradantes. Assim, toda pessoa privada da liberdade deve ser tratada com o respeito devido à dignidade inerente ao ser humano.

Ainda que não diretamente nos diga, cabe relembrar que a Convenção Europeia de Direitos Humanos, em seu artigo 3º, diz que ninguém pode ser submetido a torturas, nem a penas ou tratamentos desumanos ou degradantes. Por fim, em artigo 5º, parte final, a Convenção Africana dos Direitos Humanos e dos Povos consagra previsão assemelhada.

Marcante considerar que a Convenção contra a Tortura e Outras Penas ou Tratamentos Cruéis, Desumanos ou Degradantes (Resolução nº 39/46 da Assembleia Geral das Nações Unidas, de 10 de dezembro de 1984[2]) aduz que essas condutas, para fins de caracterização, devem ser praticadas por um agente público ou qualquer outra pessoa agindo a título oficial, por sua instigação ou com o seu consentimento expresso ou tácito, desde que não decorra de sanções legítimas (artigo 1º, nº 1).

Em direito pátrio, cumpre dizer que a Constituição Federal, em seu artigo 5º, inciso III, prevê que ninguém será submetido à tortura nem a tratamento desumano ou degradante. Da mesma forma, deve ser respeitada a integridade física e moral dos presos (artigo 5º, inciso XLIX). Quer-se, assim, a defesa da dignidade humana, fundamento da República Federativa do Brasil, nos termos do artigo 1º, inciso III, da Carta Maior.

Consoante o artigo 1º e seus incisos da Lei Federal nº 9.455/97, a tortura ocorre, dentre outras, mediante o constrangimento de alguém,

[1] Mestre em Ciências Jurídico-Criminais pela FDUL, Portugal. Professor-Palestrante junto à FMP/RS. Promotor de Justiça no Estado/RS.

[2] No Brasil, promulgada de acordo com o Decreto nº 40, de 15 de fevereiro de 1991.

com emprego de violência ou grave ameaça que resulta em sofrimento físico ou mental, para o fim de obter informação, declaração ou confissão da vítima ou de terceira pessoa. Ainda, pode acontecer quando houver submissão de alguém que está sob guarda, poder ou autoridade a intenso sofrimento físico ou mental, com emprego de violência ou grave ameaça, como forma de aplicar castigo pessoal ou medida de caráter preventivo.[3]

Tais disposições são relevantes para interpretarmos o presente dispositivo.

A denominada audiência de custódia objetiva efetivar a apresentação de toda pessoa presa em flagrante em até 24 horas da comunicação de sua ocorrência à autoridade judicial competente, independentemente da motivação ou natureza do ato, quando será ela ouvida sobre as circunstâncias em que se realizou sua prisão ou apreensão (consoante Resolução 213, de 15 de dezembro de 2015, artigo 1º, c/c artigo 8º, inciso V).

Obviamente, nela estarão presentes um representante do Ministério Público e um defensor (constituído ou integrante da Defensoria Pública, caso a pessoa detida não possua defensor constituído no momento da lavratura do flagrante).[4]

Durante o interrogatório do preso em audiência de custódia, será ele perguntado sobre o tratamento recebido em todos os locais por onde passou antes da apresentação à audiência, assim como questionado sobre a ocorrência de tortura e maus-tratos, com adoção das providências cabíveis (artigo 8º, inciso VI), como a realização de exame de corpo de delito para verificação de sua materialidade (artigo 8º, inciso VII e respectivas alíneas).

Assim, o artigo 11 da Resolução cuida, justamente, do tratamento a ser dado na hipótese de alegação de tortura e/ou de maus-tratos sofridos pelo preso. O mesmo há de ser aplicado quando a autoridade judicial entender existentes indícios da prática de tortura por parte dos agentes estatais que atuaram durante a prisão em flagrante e nos atos de persecução que a sucederam até o momento da audiência de custódia.

---

[3] Consoante descrito no nº 1 do Protocolo II da Resolução, a definição de tortura na legislação internacional e nacional apresenta dois elementos essenciais: o primeiro, decorrente da finalidade do ato, voltada para a obtenção de informações ou confissões, aplicação de castigo, intimidação ou coação, ou qualquer outro motivo baseado em discriminação de qualquer natureza; o segundo, a aflição deliberada de dor ou sofrimentos físicos e mentais.

[4] Artigo 4º da Resolução. A doutrina também assim aduz: "[...] O controle da prisão em flagrante, antes qualificado apenas como judicial, adquire contornos processuais, pois a legalidade e cautelaridade serão analisadas pelo juiz, mas com a participação prévia dos interessados no provimento, em contraditório, o que legitima democraticamente essa decisão" (MELO, Raphael. *Audiência de custódia no processo penal*. Conforme Resolução 213 do CNJ e Projeto de Lei do Senado 554/2011. Belo Horizonte: D'Plácido, 2016, p. 169). Também vai afirmada a necessidade de atendimento prévio pelo defensor presente ao ato, nos termos do artigo 6º.

Cumpre-se, assim, o dever que decorre da Constituição em adotar as providências, inclusive no âmbito judicial, de medidas eficazes para impedir a sua prática.[5]

Como consta no *caput* do artigo 11, devem ser registradas as informações para que, ato contínuo, sejam adotadas as providências necessárias pertinentes à sua investigação. Da mesma forma, em prol da vítima da tortura, serão adotadas medidas que preservem sua segurança (física e psicológica), inclusive com encaminhamento para atendimento médico e psicossocial especializado (ainda que não conste no artigo, tais providências em prol da vítima devem ser adotadas conforme sua adequação ao caso concreto[6]).

Ou seja, é a previsão estabelecida administrativamente pelo Conselho Nacional de Justiça para efetivação do artigo 6º, nº 3, da Convenção contra a Tortura, pois, por ela, qualquer pessoa detida como vítima de tortura poderá entrar imediatamente em contato com o mais próximo representante qualificado do Estado do qual seja nacional ou, tratando-se de apátrida, com o representante do Estado em que resida habitualmente.

2. Artigo 11, § 1º: como agir nesse contexto a partir da notícia de tortura recebida

Aqui, a Resolução faz importante referência ao Protocolo que a acompanha, pelo que indicações a ele são essenciais agora.

Importante considerar que o nº 4 do Protocolo II da Resolução deixa claro que a oitiva não tem o objetivo de confirmar a prática de tortura, o que é plenamente compreensível. A atividade de investigação propriamente dita não cabe no contexto da audiência de custódia e deve ser realizada por Instituição (Ministério Público) e/ou órgão policial que tenha a devida atribuição para tanto.[7]

Noutros termos, é a efetivação do combate à tortura pretendida no artigo 12º da Convenção contra a Tortura, já referida. Da mesma forma, é uma especificação do que estabelece o artigo 40 do Código de Processo Penal, que afirma que, quando, em autos ou papéis de que conhecerem, os juízes ou tribunais verificarem a existência de crime de ação pública, remeterão ao Ministério Público as cópias e os documentos necessários ao oferecimento da denúncia.

---

[5] Também conforme expresso no artigo 2º, nº 1, da Convenção contra a Tortura e Outras Penas ou Tratamentos Cruéis, Desumanos ou Degradantes.

[6] É o que se pode extrair da leitura do artigo 11, § 2º, inciso VIII, da Resolução.

[7] Nos termos do item VIII do nº 6 do Protocolo II da Resolução.

Quer-se diminuir as consequências decorrentes de condutas definidas como tortura, através da busca, percepção e materialização de indícios quanto a ela, bem como de outros tratamentos cruéis, desumanos ou degradantes, praticados que são por agentes públicos, e a rápida apresentação à autoridade judicial é vista como critério importante para tanto[8] (nº 4 do Protocolo II da Resolução).

E isto se dá, nomeadamente, pela vulnerabilidade da pessoa submetida às práticas de tortura ou tratamentos cruéis, desumanos ou degradantes, como também consta no nº 4 do Protocolo II da Resolução. De tal forma, são sugeridas condutas ao magistrado para potencializar a obtenção das informações, como a repetição das perguntas, que devem ser simples, abertas, não sugestivas e claras (para melhor compreensão, absorção e recordação dos fatos). Com a lembrança da consideração de que se pode enfrentar dificuldade pessoal e/ou decorrente da própria tortura para a expressão dos fatos, pelo que se deve sempre manter conduta respeitosa à pessoa ouvida (nº 4 do Protocolo II da Resolução).

Aliás, e sem receio da reiteração, cabe relembrar que o artigo 11 versa, concretamente, sobre o tratamento a ser conferido quando da alegação de tortura e de maus-tratos. Portanto, seu verdadeiro objetivo é orientar a atuação voltada ao combate às suas práticas. Tanto que a palavra "vítima", que é nele referida, reporta-se ao ofendido nas condutas a pouco indicadas (tortura e maus-tratos).

Tendo isso como norte de interpretação, prevê o § 1º que as condições para a oitiva e coleta devem ser adequadas e capazes para que o preso vítima de tortura possa prestar os informes durante a audiência de custódia e, ato contínuo, que sejam adotados procedimentos que autorizem a persecução penal quanto a isto.

Especificamente, o nº 2 do Protocolo II da Resolução refere que a audiência de custódia deve ocorrer em condições adequadas que tornem possível o depoimento por parte da pessoa custodiada, livre de ameaças ou intimidações em potencial que possam inibir o relato de práticas de tortura e outros tratamentos cruéis, desumanos ou degradantes a que tenha sido submetida.

Ainda nos termos do nº 2 do Protocolo II da Resolução, são condições necessárias para oitiva da pessoa custodiada não estar ela algemada durante sua oitiva, salvo em casos de resistência e/ou de fundado receio de fuga ou de perigo à integridade física própria ou alheia, por

[8] Afinal, como consta em um dos "Considerandos" da Resolução, a condução imediata da pessoa presa à autoridade judicial é o meio mais eficaz para prevenir e reprimir a prática de tortura no momento da prisão, assegurando, portanto, o direito à integridade física e psicológica das pessoas submetidas à custódia estatal.

parte do preso ou de terceiros, o que deve ser devidamente fundamentado, sob pena de responsabilidade, inclusive estatal, nos termos da Súmula Vinculante nº 11 do Supremo Tribunal Federal. Ainda, que a oitiva deve ocorrer na presença de um advogado ou defensor público, assegurando-lhes entrevista prévia sigilosa e em local adequado/reservado, de modo a garantir-lhe a efetiva assistência judiciária, separados dos agentes que realizaram sua prisão (aliás, estes não devem estar presentes durante a oitiva).

O nº 1 do Protocolo II da Resolução indica várias hipóteses (no total, 17) que devem ser consideradas como indícios quanto à ocorrência de práticas de tortura e outros tratamentos cruéis, desumanos ou degradantes. A título de exemplo, citam-se as que seguem: manutenção da pessoa custodiada em local de detenção não oficial ou secreto; manutenção da pessoa custodiada de maneira incomunicável por qualquer período de tempo ou em veículos oficiais ou de escolta policial por um período maior do que o necessário para o seu transporte direto entre instituições; oferecimento de benefícios, pelo agente público, mediante favores ou pagamento de dinheiro por parte da pessoa custodiada; negativa de acesso a um advogado ou defensor público em prol da pessoa custodiada ou quando não houver sua presença quando da tomada de depoimentos; não realização de exame médico imediato após a detenção ou quando este constatar agressão ou lesão; e na hipótese de a pessoa custodiada ter sido vendada, encapuzada, amordaçada, algemada, sujeita a outro tipo de coibição física ou tiver sido privada de suas próprias roupas, todas elas sem justificativa registrada por escrito ou sem causa razoável, em qualquer momento durante a detenção.

3. Artigo 11, §§ 2º e 3º: dados e provas acerca da tortura a serem buscados durante a audiência

O § 2º estabelece um roteiro de informações a serem buscadas pelo funcionário responsável pela coleta de dados com o fito de colaborar com a posterior persecução penal da tortura informada durante a audiência de custódia. Dentre outras, busca-se saber qual foi o tratamento recebido desde a sua detenção, como e onde aconteceu, qual(is) a(s) data(s) e horário(s) aproximado(s) da violência por parte do agente público, incluindo a mais recente e o que mais for pertinente e consequente das respostas para a elucidação dos fatos.[9]

Relevante notar que o inciso I se preocupa em verificar os indícios de autoria e de participação; os incisos II e III voltam-se para as

[9] Nos termos do nº 5 do Protocolo II da Resolução.

circunstâncias nas quais se deram o fato típico identificado como tortura;[10] o inciso IV destina-se à identificação de possíveis e futuros meios de prova, notadamente a testemunhal,[11] os incisos V e VI também se destinam a um meio de prova, qual seja, o corpo de delito,[12] com o fito de demonstrar a materialidade havida (o § 3º autoriza que os registros das lesões sejam feitos em modo fotográfico ou audiovisual, respeitando a intimidade e consignando o consentimento da vítima); o inciso VII quer garantir o respeito ao princípio da publicidade dos atos judiciais, bem como o respeito à obrigatoriedade da persecução penal.

A vítima do delito de tortura, nas hipóteses dos incisos I, II, III e IV acima, é também tratada como verdadeira fonte de prova.[13]

A regulamentação ora estudada é o reflexo de previsão constante no Código de Processo Penal, relativa ao interrogatório do réu, que prevê que, se o interrogando negar a acusação, no todo ou em parte, poderá prestar esclarecimentos e indicar provas (artigo 189).

Reflete-se, assim, o artigo 13 da Convenção contra a Tortura e Outras Penas ou Tratamentos Cruéis, Desumanos ou Degradantes, que prevê que os Estados-Parte deverão garantir o direito de apresentar queixa perante as autoridades competentes desses Estados às pessoas que aleguem ter sido submetidas à tortura em qualquer território sob a sua jurisdição, e os agentes estatais procederão ao exame rigoroso do caso de imediato.

Deve-se atentar a uma dicotomia importante: a vítima do crime de tortura é, ao mesmo tempo, o acusado de um crime anterior e que justificou a prisão em flagrante que originou a audiência de custódia. Ou seja, a vítima do crime de tortura é/será, também, um investigado, razão pela qual suas declarações estão garantidas pelo direito contra a autoincriminação e pelo direito ao silêncio.[14]

---

[10] O item V do nº 3 do Protocolo II da Resolução estabelece que o juiz deve questionar a pessoa custodiada sobre o tratamento recebido desde a sua prisão, em todos os locais e órgãos por onde foi conduzido, mantendo-se atento a relatos e sinais que indiquem ocorrência de práticas de tortura e outros tratamentos cruéis, desumanos ou degradantes.

[11] Situação que também é exposta no item III do nº 3 do Protocolo II da Resolução, que prevê que se deve assegurar a indicação de testemunhas ou outras fontes de informação que possam corroborar a veracidade do relato de tortura ou tratamentos cruéis, desumanos ou degradantes, com garantia de sigilo.

[12] Com respeito aos termos da Recomendação nº 49/2014 do Conselho Nacional de Justiça quanto à formulação de quesitos ao perito em casos de identificação de práticas de tortura e outros tratamentos cruéis, desumanos ou degradantes.

[13] Como expõe a doutrina, a fonte de prova é anterior ao processo, decorre de tudo que pode esclarecer a ocorrência de um fato típico penal e advém de pessoas ou coisas de onde será possível extrair a prova (LIMA, Renato Brasileiro de. *Manual de Processo Penal*. 2ª ed., rev., atual. e ampl. Salvador: Jus Podium, 2014, p. 554).

[14] Tecnicamente, conforme o direito processual penal brasileiro, não será testemunha, na medida em que não pode ser compromissada (interpretação que se faz a partir da leitura do artigo 203,

Isto justifica o que consta na parte final do § 2º, no sentido de que as informações a serem coletadas devem sempre respeitar a vontade da vítima da tortura (sem contar, por certo, as questões que envolvem risco à vida, à segurança e à intimidade[15] da pessoa presa em flagrante delito, de seus familiares ou de testemunhas).

Não por acaso, deve ser informada a finalidade da oitiva à pessoa custodiada, destacando eventuais riscos de prestar as informações e as medidas protetivas que poderão ser adotadas para garantia de sua segurança, de familiares e de terceiros, bem como as providências a serem adotadas quanto à investigação das práticas de tortura e outros tratamentos cruéis, desumanos ou degradantes que forem relatadas (como se vislumbra da conjugação do inciso VIII do § 2º e do nº 3, item II, do Protocolo II da Resolução).

Esse também é o móvel do § 3º, que condiciona os registros das lesões por fotografia ou audiovisual ao respeito à intimidade e ao consentimento da vítima.

Mas há outro elemento importante na previsão do § 3º: por vezes, a vítima pode não querer comparecer a exames e perícias necessárias, o que dificultará a realização do exame direto de corpo de delito direto, nos termos do artigo 158 do Código de Processo Penal. Assim, para que não haja prejuízo a esta prova futura, a Resolução preocupou-se em protegê-la para uma eventual formação dela de maneira indireta, já que ela não poderá ser suprida, meramente, pela confissão.[16]

Afinal, a forma direta de exame de corpo de delito decorre do contato imediato com aquilo que é analisado, ao passo que a indireta surge a partir da informação advinda de outros elementos de prova, como testemunhas, documentos, fotografias.[17]

Por fim, os dois parágrafos surgem em obediência ao que dispõe a Recomendação nº 49/14 do Conselho Nacional de Justiça, embasada no Protocolo de Istambul das Nações Unidas[18] e que se volta à procura de achados médico-legais e clínicos de tortura física e psíquica. Inclusive, há recomendação nela para que a prova seja protegida/preservada com

---

que consta no capítulo VI do Código de Processo Penal, que disciplina as testemunhas, não os ofendidos). Não se constitui em uma testemunha em favor da acusação, pelo que está protegido contra a autoincriminação e mantém o direito de contraditar a versão acusatória quando isto for importante à estratégia defensiva (AMODIO, Ennio. I "pentiti" nella *Common Law*. *Rivista italiana di diritto e procedura penale*, Milano, v. 29, n. 4, ott./dic. 1986, p. 994).

[15] Inviolabilidade garantida nos termos do artigo 5º, inciso X, da Constituição Federal.

[16] Também nos termos do artigo 158 do Código de Processo Penal.

[17] NUCCI, Guilherme de Souza. *Provas no Processo Penal*. 4ª ed., rev., atual. e ampl. Rio de Janeiro: Forense, 2015, p. 68-69.

[18] Denominado "Manual para Investigação e Documentação Eficazes da Tortura e de outras Formas Cruéis, Desumanas ou Degradantes de Castigo e Punição".

fotografias, filmagens e com a apresentação da vítima ao juízo (plantonista ou responsável por receber, eventualmente, a denúncia/representação ofertada pelo Ministério Público), situações estas condizentes com o espírito aqui exposto, sem prejuízo de outras recomendações.

4. Artigo 11, § 4º: medidas a serem adotadas em favor da vítima da tortura e dos maus-tratos. A questão do sigilo das informações

Também aqui se respeita o artigo 13 da Convenção contra a Tortura e Outras Penas ou Tratamentos Cruéis, Desumanos ou Degradantes, em sua parte final, que prevê que deverão ser tomadas medidas para assegurar a proteção do queixoso e das testemunhas contra maus-tratos ou intimidações em virtude da apresentação da queixa ou da prestação de declarações.

O que consta no inciso VIII do § 2º é reforçado pelo § 4º do mesmo artigo. O último dispositivo estabelece que, se houver a necessidade de imposição de medida de proteção à pessoa presa em flagrante delito por força das declarações quanto à tortura e aos maus-tratos, serão adotadas as que se voltem, de forma capital, à sua integridade pessoal.

Assim, descreve o item IV do nº 6 do Protocolo II da Resolução que compete ao juiz aplicar, de ofício, medidas protetivas para a garantia da segurança e integridade da pessoa custodiada, de seus familiares e de eventuais testemunhas, entre elas a transferência imediata da custódia, com substituição de sua responsabilidade para outro órgão ou para outros agentes; a imposição de liberdade provisória, independente da existência dos requisitos que autorizem a conversão em prisão preventiva, sempre que não for possível garantir a segurança e a integridade da pessoa custodiada; e outras medidas necessárias à garantia da segurança e integridade da pessoa custodiada.

Vale mencionar que o item X do nº 6 do Protocolo II da Resolução colaciona que, ao juiz, também cabe recomendar ao Ministério Público a inclusão da pessoa em programas de proteção a vítimas ou testemunhas, bem como familiares ou testemunhas, quando aplicável o encaminhamento. É uma providência decorrente do artigo 2º da Lei Federal nº 9.807/99, a partir da gravidade da coação ou da ameaça à integridade física ou psicológica, da dificuldade em preveni-las ou reprimi-las pelos meios convencionais e da sua importância para a produção da prova.

Note-se, porém, que o § 4º estende a possibilidade da proteção ser concedida às testemunhas, ao funcionário que constatou a prática abusiva, bem como aos familiares, conforme sua importância para a produção da prova que será futuramente feita em juízo.

Sem contar a possibilidade de decretação de prisão preventiva do torturador para garantia da ordem pública e/ou por conveniência da instrução criminal, nos termos do artigo 312 do Código de Processo Penal, além das possíveis tipificações dos crimes de coação no curso do processo (artigo 344 do Código Penal) e de tortura.

Não se pode olvidar que a tortura, que é praticada por pessoas que possuem acesso à estrutura estatal, é um delito equiparado a hediondo, conforme se interpreta do artigo 5º, inciso XLIII, da Constituição Federal, o que também veio reforçado com a Lei Federal nº 8.072/90, em seu artigo 2º (com os reflexos punitivos daí decorrentes), o que justifica a preocupação aqui desenhada.

Já parte final do § 4º prevê que, dentre outras medidas para proteção da vítima do crime de tortura, o juiz poderá determinar o sigilo das informações.

O que deve ser delimitado é que o sigilo aqui referido se volta, unicamente, ao interesse da investigação quanto à tortura.

Chega-se a tal conclusão pelo fato de que a norma sucede ao texto jurídico,[19] e a interpretação é o caminho pelo qual se extrai a primeira do último.[20] Parte-se do pressuposto de que a norma se justifica,[21] e tal justificativa está precisamente vinculada à sua finalidade.[22]

A finalidade, estampada no artigo 11 e parágrafos da Resolução, é a adoção de providências voltadas à comunicação de tortura contra o preso, consoante já inferido aqui e que se destaca da leitura do *caput* do artigo (e que reflete o quinto "Considerando" do ato do Conselho Nacional de Justiça).

Além disso, a parte final do § 4º expressa o que consta no artigo 15 da Convenção contra a Tortura, que prevê que os Estados-Partes deverão providenciar para que qualquer declaração que se prove ter sido obtida pela tortura não possa ser invocada como elemento de prova em um processo, salvo se for utilizada contra a pessoa acusada da prática de tortura para provar que a declaração foi feita.

Assim, a parte final do § 4º deve ser lida e interpretada dentro do contexto que a justifica, pelo que sua compreensão não pode ser realizada como se desvencilhada do todo – no dizer da doutrina, *não se interpreta o direito em tiras.*[23]

---

[19] GRAU, Eros Roberto. *Por que tenho medo dos juízes (a interpretação/aplicação do direito e os princípios).* 6ª ed. refundida do ensaio e discurso sobre a interpretação/aplicação do direito. 2ª tiragem. São Paulo: Malheiros, 2014, p. 41.

[20] Idem, p. 38.

[21] Ibidem, p. 63.

[22] Ibidem, p. 85.

[23] GRAU, Eros Roberto. *Por que tenho medo ..., op. cit.*, p. 84.

Ademais, é uma medida protetiva em prol da vítima de tortura, que deve ser aplicada caso haja pertinência ao caso concreto.

Portanto, não é o § 4º do artigo 11 qualquer subterfúgio ou autorização para imposição de sigilo integral das declarações de maneira aleatória, especialmente às que se relacionarem ao fato típico que originou a prisão. Se assim não for, criar-se-á um "salvo-conduto" sem precedente normativo nacional, e não se pode impor vedação em processo penal por via administrativa (como é o caso da Resolução) diversa daquelas definidas em lei.

5. Artigo 11, § 5º: a comunicação posterior

Por fim, o § 5º prevê que os encaminhamentos dados pela autoridade judicial e as informações deles resultantes deverão ser comunicadas ao juiz responsável pela instrução do processo. O processo aqui em pauta é o que decorre do crime que originou a prisão em flagrante e a audiência de custódia (quanto à tortura em si, o juiz responsável por seu julgamento somente será conhecido após a instauração das investigações a ela relativas, e com elas terá contato assim que lhe forem encaminhadas).

Tal será feito por algumas razões: a primeira, para que o juiz da instrução do processo não remeta informações para investigação quanto à tortura, pois haveria *bis in idem*; a segunda, porque as partes podem dela ter conhecimento e requerer a juntada dos elementos da persecução quanto à tortura no processo do crime originário para reforço de suas teses, nos termos do artigo 402 do Código de Processo Penal;[24] e, por fim, porque pode o juiz utilizar elementos da persecução quanto à tortura para fins de formação de sua convicção quando do julgamento (produção de prova que lhe é permitida por força dos artigos 156, inciso II, 209 e 234 do Código de Processo Penal).

Referências bibliográficas

AMODIO, Ennio. I "pentiti" nella *Common Law. Rivista italiana di diritto e procedura penale*, Milano, v. 29, n. 4, p. 991-1003, ott./dic. 1986.

[24] Mesmo que seja como prova emprestada, que se considera aquela que é produzida em um processo e que também é utilizada em outro (LIMA, Renato Brasileiro de. *Manual ..., op. cit.*, p. 564). Conforme nossa jurisprudência, é admissível a prova emprestada de processo do qual não participaram as partes do processo para o qual a prova será trasladada, desde que seja respeitado e assegurado o contraditório (Superior Tribunal de Justiça, EResp nº 617.428-SP, Corte Especial, Rel. Min. Nancy Andrighi, Informativo de Jurisprudência nº 0543).

GRAU, Eros Roberto. *Por que tenho medo dos juízes (a interpretação/aplicação do direito e os princípios)*. 6ª ed. refundida do ensaio e discurso sobre a interpretação/aplicação do direito. 2ª tiragem. São Paulo: Malheiros, 2014.

LIMA, Renato Brasileiro de. *Manual de Processo Penal*. 2ª ed., rev., atual. e ampl. Salvador: Jus Podium, 2014.

MELO, Raphael. *Audiência de custódia no processo penal.* Conforme Resolução 213 do CNJ e Projeto de Lei do Senado 554/2011. Belo Horizonte: D'Plácido, 2016.

NUCCI, Guilherme de Souza. *Provas no Processo Penal*. 4ª ed., rev., atual. e ampl. Rio de Janeiro: Forense, 2015.

Resolução 213 do CNJ – artigo 12

Art. 12. O termo da audiência de custódia será apensado ao inquérito ou à ação penal.

RODRIGO DA SILVA BRANDALISE[1]

1. O apensamento do termo de audiência de custódia. O aproveitamento posterior das declarações autoincriminatórias

O artigo 12 é claro ao estabelecer que o termo da audiência de custódia será apensado ao inquérito ou à ação penal. Ou seja, acompanhará toda a persecução penal, justamente para que o juiz do processo e do julgamento tenha devido conhecimento de seus passos.[2]

Apesar da aparente singeleza, ele traz consigo uma pergunta de suma importância: é possível o aproveitamento posterior das declarações prestadas pelo flagrado na audiência de custódia, especialmente as autoincriminatórias?

Isso porque o artigo 8º, inciso VIII, da Resolução indica que o juiz deve abster-se de formular perguntas com a finalidade de produzir prova para a investigação ou ação penal relativas aos fatos retratados no auto de prisão em flagrante, em que pese dever perguntar sobre as circunstâncias da prisão ou da apreensão (inciso V). Inclusive, deve indeferir perguntas do Ministério Público e da defesa que disserem

[1] Mestre em Ciências Jurídico-Criminais pela FDUL, Portugal. Professor-Palestrante junto à FMP/RS. Promotor de Justiça/RS.

[2] Como acertadamente adverte Caio Paiva, em revisão de entendimento em relação à primeira edição de sua obra: "[...] não vejo motivo e considero até mesmo impertinente se proibir a juntada dos autos de audiência de custódia em apenso aos autos do processo principal, e isso porque o devido processo legal e a garantia da publicidade dos atos processuais não devem conviver com *pronunciamentos ocultos*" (PAIVA, Caio. *Audiência de custódia e o processo penal brasileiro*. 2ª ed., rev. e ampl.. Florianópolis: Empório do Direito, 2017, p. 118, com grifos no original).

respeito ao mérito do fato (§ 1º do citado artigo)[3]. Mas, e se o réu se autoincriminar mesmo assim?

Por certo, não se discute o aproveitamento da declaração *pro reo*, por razões evidentes.

A discussão é relevante porque a regulamentação no âmbito do Conselho Nacional de Justiça é de cunho administrativo. Adicione-se a isso o fato de que há projeto de lei do Senado de nº 554/2011, originalmente apresentado pelo Senador Antônio Carlos Valadares, ao qual, após substitutivos nas Comissões daquela Casa legislativa, foi apresentada uma proposta de redação final de § 7º do artigo 306 do Código de Processo Penal. Por ela, e caso aprovada, ficará expressamente consignado que a oitiva em audiência de custódia será registrada em autos apartados e não poderá ser utilizada como meio de prova contra o depoente.[4]

Conforme consulta realizada no andamento do aludido projeto de lei do Senado, para fins do presente estudo, foi possível verificar que ele teria sido "amplamente discutido e acordado com entidades de direitos humanos e defensorias públicas".

Desnecessário dizer que há forte controvérsia sobre o tema.

A Associação Nacional dos Membros do Ministério Público mostrou-se contrária aos termos propostos, conforme nota técnica nº 04/2014/CONAMP.[5] Já a Associação Nacional dos Defensores Públicos manifestou concordância com a perspectiva disposta no projeto de lei, também em nota técnica.[6] Porém, o enfrentamento da questão deve

---

[3] Para Raphael Melo, o juiz que realiza a audiência de custódia não deve atuar como investigador (sob pena de seu impedimento futuro ao processo – CPP, art. 252, inc. II), cabendo à defesa e ao Ministério Público questionar e adotar providências voltadas à apuração de ilegalidades (MELO, Raphael. *Audiência de custódia no processo penal.* Conforme Resolução 213 do CNJ e Projeto de Lei do Senado 554/2011. Belo Horizonte: D'Plácido, 2016, p. 187-188).

[4] De ser registrado que o parágrafo em questão também indica que a oitiva versará, exclusivamente, sobre a legalidade e necessidade da prisão, sobre a prevenção da ocorrência de tortura ou de maus-tratos e sobre os direitos assegurados ao preso e ao acusado.

[5] Ainda, em prol do aproveitamento, cita-se: "[...] Ou seja, eventual confissão prestada na audiência de custódia não é mais importante ou menos importante que uma confissão prestada após o ajuizamento da ação penal condenatória. Caso o magistrado queira utilizá-la como fundamento para um juízo condenatório, deverá ele seguir o mesmo procedimento constante no artigo 197 do CPP [...]" (ANDRADE, Mauro Fonseca; ALFLEN, Pablo Rodrigo. *Audiência de custódia no processo penal brasileiro.* 2ª ed. rev., atual. e ampl. – de acordo com a Resolução nº 213 do Conselho Nacional de Justiça. Porto Alegre: Livraria do Advogado, 2016, p. 163).

[6] Associação Nacional dos Defensores Públicos. *Nota Técnica.* A Respeito do Projeto de Lei do Senado nº 554/2011. Na mesma linha, cita-se a opinião de Raphael Melo, para quem a finalidade da audiência é verificar possíveis ilegalidades feitas contra o preso, não por ele. Assim, inaplicável valor probatório ao conteúdo da entrevista feita com a pessoa presa em tal audiência, pois isto traria o interrogatório judicial para momento anterior ao início do processo penal. Assim, o conteúdo será aproveitável para apresentar elementos acerca da ilegalidade da prisão e outros eventuais argumentos de defesa por parte do daquele que está preso (MELO, Raphael. *Audiência de custódia...*, op. cit., p. 185-186).

ser feito de forma dogmática, para aperfeiçoar o instituto que se quer consolidar. E, de plano, cabe ser dito que a resposta à questão do aproveitamento posterior das declarações deve ser feita positivamente.

Primeiramente, porque já existe um paradigma a ser utilizado em nosso sistema. A ideia de apresentação do preso ao juízo, para fins de apreciação da prisão ordenada, não é uma novidade. Ao regular o *habeas corpus*, o Código de Processo Penal previu que o juiz, se julgar necessário, e estiver preso o paciente, mandará que este lhe seja imediatamente apresentado em dia e hora que designar (artigo 656). E inexiste qualquer vedação, expressa ou implícita, de proibição do uso do que ali for declarado no processo que originou a prisão. Mas isso não é a resposta *de per si*.

Como cediço, o objetivo do processo penal é o direito de punir, que pertence à jurisdição, não às partes.[7] Assim, a ação penal corresponde ao exercício da jurisdição criminal para solução do conflito, independe do crime,[8] e resulta na necessidade de busca da *conformidade ao direito*, com a correta aplicação da lei aos fatos.[9] Dois são os sistemas mais citados e comentados para tanto.

De um lado, tem-se o *sistema acusatório*, que se caracteriza pela efetiva separação funcional entre o julgador e o acusador, com o intuito de garantir a imparcialidade do primeiro, que funciona como um mediador dos demais sujeitos processuais, que se confrontam em igualdade de armas.[10] Noutro passo, o *sistema inquisitivo* tem, como principal elemento, a *possibilidade* de ocorrência do chamado *processo de ofício*,[11] quando, na ausência de um responsável pela acusação, o juiz concentrará a investigação, a acusação e o julgamento.[12]

Cumpre observar que nossa Constituição não estabeleceu expressamente o sistema processual penal que deveria ser adotado no Brasil, apesar de prever um sistema de garantias processuais.[13] Porém, a Carta Magna confere a titularidade da ação penal pública ao Ministério Público, nos termos do seu artigo 129, inciso I (a doutrina aponta que,

---

[7] TUCCI, Rogério Lauria. *Teoria do direito processual penal: jurisdição, ação e processo penal (estudo sistemático)*. São Paulo: Revista dos Tribunais, 2002, p. 49.

[8] Idem, p. 80 e 85.

[9] O processo persegue a existência de uma situação juridicamente relevante, sendo a verdade o substrato básico da legalidade da decisão (TARUFFO, Michele. *Uma simples verdade: o juiz e a construção dos fatos*. São Paulo: Marcial Pons, 2012, p. 139-140).

[10] ANDRADE, Mauro Fonseca. *Sistemas processuais penais e seus princípios reitores*. 2ª ed. Curitiba: Juruá, 2013, p. 111.

[11] Idem, p. 321

[12] EYMERICH, Nicolau. *Manual dos inquisidores*. 2ª ed. Rio de Janeiro: Rosa dos Tempos, 1993, p. 106.

[13] ANDRADE, Mauro Fonseca. O sistema acusatório proposto no projeto de novo *codex* penal adjetivo. *Revista de Informação Legislativa*, Brasília, ano 46, n. 183, jul/set. 2009, p. 169-170.

como consequência, os nossos Tribunais interpretam e definem haver um sistema acusatório).[14] Assim, o problema começa a se apresentar.

Como já citado, o artigo 8º, inciso V, indica que o juiz deve perguntar sobre as circunstâncias da prisão ou da apreensão. Nos termos do projeto de lei do Senado Federal, a oitiva versará, exclusivamente, sobre a legalidade e a necessidade da prisão, a ocorrência de tortura física e/ ou psicológica ao preso e a necessidade da conversão da prisão em preventiva ou da aplicação de outras medidas cautelares diversas dela.

Pois bem. Conforme o artigo 312 do Código de Processo Penal, são exigências das prisões preventivas a prova da existência do crime e indício suficiente de autoria; nos termos do artigo 282, II, do mesmo diploma, as medidas cautelares diversas da prisão exigem a adequação dela à gravidade do crime, às circunstâncias do fato e às condições pessoais do indiciado ou acusado (a Resolução não pode revogar o Código!).

É evidente que a legalidade da prisão (e o exame de suas circunstâncias) passa pelo exame da participação daquele que é ouvido em audiência de custódia, o que pode, inclusive, ser confessado! Assim, incompreensível que não possa ser a confissão aproveitada como prova, especialmente quando se sabe que o objetivo da audiência de custódia é aproximar o acusado do juiz para que não seja levado, desnecessariamente, a recolhimento prisional.[15]

Se é certo que o juízo deve respeitar a obrigatoriedade da ação penal que vige em nosso país, o que justifica a adoção de providências quando tomar conhecimento de eventual tortura ou abuso de poder,[16] também é certo que esta mesma obrigatoriedade convive com a chamada *comunhão da prova*.[17] O que se busca é a realização da justiça,[18] pelo que seu conteúdo não pode ser valorado por metade.[19]

---

[14] ANDRADE, Mauro Fonseca. *Teoria da gestão da prova: um confronto consigo mesma*. Porto Alegre: AMPRS, 2010, p. 2.

[15] Afinal, como a Convenção Americana de Direitos Humanos (base primeira da existência da audiência de custódia no Brasil) expressa ao tratar da liberdade individual: "Toda pessoa presa, detida ou retida deve ser conduzida, sem demora, à presença de um juiz (...)", conforme expressa seu artigo 7º, número 5.

[16] Nos termos retratados quando dos comentários ao artigo 11 da Resolução, aos quais se reporta no presente momento.

[17] Como ensina a doutrina, a prova está inserida em um campo unificado, voltado tanto para o interesse das partes quanto para o interesse da justiça (ARANHA, Adalberto José Q. T. de Camargo. *Da Prova no Processo Penal*. 5ª ed., atual. e ampl. São Paulo: Saraiva, 1999, p. 32).

[18] Artigo 35 do Código Modelo Iberoamericano da Ética Judicial.

[19] Aliás, como devidamente apontado na doutrina, não se pode criar o contrassenso de se restringir a liberdade de conhecimento do mérito da possível ação penal em um ato no qual estão presentes o juiz, o Ministério Público e a defesa (audiência de custódia) e, noutro ponto, admitir a ausência de tal restrição durante a atividade investigatória policial, na qual a tríade citada não se forma. Impor a restrição será um *paternalismo processual*, como se fosse necessário proteger a pessoa presa de si mesma (PAIVA, Caio. *Audiência de custódia e o processo...*, op. cit., p. 114-115).

Consoante se vislumbra, é de se estranhar querer conferir o tratamento do depoimento do flagrado como meio proibido de prova, apesar de coletado em decorrência de um ato judicial legitimamente determinado por tratado internacional incorporado em nosso ordenamento jurídico.[20] Afinal, nele estão presentes o Tribunal, o Ministério Público e a Defesa, no mais claro desenho do sistema acusatório (a separação definitiva das funções de julgar, acusar e defender).

A propósito, ao determinar que o juiz tome providências investigativas quanto à tortura, sem o afastamento do meio proibido de prova em relação aos fatos do flagrante, aproxima a figura judicial ao antigo Inquisidor, o que tanto é repudiado por quem prega sua imparcialidade.

Diz-se isso, também, porque a ressalva expressa de o juízo produzir prova exclusivamente em prol da defesa (e a alegação de tortura também é uma tese defensiva) somente existiu no processo ao tempo da Inquisição![21]

Importante, pela atualidade, citar o novo Código de Processo Penal argentino, promulgado em dezembro de 2014. Por conta dele, no país vizinho, vigerá o princípio acusatório, com aplicação do princípio do contraditório, da oralidade e da imediação (dentre outros, conforme seu artigo 2º), com expressa proibição de produção de qualquer prova pelo juízo (artigo 128, letra "c"), e, ainda assim, as declarações prestadas ante o Ministério Público ou ante o juiz interveniente, na presença de defensor, terão valor probatório (artigo 69).

Em suma: a preferência por um *sistema acusatório*, por si só, já demonstra a falta de fundamento à vedação da utilização probatória das declarações do acusado em audiência.

Além disso, impedir a utilização significa considerar que as declarações prestadas decorrentes de perguntas feitas em juízo serão consideradas como *ilícitas* (ou seja, *meio proibido de prova*).

---

[20] Pela pertinência: "É interessante observar que os tratados internacionais de direitos humanos e a legislação processual penal de outros países não estabelecem nenhum limite cognitivo para esta audiência de apresentação de pessoa presa. [...] O fato de a audiência de custódia estar relacionada na normativa internacional *ao direito à liberdade pessoal*, embora auxilie na explicação sobre as finalidades deste ato processual, não parece ser o bastante para legitimar a proibição de qualquer atividade probatória" (PAIVA, Caio. *Audiência de custódia e o processo...*, op. cit., p. 113, em expressa revisão de entendimento frente ao publicado na primeira edição da obra).

[21] Em um clássico da Inquisição, por todos "[...] Cumpre porém ao Juiz, por força do cargo, inquirir sobre qualquer inimizade pessoal manifestada ou sentida pelas testemunhas para com a prisioneira: e tais não poderão ser admitidas ou levadas em conta, como demonstraremos adiante. E quando as testemunhas prestam um depoimento confuso por alguma coisa que dependa de sua consciência, o Juiz poderá submetê-la a um segundo interrogatório. Porque quanto menor a oportunidade que a prisioneira tem de se defender, com maior diligência e critério há de conduzir o Juiz o julgamento" (KRAMER, Heinrich; SPRENGER, James. *Malleus Maleficarum: o martelo das feiticeiras*. 16ª ed. Rio de Janeiro: Rosa dos Tempos, 2002, p. 401).

Importante observar que outra nota entre os sistemas inquisitório e acusatório está no fato de que, no primeiro, a regulamentação sobre as provas é feita de maneira menos minuciosa, pois moldado pelo princípio da autoridade. Doutra banda, o sistema acusatório forja-se na dialética, com a eficácia vinculada à distribuição de funções entre os sujeitos que estão com interesses opostos no processo penal, em contraditório (os poderes de investigação, admissão, produção e valoração da prova estão distribuídos entre todos, inclusive o juiz, o que exige a regulamentação sobre elas).[22]

Diz-se isso porque, no acusatório, os resultados que caberão ao órgão acusador e à defesa decorrem daquilo que optam, já que podem deixar de exercer direitos que lhes são inerentes no âmbito processual, com o desiderato final de alcançar um resultado de cunho satisfatório para seus interesses.[23]

Não se pode desconsiderar que os acusados, quando se encontram em juízo, objetivam proteger sua situação da melhor forma que lhes aprouver, e, assim, consideram refutar questões teóricas e principiológicas que podem, apesar de sua relevância intelectual e acadêmica, redundar em prejuízo maior nos casos de prisão e de condenação.[24]

Por tal razão, há de ser ressaltado que os ordenamentos jurídicos ocidentais conferem aos indivíduos a possibilidade de se defender dos ataques contra si praticados, bem como possibilita que haja a apresentação de uma vontade que adira ao que fora apresentado pela acusação,[25] como nos casos de confissão e demais formas de colaboração processual.

Portanto, compete ser definido que a titularidade de um direito ou das posições que o envolvem confere ao sujeito os poderes de oportunidade acerca do momento de seu exercício, como uma consequência indelével da dignidade da pessoa humana e as agregadas autonomia e autodeterminação do ser humano, como exercício de seu direito de forma livre e voluntária. O poder de dispor sobre os direitos fundamentais, pois, é inerente ao próprio exercício deles.[26]

---

[22] TONINI, Paolo. *A Prova no Processo Penal Italiano*. Tradução Alexandra Martins e Daniela Mróz. São Paulo: Revista dos Tribunais, 2002, p. 16-17; SOUSA MENDES, Paulo de. *Lições de direito processual penal*. Coimbra: Almedina, 2013, p. 26-27.

[23] RAPOZA, Phillip. A experiência americana do *plea bargaining*: a excepção transformada em regra. *Julgar*, Coimbra, v. 19, p. 207-220, 2013, p. 212.

[24] Idem, p. 217.

[25] TORRÃO, Fernando. *A relevância político-criminal da suspensão provisória do processo*. Coimbra: Almedina, 2000, p. 69-70.

[26] NOVAIS, Jorge Reis. *Direitos fundamentais: trunfos contra a maioria*. Coimbra: Coimbra, 2006, p. 235. Em direito comparado: ESTADOS UNIDOS. Court of Appeal for the Third Circuit. *United States of America v. Craig A. Grimes*, n. 12-4523: p. 1-13.

Vale a compreensão de que o que se pretende é confirmar que a dignidade humana, a responsabilidade e a culpa estão vinculadas à liberdade do homem, cujo conteúdo não é preestabelecido.[27] O interesse objetivamente disposto na norma de direito fundamental não pode esquecer o caráter subjetivo que ela traz consigo também – e é nesta garantia subjetiva que está legitimado o não exercício.[28]

Passada essa visão mais teórica, vamos para uma previsão essencial, garantida constitucionalmente: são inadmissíveis, no processo, as provas obtidas por meios ilícitos (artigo 5º, inciso LVI, da nossa Carta Magna), na medida em que ela ofende, frontalmente, a liberdade e a consciência de sua obtenção. Tal dispositivo encontra eco na atual redação do artigo 157 do Código de Processo Penal, que dispõe que são inadmissíveis, devendo ser desentranhadas do processo, as provas ilícitas, assim entendidas as obtidas em violação a normas constitucionais ou legais.

Para melhor compreensão, busca-se no direito estrangeiro. Nos termos do artigo 126º do Código de Processo Penal português e do artigo 32º, nº 8º, da Constituição da República portuguesa, são proibidos os meios enganosos para obtenção de prova, sendo incabível a utilização daqueles que ofendam a integridade física e moral das pessoas, notadamente quando afetem a liberdade da vontade, pela evidente necessidade de preservar o regime de sua legalidade (para sua validade processual). São citadas situações, dentre outras, que envolvem tortura; coação; perturbação da liberdade de vontade ou de decisão através de maus-tratos, ofensas corporais, ameaça com medida legalmente inadmissível e, bem assim, com denegação ou condicionamento da obtenção de benefício legalmente previsto. Isso, essencialmente, serve como limitador à busca da verdade e de valoração no processo.[29]

Cabe considerar que a ilicitude da prova guarda relação com a sua obtenção.[30] As limitações à prova existem para que se consiga um processo mais condizente com a noção de proteção às garantias individualmente concedidas, ainda que se perca em relação à eficiência do processo (ao Estado, não pode ser dada a possibilidade de usar sua estrutura como forma de violar os direitos concedidos aos indivíduos).[31]

---

[27] NOVAIS, Jorge Reis. *Direitos fundamentais..., op. cit.*, p. 274.

[28] Idem, p. 244-245.

[29] FIGUEIREDO DIAS, Jorge de; COSTA ANDRADE, Manuel da. Poderes de Supervisão, Direito ao Silêncio e Provas Proibidas (Parecer). In: FIGUEIREDO DIAS, Jorge de; COSTA ANDRADE, Manuel da; COSTA PINTO, Frederico Lacerda. *Supervisão, Direito ao Silêncio e Legalidade da Prova.* Coimbra: Almedina, 2009, p. 29.

[30] LIMA, Renato Brasileiro de. *Manual de Processo Penal.* 2ª ed., rev., atual. e ampl. Salvador: Jus Podium, 2014, p. 555.

[31] Idem, p. 583.

Ou seja, a liberdade de declaração concedida ao acusado apresenta-se em dupla perspectiva. A primeira, de cunho positivo, que autoriza a ele o mais amplo direito de manifestação em prol de sua defesa, para que possa refutar (ou até aceitar) a acusação. A outra, de cunho negativo, que se caracteriza pela proibição de adoção de meios enganosos ou de coação para obtenção de declarações autoincriminatórias.[32]

Daí que se pode dizer que o interrogatório, ato no qual a autoridade policial ou judicial toma as declarações daquele que é acusado acerca de sua qualificação pessoal e dos fatos propriamente ditos a ele imputados,[33] deve estar voltado a compreensão, inteligência e liberdade de manifestação por parte do interrogado.[34]

Feitas tais digressões, chega-se a uma conclusão óbvia: se a *audiência de custódia* é um ato previsto dentro do ordenamento jurídico (seja porque decorre de convenção internacional,[35] seja porque será regulamentada legalmente, seja porque há instrumentos normativos expedidos pelo Conselho Nacional de Justiça), não há qualquer motivo que justifique considerá-la como uma violação de direitos fundamentais do acusado, já que ela *não coincide com qualquer forma de ilicitude na obtenção de prova*.

Ora, a maior de todas as garantias em processo penal não está afetada com a audiência de custódia. Afinal, *ninguém será considerado culpado por ter nela sido ouvido*, pelo simples fato de que dela não decorrerá o trânsito em julgado de sentença penal condenatória alguma, com o que se mantém o respeito ao artigo 5º, inciso LVI, da Constituição Federal.[36]

Ao mesmo tempo, também está assegurado o *direito de permanecer calado* (*nemo tenetur se ipsum accusare*), nos termos da Constituição Federal, artigo 5º, inciso LXIII,[37] inclusive nas etapas posteriores. Aliás, a

---

[32] COSTA ANDRADE, Manuel da. *Sobre as proibições de prova em processo penal*. Coimbra: Coimbra, 2013, p. 121.

[33] RISTORI, Adriana Dias Paes. *Sobre o Silêncio do Argüido no Interrogatório no Processo Penal Português*. Coimbra: Almedina, 2007, p. 113.

[34] Idem, p. 114-115.

[35] Sempre deve ser lembrado o que diz o § 2º do artigo 5º da Constituição Federal do Brasil: "os direitos e garantias expressos nesta Constituição não excluem outros decorrentes do regime e dos princípios por ela adotados, ou dos tratados internacionais em que a República Federativa do Brasil seja parte".

[36] E também como expressado no artigo 8º, nº 2, Convenção Interamericana de Direitos Humanos.

[37] O direito ao silêncio é a marca maior do respeito à liberdade de determinação daquele que está na condição de acusado (SOUSA MENDES, Paulo de. O Processo Penal Entre a Eficácia e as Garantias – em especial a questão do aproveitamento probatório das declarações processuais do acusado anteriores ao julgamento. *Revista da Faculdade de Direito da Universidade de Lisboa*, Lisboa, vol. LV, n. 1 e 2, 2014, p. 414).

omissão de informação quanto a tal direito ou sua informação inadequada é que, em verdade, pode fazer com que as provas decorrentes de tal interrogatório sejam consideradas como provas proibidas, dado haver intromissão ilegítima na privacidade do acusado.[38]

Mas se é certo que a Constituição Federal de 1988 previu o direito ao silêncio como direito fundamental do acusado, também é certo que *não existe impedimento para que ele venha a prestar colaboração* quando da investigação e da elucidação do fato que se apura.[39] Estranha-se que o projeto de lei venha a causar uma restrição que a Carta Maior não estabelece.

Nunca é demasiado relembrar que a confissão é algo previsto como benefício penal em nosso sistema (Código Penal, artigo 65, inciso III, alínea "d", reforçada que foi com a Súmula nº 545[40] do Superior Tribunal de Justiça), até mesmo como hipótese de diminuição de pena para os casos de colaboração processual, o que não pode ser visto como violação à liberdade de declaração. Sua validade está representada em ser o acusado devidamente orientado para concluir ser esta a melhor forma de sua atuação processual.[41]

A salvaguarda exclusiva dos interesses, direitos e liberdades individuais dos acusados, em desconsideração aos demais interesses que são socialmente aceitos, representa uma ditadura individual e a possível ruína dos alicerces estatais – afinal, forçoso admitir a imperiosa existência de um processo penal no qual haja também o respeito aos interesses públicos e que reflita uma melhor solução para o caso concreto.[42]

Para arrematar, a Resolução, enquanto ato administrativo, e não um documento decorrente de processo legislativo, não tem o condão de revogar o que estabelece o Código de Processo Penal (em especial, os artigos 189 e 190), que determina a necessidade de apuração das provas que forem indicadas pelo acusado, da mesma forma que os demais participantes e circunstâncias que informar.

Se cotejado, especificamente, com o artigo 11, não pode a mesma declaração ser válida para fins de apuração da tortura e inválida para

---

[38] LOUREIRO, Fábio. O Primeiro Interrogatório Judicial do Acusado Detido. In: BELEZA, Teresa Pizarro; COSTA PINTO, Frederico de Lacerda (Coord.). *Prova Criminal e Direito de Defesa. Estudos sobre teoria da prova e garantias de defesa em processo penal.* 3ª reimp. Coimbra: Almedina, 2014, p. 82.

[39] BEDÊ JÚNIOR, Américo; SENNA, Gustavo. *Princípios do Processo Penal. Entre o garantismo e a efetividade da sanção.* São Paulo: Revista dos Tribunais, 2009, p. 38.

[40] "Quando a confissão for utilizada para a formação do convencimento do julgador, o réu fará jus à atenuante prevista no art. 65, III, *d*, do Código Penal".

[41] TROIS NETTO, Paulo Mário Canabarro. *Direito à Não Autoincriminação e Direito ao Silêncio.* Porto Alegre: Livraria do Advogado, 2011, p. 131-132.

[42] TORRÃO, Fernando. *A relevância..., op. cit.*, p. 70.

a apuração contra quem a declarou, já que o ato é uno: não há qualquer alegação embasada em *favor rei* que justifique esta divisão de tratamento desarrazoada. E, reitere-se: a Resolução não tem o condão de fundamentar uma restrição que a lei não estabelece (não se pode alegar nulidade da prova com base em tal documento); e, para fins de alteração legislativa, não se vê fundamento suficiente para que ela seja imposta. Portanto, a audiência de custódia *jamais pode ser considerada como um meio enganoso, imoral, ilegal, constrangedor, de obtenção de prova*, sob pena de se colocar em suspeita a estrutura que ora se apresenta criada pelo próprio Poder Judiciário e que se pretende em diploma legal futuro.

Fere a lógica dizer que o ato judicial seja visto como uma coação e, por extensão, uma violação do artigo 8º, nº 3, da Convenção Interamericana de Direitos Humanos.

Necessário ainda referir que a abordagem apresentada nos itens anteriores não será suficiente se não houver garantias adequadas para que a manifestação do acusado seja dotada de *liberdade* e *consciência* em relação ao seu conteúdo.

A primeira delas diz com o princípio do *contraditório*, estampado, entre nós, no artigo 5º, inciso LV, da Constituição Federal.[43]

Para os limites do presente trabalho, interessa dizer que o contraditório consiste na possibilidade de conhecimento das opiniões, argumentos e conclusões, formulados por uma parte, pela outra; a condição de poder manifestar suas razões e seus fundamentos fáticos e jurídicos; e a possibilidade de produzir suas provas e de conhecer as da parte contrária.[44]

Está ele dividido em direito de audiência (possibilidade de fazer-se ouvir sobre o pedido que o afeta)[45] e na incidência sobre os meios de prova (para que os sujeitos possam oferecer suas provas e aferir as provas produzidas pelo adversário ou oficiosamente).[46]

O fundamento essencial do contraditório decorre da bilateralidade da ação, para que a decisão do juiz surja quando este possuir os

---

[43] Também nos termos do artigo 8º, nºs 1 e 2, alínea *f*, da Convenção Interamericana de Direitos Humanos, exemplificativamente. Por oportuno, como comparativo estrangeiro, estabeleceu a Constituição portuguesa, em seu artigo 32º, número 5, que o processo criminal tem estrutura acusatória, estando a audiência de julgamento e os atos instrutórios que a lei determinar subordinados ao princípio do contraditório.

[44] FERNANDES, Fernando. *O processo penal como instrumento de política criminal*. Coimbra: Almedina, 2001, p. 280.

[45] Direito estampado nos termos do artigo 8º, nº 1, da Convenção Interamericana de Direitos Humanos. Deve ser respeitado, quer em questões principais, quer em questões prévias, incidentais ou prejudiciais (PIMENTA, José da Costa. *Introdução ao Processo Penal*. Coimbra: Almedina, 1989, p. 153).

[46] PIMENTA, José da Costa. *Introdução...*, *op. cit.*, p. 150.

argumentos de quem acusa e de quem é acusado, de maneira que as partes possam, também, influir no objetivo final do processo.[47]

Por exemplo, na sexta emenda à Constituição americana, consta o direito de confrontação (*right of confrontation*), ou seja, o acusado pode contraditar, questionar e examinar (*cross-examine*) as testemunhas que forem apresentadas contra si, com o objetivo de participar da busca pela verdade a ser analisada no processo, especialmente para que eventual quebra de compromisso ou desqualificação dela venha a ser sopesada quando do julgamento.[48]

O contraditório pressupõe o direito de ver seus argumentos considerados pelo julgador no momento da motivação das decisões judiciais, e os direitos de *informação* e de *participação* (tanto assim é que o processo penal brasileiro não se conforma se não houver defesa técnica).[49] [50]

Como deve existir uma efetiva e verdadeira participação, o contraditório exige ser uma realidade, de maneira efetiva e equilibrada. Assim, deve ser ele estimulado, em uma estrutura dialética e equivalente.[51]

Pela relevância da comparação, dentro do sistema italiano, o artigo 111, nº 2, da Constituição estabelece o contraditório, com a obrigatoriedade de que o juiz, imparcial, somente estabeleça determinada decisão se as partes forem ouvidas, em paridade de armas.[52]

A Constituição italiana também traz outros bons indicativos para a compreensão do tema. No inciso 4º do artigo 111, há a referência ao contraditório na etapa da formação da prova, como maneira de conhecimento, na medida em que ela necessita da dialética para sua adequada conformidade.[53] Já no nº 3º do artigo 111, há a previsão de outra etapa do contraditório, qual seja, a de que a pessoa investigada deve ser informada da natureza e dos motivos da investigação da forma mais célere possível, sem que isto possa causar maiores prejuízos à eficácia das investigações.[54]

Como se vê, o princípio do contraditório estabelece-se pela oportunidade de fiscalização recíproca dos atos de cada parte, para que a

---

[47] ANDRADE, Mauro Fonseca. *Sistemas*..., *op. cit.*, p. 139-140.

[48] FREEDMAN, Warren. *The constitutional right to a speedy and fair criminal trail*. New York: Quorum Books, 1989, p. 10.

[49] Código de Processo Penal, artigo 261.

[50] BEDÊ JÚNIOR, Américo; SENNA, Gustavo. *Princípios*..., *op. cit.*, p. 131.

[51] BADARÓ, Gustavo Henrique. *Correlação entre Acusação e Sentença*. 3ª ed., rev., atual. e ampl. São Paulo: Revista dos Tribunais, 2013, p. 34.

[52] TONINI, Paolo. *A Prova*..., *op. cit.*, p. 22-23.

[53] Idem, p. 27.

[54] Idem, p. 24-25.

parte adversa possa refutar ou fazer prova em contrário daquilo que a outra apresentou. Por tal razão, o contraditório é um direito não apenas da defesa (não se esqueça que o Ministério Público também defende direitos fundamentais coletivos, bem como da própria vítima ofendida).[55]

Ora, não há o que se discutir quanto à presença do contraditório na audiência de custódia. Primeiramente, porque, se o contraditório exige que acusação e defesa se manifestem perante um juiz, este está presente na audiência, sem discussão alguma.

É curial, ainda, compreender que, apesar de a audiência de custódia estar embasada em um *instrumento de investigação* (auto de prisão em flagrante), ela possui natureza processual, pela simples razão de que o juiz somente atua onde houver jurisdição, que somente existe em processos (ainda que se esteja a referir à chamada *fase de investigação*).[56]

Assim, inevitável o entendimento apresentado pela doutrina de que não se podem negar perguntas ao Ministério Público e à defesa quando da audiência ora estudada, seja porque a regulamentação do interrogatório em geral assim estabelece (Código de Processo Penal brasileiro, artigo 188), seja porque é através desta participação que a decisão a ser proferida será mais condizente possível.[57]

Na sequência, porque o projeto de lei do Senado prevê o contraditório claramente. Incorpora o § 6º ao artigo 306 do Código de Processo Penal e estabelece que serão ouvidos o Ministério Público e a defesa técnica. E, no § 8º, determina que a oitiva do preso em juízo se dará na presença de seu advogado ou da Defensoria Pública e na do membro do Ministério Público, que também poderão inquirir o preso e se manifestarem quanto às hipóteses de relaxamento da prisão, de prisão preventiva e/ou de medidas cautelares diversas da prisão e de concessão de liberdade provisória, com ou sem fiança.

A Resolução também prevê a presença em seu artigo 4º, com a também previsão de questionamentos.

Ou seja, se está presente o contraditório, não há sentido algum em proibir-se o aproveitamento da declaração feita em audiência de custódia, especialmente porque a eventual sentença condenatória futura terá de passar pelo contraditório após a denúncia, e os termos da audiência de custódia serão, novamente, submetidos à bilateralidade.

---

[55] BEDÊ JÚNIOR, Américo; SENNA, Gustavo. *Princípios..., op. cit.*, p. 129-130.

[56] ANDRADE, Mauro Fonseca; ALFLEN, Pablo Rodrigo. *Audiência de custódia no processo* ... op. cit., p. 158.

[57] Idem, p. 134.

Sempre relembrando que, nos termos dos artigos 197 e 200 de nosso Código de Processo Penal, a confissão necessita ser amparada por outros elementos de prova para que se justifique enquanto fundamento de condenação.[58]

Mais uma vez, não há impeditivo ao aproveitamento.

Outro princípio é aplicável ao caso em tela igualmente.

Chega-se, assim, a *ampla defesa*, também prevista no artigo 5º, inciso LV, da Constituição Federal, sendo que ela deve ser exercida com os meios e recursos a ela inerentes.[59]

A ampla defesa guarda vinculação com o contraditório, e é formada tanto pela autodefesa como pela defesa técnica por profissional habilitado, e, quanto a elas, não pode haver qualquer forma de obstáculo ao seu exercício. É uma consequência do devido processo legal e de um processo justo,[60] para a preservação da igualdade de armas.[61]

O princípio em pauta autoriza a utilização de vários instrumentos legalmente permitidos para seu exercício, dada a consideração de insuficiência do acusado frente aos órgãos de acusação que representam o Estado, desde a fase investigativa até às recursais.[62] Ele forma um direito de cunho público (o Estado não está autorizado a processar alguém sem a presença de um defensor), autônomo e abstrato (pois seu exercício não depende do resultado frente às teses acusatórias).[63]

Imperiosamente, deve ser assegurado o acompanhamento e a entrevista com defensor antes da realização do interrogatório. Da mesma forma, deve ser explicado o direito ao silêncio, em todas suas facetas.[64]

E isso, obviamente, vige dentro da audiência de custódia, visto que determinado a partir da nossa própria Constituição Federal, o que vem refletido no artigo 6º da Resolução nº 213 do Conselho Nacional de Justiça.

---

[58] A regra da corroboração funciona, pois, como uma regra de prova legal negativa, o que, de certa forma, acaba por violar o defendido princípio da livre apreciação da prova, mas funciona como um ponto de equilíbrio dentro do sistema (DAMASKA, Mirjan. Evidentiary Barriers to Conviction and Two Models of Criminal Procedure: a comparative study. *University of Pennsylvania Law Review*, Filadélfia, vol. 121, 1973, p. 531, nr. 51).

[59] Ideal também exposto nos termos do artigo 8º, nº 2, alínea *d*, da Convenção Interamericana de Direitos Humanos.

[60] BEDÊ JÚNIOR, Américo; SENNA, Gustavo. *Princípios..., op. cit.*, p. 178-179. Por exemplo, sequer o acusado foragido será processado sem defensor (Código de Processo Penal brasileiro, artigo 261).

[61] Idem, p. 181.

[62] VALE, Ionilton Pereira do. *Princípios constitucionais do processo penal na visão do Supremo Tribunal Federal*. Rio de Janeiro: Forense, 2009, p. 275.

[63] Idem, p. 276.

[64] RISTORI, Adriana Dias Paes. *Sobre o Silêncio..., op. cit.*, p. 116.

O que se deve assegurar é que tenha a defesa acesso aos resultados probatórios, para que possa tê-los como justos, sem estar submetida a pressões externas, de modo que eventual autoincriminação não seja vista como resultado de uma imposição coativa, mas um resultado aceito como reflexo da justiça a ser aplicada àquele caso concreto pela coletividade.[65]

É possível considerar que muitos acusados culpados têm adequada compreensão da prova existente contra si. Ainda assim, o dever de informação é imprescindível, pois, em sistemas como o brasileiro, a prova coletada antes da denúncia deve ser disponibilizada à defesa tão logo ocorra a citação processual (isto como limite máximo, pois o artigo 7º, inciso XIV, do Estatuto da Ordem dos Advogados do Brasil assegura o acesso dos advogados aos autos desde o inquérito).

Isso sem contar o conteúdo da Súmula Vinculante nº 14 do Supremo Tribunal Federal, que diz ser direito do defensor, no interesse do representado, ter acesso amplo aos elementos de prova que, *já documentados em procedimento investigatório realizado por órgão com competência de polícia judiciária*, digam respeito ao exercício do direito de defesa.

Na medida em que a restrição diz respeito com a impossibilidade de ser compelido a tanto,[66] percebe-se que declarar contra si é um exercício inerente à sua própria vontade, o que é constitucionalmente garantido, com possibilidade de ser a declaração revertida a seu favor, e integra o conceito do devido processo legal.[67]

À guisa de exemplo e de parâmetro, já assentou a Corte Europeia que as declarações autoincriminatórias, para fins de validade, necessitam ser assistidas por um defensor, especialmente quando o acusado estiver sob custódia.[68] Como visto, a assistência citada acontece no âmbito da audiência aqui estudada.

Noutras palavras, pode-se dizer que o contraditório, quando analisado dentro da compreensão de ampla defesa, pode ser relativizado, na medida do confronto entre ele e o resultado prático que se pode obter com a tutela jurisdicional.[69]

---

[65] SCHÜNEMANN, Bernd. Cuestiones básicas de la estructura y reforma del procedimiento penal bajo una perspectiva global. *Derecho Penal y Criminología*, Bogotá, v. 25, n. 6, 2004 p. 193.

[66] Como estampado nos termos do artigo 8º, nº 2, alínea *g*, da Convenção Interamericana de Direitos Humanos.

[67] LAFAVE, Wayne R.; ISRAEL, Jerold H. *Criminal procedure*. 2ª ed. Saint Paul: West Publishing, 1992, p. 1031-1032.

[68] Tribunal Europeu de Direitos Humanos, Case Salduz v. Turkey, Grand Chamber, application n. 36391/02, judgment 27.11.2008.

[69] ANDRADE, Mauro Fonseca. *Sistemas...*, *op. cit.*, p. 146-147.

Não fosse isso suficiente, cabe também referir que, com a ampla defesa durante a audiência de custódia, também caminham mais princípios.

Como primeiro deles, o da *oralidade*, que se molda na noção de que aqueles que escutam podem, por consequência, apresentar perguntas e ouvir as respostas diretamente do declarante,[70] o que potencializa o exercício da defesa (e do contraditório também). Juntamente, tem-se o princípio da *imediação*, que decorre de uma relação direta entre a produção da prova e a decisão final vinculada a ela, com o fito de melhor valorar a declaração feita.[71] Surge da relação de proximidade entre o tribunal e o participante do processo, para que o primeiro tenha uma melhor percepção do material que se produz e que embasará uma decisão *a posteriori*.[72] Assim, cumpre dizer que as declarações prestadas na audiência de custódia estão protegidas pelas exigências ora mencionadas.

A Resolução nº 213 do CNJ trata da garantia de defesa no artigo 4º (obrigatoriedade de sua presença ao ato), artigo 5º (obrigatoriedade de comunicação do defensor constituído quando do flagrante), artigo 6º (já mencionado), entre outros, pelo que nos reportamos aos respectivos comentários nessa obra.

De lege ferenda, já foram citados os §§ 6º e 8º a serem incorporados ao artigo 306 do Código de Processo Penal. A eles, acresce-se a previsão do § 1º, que obriga a remessa, à defesa constituída ou pública, do auto de prisão em flagrante em até 24h após a realização da prisão; do § 3º, que obriga a entrega, ao preso, da nota de culpa mediante recibo; do § 9º, que também determina a comunicação à defesa da impossibilidade de a autoridade judiciária realizar a inquirição do preso quando da sua apresentação.

No que se examina, a declaração é feita em audiência, de maneira oral, com a presença física do juiz que proferirá a decisão para a qual a audiência de custódia se justifica. Ou seja, não há mácula alguma nas declarações prestadas. Mas, a despeito de tudo isso, cabe relembrar que o acusado manterá a sua presunção de inocência junto ao processo que se seguirá à audiência de custódia, o que lhe refuta a obrigatoriedade de produção de prova a seu favor para afastar a acusação (como já citado, nossa legislação exige que a confissão seja corroborada por outros

[70] TONINI, Paolo. *A Prova...*, *op. cit.*, p. 88.

[71] Idem, p. 88.

[72] DOTTI, René Ariel. Princípios do Processo Penal. *Fascículos de Ciências Penais*, Porto Alegre, ano 6, vol. 6, n. 1, 1993, p. 110-111.

elementos de prova).[73] Uma vez mais, a prova que decorre das declarações do flagrado encontra devida produção.

Como última percepção, há de se falar na necessidade da *apreciação motivada da prova.*

O interrogatório também se apresenta como meio de prova.[74] Isto porque o acusado pode responder sobre a veracidade da acusação, onde estava quando o fato aconteceu, as circunstâncias de sua ocorrência, dentre outras, pelo que acaba por trazer elementos importantes para a convicção judicial.[75]

De estar presente que a prova objetiva trazer ao julgador a convicção quanto à (in)correção do fato e da autoria expostos na acusação, buscando, assim, o melhor deslinde da causa penal, seja quanto aos fatos principais, seja quanto aos secundários, desde que reclamem avaliação judicial, sempre com o fito de estabelecer uma verdade processualmente possível.[76] Assim, entre nós, vige o sistema da *persuasão racional,* nos termos do artigo 93, inciso IX, da Constituição Federal, na medida em que o julgador, após fazer a apreciação da prova apresentada, expressa seu convencimento, mas de maneira fundamentada,[77] com a indicação das provas que embasam esta ou aquela decisão, conforme argumentos lógicos, científicos e legais.[78]

A persuasão racional também vem retratada nos termos do artigo 155 do Código de Processo Penal, que dispõe que o juiz formará sua convicção pela livre apreciação da prova produzida em contraditório judicial, com a vedação de fundamentar sua decisão exclusivamente nos elementos informativos colhidos na investigação, com exceção das provas cautelares, irrepetíveis e antecipadas.

A persuasão racional decorre do contraditório judicial, de maneira que torne mais escorreita a atuação das partes e a decisão em si.[79] Portanto, é possível afirmar a exigência de que a decisão seja consequência de um processo que proteja os direitos e garantias fundamentais em sentido amplo;[80] que tenha havido a devida interpretação e aplicação

---

[73] RISTORI, Adriana Dias Paes. *Sobre o Silêncio..., op. cit.*, p. 123.

[74] No nosso Código de Processo Penal, o interrogatório está regulamentado no Título VII, relativo à prova.

[75] NUCCI, Guilherme de Souza. *Provas no Processo Penal.* 4ª ed., rev., atual. e ampl. Rio de Janeiro: Forense, 2015, p. 103-104.

[76] ISHIDA, Válter Kenji. *Prática Jurídica Penal.* 7ª ed. São Paulo: Atlas, 2014, p. 133-134.

[77] NUCCI, Guilherme de Souza. *Provas..., op. cit.*, p. 23.

[78] TONINI, Paolo. *A Prova..., op. cit.*, p. 102.

[79] NUCCI, Guilherme de Souza. *Provas..., op. cit.*, p. 25.

[80] FISCHER, Douglas. O que é garantismo penal (integral). In: CALABRICH, Bruno; FISCHER, Douglas; PELELLA, Eduardo (Orgs.). *Garantismo penal integral.* Salvador: Jus Podium, 2013, p. 38-39.

da norma ao caso concreto; e que haja a adequada persecução da verdade, na medida em que não há justiça atrelada a fundamentos errôneos[81] – as declarações prestadas em audiência de custódia também se prestam a esta persecução.

No mais singelo dos quadros, pela natureza processual do ato, pode e deve ser considerada a declaração prestada como prova emprestada (ainda que seja, *a posteriori*, conhecida conforme as regras das provas documentais). Como visto, além de ela acontecer em um processo, a audiência de custódia envolve as mesmas partes que estarão no processo penal de conhecimento respectivo e está submetida à exigência do contraditório.[82]

Mas há outra hipótese que pode ser apresentada.

Na medida em que formada perante o juízo, antes do início da ação penal, com a presença da acusação e da defesa, em atividade processual, assegurado o contraditório; pela urgência reconhecida, haja vista que imperiosa a apresentação judicial do flagrado em até 24 horas da comunicação do flagrante (*proporcionalidade*); pelo conteúdo que se pode extrair de sua realização (*adequação*) e pela relevância do fim a que se destina (*necessidade*), guarda o interrogatório realizado em audiência de custódia fortes semelhanças com a chamada prova antecipada.[83] Portanto, reforçada a possibilidade de ser ela aproveitada quando do exame da sentença condenatória/absolutória.

Pensamos que não pode ela ser considerada prova irrepetível,[84] pois o réu terá, obrigatoriamente, disponibilizada a oportunidade de ser interrogado em juízo quando da ação penal oferecida. Ele não perde seus direitos processuais fundamentais por ter agora declarado, ainda que fuja – ou seja, revel –, pois o direito ao interrogatório remanescerá, inclusive em sede de apelação, nos termos do artigo 616 do Código de Processo Penal (sem considerar que, a todo tempo, o juiz poderá proceder a novo interrogatório de ofício ou a pedido fundamentado de qualquer das partes).[85]

---

[81] TARUFFO, Michele. *Uma simples verdade...*, *op. cit.*, p. 142.

[82] AVENA, Norberto. *Processo Penal*. 7ª ed., atual. e ampl. Rio de Janeiro. Forense; São Paulo: Método, 2012, p. 297.

[83] Requisitos destacados estão descritos no artigo 156, inciso I, do Código de Processo Penal.

[84] De ser considerado que a noção de "irrepetível" traz, como significado, aquilo que se mostra único, que só pode acontecer uma vez (conforme extraído de Dicionar.Org, disponível no sítio http://www.dicionar.org/irrepetivel, acessado em 23 de março de 2016). Como diz a jurisprudência do Supremo Tribunal Federal, "irrepetível" é aquela prova de cunho definitivo (Supremo Tribunal Federal, HC 74.751/RJ, Primeira Turma, Rel. Min. Sepúlveda Pertence, julgado em 04 de novembro de 1997).

[85] Código de Processo Penal, artigo 196. Aliás, justamente pela repetibilidade do interrogatório, o acusado pode modificar seu pronunciamento posteriormente, durante a fase de julgamento. Além das restrições que a própria legislação impõe à confissão, já mencionadas, também valem as

A isso, soma-se outra consideração importante: a irrepetibilidade decorreria de eventual fuga ou não localização do acusado após a citação pessoalmente realizada. Se assim fosse, o fato de o acusado ser localizado após a citação, ser interrogado e prestar declarações já seria motivo suficiente para impedir a utilização, pois teria havido a repetição do ato. Ou seja, a irrepetibilidade não pode ser vista como fundamento para o aproveitamento posterior das declarações do flagrado.

Finalmente, não pode ela ser tida como prova cautelar porque, nesta, existe o chamado contraditório diferido, ao passo que o interrogatório da audiência de custódia tem o contraditório no momento de sua realização.

Ao Estado, compete a utilização de sua estrutura como forma de apuração da verdade processualmente válida e que pode justificar a condenação do acusado. O princípio do *nemo tenetur se ipsum accusare* desobriga o acusado de um comportamento colaboracionista, o que somente pode haver na hipótese de atuação *livre, voluntária* e *consciente* daquele a quem se imputa uma acusação.[86]

A compreensão do chamado *in dubio pro reo* transmite a noção de que o juiz deve verificar o material probatório e, no caso de este não esclarecer a acusação, a dúvida deve sempre ser interpretada em prol daquele que é acusado. Se a instrução não cumprir com seu papel de esclarecimento sobre os fatos narrados na acusação, concluir-se-á que o ônus probatório não foi integralmente cumprido por quem acusou (o réu não precisa provar sua inocência).[87]

Assim, é na motivação da decisão que se expressa a voz final da imparcialidade que se exige do Tribunal. Nunca é demais relembrar que o artigo 8º da Convenção Americana dos Direitos Humanos prevê que toda pessoa terá o direito de ser ouvida, com as devidas garantias, por um juiz ou Tribunal competente, independente e imparcial, na apuração de qualquer acusação penal formulada contra ela.

O que determina o êxito, ou não, de uma demanda é a prova e a verdade que ela revela, não o juiz realizar ou não um meio de prova,[88] dado que as partes podem buscar preencher o ônus probatório que lhes é imposto, mas não necessariamente cumprirão, com ela, a reconstrução adequada da base da controvérsia.[89]

---

assertivas de que o juiz pode e deve analisar, quando da sentença, os momentos de um e de outro interrogatório, bem como a amplitude da defesa exercida (PAIVA, Caio. *Audiência de custódia e o processo...*, op. cit., p. 119).

86 RISTORI, Adriana Dias Paes. *Sobre o Silêncio..., op. cit.*, p. 161.

87 BEDÊ JÚNIOR, Américo; SENNA, Gustavo. *Princípios..., op. cit.*, p. 94.

88 TARUFFO, Michele. *Uma simples verdade..., op. cit.*, p. 146.

89 Idem, p. 199.

O projeto de lei do Senado Federal prevê, expressamente, a necessidade de decisão fundamentada (e não poderia ser diferente, por expresso mandamento constitucional).[90] Os Tribunais são obrigados a cumprirem com o mandamento constitucional, pelo que nem se faz necessária qualquer menção em tal sentido (afinal, os Tribunais são compostos por aqueles que devem cumprir o artigo 93, inciso IX, da Constituição Federal; não seriam eles que definiriam o contrário).

E não se conhece razão alguma para dizer que o juiz da audiência de custódia não é competente, independente e imparcial. Afinal, ninguém é condenado pela mera produção de prova, razão pela qual o juiz não pode ser um mero espectador de mentiras formalmente constituídas.[91] Ademais, a audiência de custódia é uma primeira etapa a ser percorrida. Se a decisão ali lançada necessita ser fundamentada, com muito mais razão será a sentença futura (absolutória ou condenatória), vinculada ao processo que se seguirá à audiência havida, pelo que não há o mínimo sentido em impor-se a restrição que o Projeto quer colocar.

A confissão (em qualquer etapa da persecução) não se qualifica como a mais importante das provas, sendo que sempre está garantido o direito de o acusado voltar a exercer seu silêncio, motivo pelo qual será imprescindível confrontá-la com outros elementos de prova.[92]

Sem receio da repetição, a orientação determinada pelo artigo 197 do nosso Código de Processo Penal é a de que o valor da confissão se aferirá pelos critérios adotados para os outros elementos de prova, e, para a sua apreciação, o juiz deverá confrontá-la com as demais provas do processo, verificando se entre ela e estas existem compatibilidade ou concordância.

Mais uma vez, todos os fundamentos levam à necessidade de aproveitamento da declaração prestada na audiência de custódia. Afinal, como aduz a doutrina, a incompleta produção da prova afasta a percepção da verdade, já que esta pressupõe que todas as fontes para seu conhecimento sejam observadas.[93]

Fica evidente que as declarações do preso em audiência de custódia, inclusive as autoincriminatórias, podem e devem ser utilizadas dentro do arcabouço probatório que será apreciado muito mais adiante, quando já tivermos a acusação (denúncia) apresentada e, no momento adequado, a sentença de mérito.

---

[90] Por exemplo, cita-se a redação final dada aos §§ 4º e 6º do artigo 306.

[91] BEDÊ JÚNIOR, Américo; SENNA, Gustavo. *Princípios..., op. cit.*, p. 36.

[92] RISTORI, Adriana Dias Paes. *Sobre o Silêncio..., op. cit.*, p. 124.

[93] SCHÜNEMANN, Bernd. *Estudos de direito penal, direito processual penal e filosofia do direito*. São Paulo: Marcial Pons, 2013, p. 248.

Ratifica-se tal entendimento quando se observa a Súmula 545 do Superior Tribunal de Justiça, já referida alhures. Se não há dúvidas acerca da aproveitabilidade da declaração favorável, não se pode aceitar que, por igualdade de tratamento, seja o aproveitamento proibido quando prejudicial.[94]

Proibir a utilização enquanto prova posterior é violar a *autonomia*, a *vontade* e a *liberdade* do acusado. Também é desconsiderar sua realização em *audiência*, que deve sempre respeitar o *contraditório*, a *ampla defesa*, a *imediação* e a *oralidade*. Da mesma forma, é desprezar a *capacidade que o juiz possui de justificar racionalmente* sua decisão com base em todo o contexto probatório coletado (em suma, é desrespeitar a busca pelo *sistema acusatório*, já que se desrespeita o *actum trium personarum* – afinal, estas características acompanharão o processo até o seu final).

Como diz a doutrina portuguesa, "relativamente à utilização do que disse o arguido ressalta a protecção da dignidade humana, a prerrogativa contra a autoincriminação, a privacidade e princípios gerais de lealdade e responsabilidade".[95]

Não por acaso, o artigo 13 da Convenção Interamericana de Direitos Humanos prevê que toda pessoa tem direito à liberdade de pensamento e de expressão, inclusive no que diz com a difusão de informações e de ideias, verbalmente ou por escrito. E referido direito não pode ser restringido nem de forma indireta por controle estatal (conclusões a que se chegam a partir da leitura dos nºs 1 e 3).[96]

---

[94] A doutrina também aponta outros princípios que merecem proteção neste caso. Cita-se: "(...) não vejo motivo e considero até mesmo impertinente se proibir a juntada dos autos da audiência de custódia em apenso aos autos do processo principal, e isso porque o devido processo legal e a garantia da publicidade dos atos processuais não devem conviver com *pronunciamentos ocultos*" (PAIVA, Caio. *Audiência de custódia e o processo...*, op. cit., p. 118).

[95] MESQUITA, Paulo Dá. *A prova do crime e o que se disse antes do julgamento – estudo sobre a prova no processo penal português, à luz do sistema norte-americano.* Coimbra: Coimbra, 2011, p. 672. Basta ver que, nos termos do artigo 357º, nº 1, letra "b", do Código de Processo Penal português, admite-se a reprodução ou leitura de declarações anteriormente feitas pelo acusado quando tenham sido feitas perante a autoridade judiciária, com assistência de defensor, e tenha sido ele devidamente informado dos direitos processuais que o assistem, inclusive o silêncio e a não obrigação de autoincriminação. E o nº 2 do art. 355º deixa bem evidente: valem para a formação da convicção as provas contidas em atos processuais cuja leitura, visualização ou audição em audiência sejam permitidas.

[96] Para ampliar o espectro da argumentação, cabe dizer que, em Portugal, a validade das declarações do acusado, para fins de consideração enquanto meio de prova, depende da participação judicial em sua coleta, com a cautela de que deve se acercar das comprovações necessárias quanto à *liberdade, idoneidade, compreensão* e *voluntariedade* delas (RISTORI, Adriana Dias Paes. *Sobre o Silêncio...*, op. cit., p. 125). Aliás, como aponta a doutrina portuguesa, nem a Convenção Europeia, nem o Tribunal Europeu de Direitos Humanos restringem a utilização das declarações do réu anteriores ao julgamento contra ele, ainda que tenha havido o uso do direito ao silêncio na fase processual, desde que tenham sido respeitados os seus direitos processuais no momento da produção (MARTINS, Joana Boaventura. *Da valoração das declarações de arguido prestadas em fase anterior ao julgamento. Contributo para a uma mudança de paradigma.* Coimbra: Coimbra, 2014, p. 105).

Em adição, oportuno que a própria Convenção (artigo 29) prevê, como norma de interpretação, que nenhuma vedação seja imposta no sentido de suprimir ou limitar o gozo e exercício dos direitos e liberdades reconhecidos, ou limitá-los em maior medida do que nela prevista. O mesmo se diga quanto à exclusão de direitos e garantias que são inerentes ao ser humano.[97]

Não se pode é privilegiar uma política em completa desconsideração do real objetivo do processo penal: a proteção dos direitos fundamentais, quem quer que seja o seu titular!

Sempre com a necessária referência de que a previsão de sigilo da parte final do § 4º do artigo 11, única e exclusivamente, deve ser observada se necessária e pertinente para a proteção relacionada ao delito de tortura, pela vulnerabilidade da vítima que a sofrera, mas sem afetar a validade das declarações em relação ao fato que resultou em sua prisão.

Referências bibliográficas

ANDRADE, Mauro Fonseca. O sistema acusatório proposto no projeto de novo *codex* penal adjetivo. *Revista de Informação Legislativa*, Brasília, ano 46, n. 183, p. 167-188, jul/set. 2009.

——. *Sistemas processuais penais e seus princípios reitores*. 2ª ed. Curitiba: Juruá, 2013.

——. *Teoria da gestão da prova: um confronto consigo mesma*. Porto Alegre: AMPRS, 2010. Disponível em: <http://www.paginasdeprocessopenal.com.br/attachments/article/26/Teoria%20da%20gest%C3%A3o%20da%20prova.pdf>. Acesso em 15 mar. 2016.

——; ALFLEN, Pablo Rodrigo. *Audiência de custódia no processo penal brasileiro*. 2ª ed. rev., atual. e ampl. – de acordo com a Resolução nº 213 do Conselho Nacional de Justiça. Porto Alegre: Livraria do Advogado, 2016.

ARANHA, Adalberto José Q. T. de Camargo. *Da Prova no Processo Penal*. 5ª ed., atual. e ampl. São Paulo: Saraiva, 1999.

AVENA, Norberto. *Processo Penal*. 7ª ed., atual. e ampl. Rio de Janeiro: Forense; São Paulo: Método, 2012.

BADARÓ, Gustavo Henrique. *Correlação entre Acusação e Sentença*. 3ª ed., rev., atual. e ampl. São Paulo: Revista dos Tribunais, 2013.

BEDÊ JÚNIOR, Américo; SENNA, Gustavo. *Princípios do Processo Penal. Entre o garantismo e a efetividade da sanção*. São Paulo: Revista dos Tribunais, 2009.

BRASIL. Associação Nacional dos Defensores Públicos. *Nota Técnica*. A Respeito do Projeto de Lei do Senado nº 554/2011. Brasília, sem data no documento. Disponível em: <http://www.anadep.org.br/wtksite/cms/conteudo/21299/Nota_Tecnica.pdf>. Acesso em: 15 mar. 2016.

——. Associação Nacional dos Membros do Ministério Público. *Nota Técnica nº 04/2014/CONAMP*. Brasília, 2015. Disponível em: <http://www.senado.leg.br/atividade/rotinas/materia/getPDF.asp?t=162199&tp=1>. Acesso em: 15 mar. 2016.

[97] Importante renovar que o § 2º do artigo 5º da Constituição Federal do Brasil confere aos direitos previstos em tratados e convenções internacionais o *status* de direitos fundamentais.

COSTA ANDRADE, Manuel da. *Sobre as proibições de prova em processo penal*. Coimbra: Coimbra, 2013.

DAMASKA, Mirjan. Evidentiary Barriers to Conviction and Two Models of Criminal Procedure: a comparative study. *University of Pennsylvania Law Review*, Filadélfia, vol. 121, p. 506-589, 1973.

DOTTI, René Ariel. Princípios do Processo Penal. *Fascículos de Ciências Penais*, Porto Alegre, ano 6, vol. 6, n. 1, p. 89-114, 1993.

ESTADOS UNIDOS. United States Court of Appeal for the Third Circuit. *United States of America v. Craig A. Grimes*, n° 12-4523. Washington: United States District Court, 2013. p. 1-13. Disponível em: <http://sites.temple.edu/templelawreviewblog/files/2014/02/US-v.-Grimes.pdf>. Acesso em: 10 mar. 2016.

EYMERICH, Nicolau. *Manual dos inquisidores*. 2ª ed. Rio de Janeiro: Rosa dos Tempos, 1993.

FERNANDES, Fernando. *O processo penal como instrumento de política criminal*. Coimbra: Almedina, 2001.

FIGUEIREDO DIAS, Jorge de; COSTA ANDRADE, Manuel da. Poderes de Supervisão, Direito ao Silêncio e Provas Proibidas (Parecer). In: FIGUEIREDO DIAS, Jorge de; COSTA ANDRADE, Manuel da; COSTA PINTO, Frederico Lacerda. *Supervisão, Direito ao Silêncio e Legalidade da Prova*. Coimbra: Almedina, 2009, p. 12-56.

FISCHER, Douglas. O que é garantismo penal (integral). In: CALABRICH, Bruno; FISCHER, Douglas; PELELLA, Eduardo (Orgs.). *Garantismo penal integral*. Salvador: Jus Podium, 2013, p. 29-56.

FREEDMAN, Warren. *The constitutional right to a speedy and fair criminal trail*. New York: Quorum Books, 1989.

ISHIDA, Válter Kenji. *Prática Jurídica Penal*. 7ª ed. São Paulo: Atlas, 2014.

KRAMER, Heinrich; SPRENGER, James. *Malleus Maleficarum: o martelo das feiticeiras*. 16ª ed. Rio de Janeiro: Rosa dos Tempos, 2002.

LAFAVE, Wayne R.; ISRAEL, Jerold H. *Criminal procedure*. 2ª ed. Saint Paul: West Publishing, 1992.

LIMA, Renato Brasileiro de. *Manual de Processo Penal*. 2ª ed., rev., atual. e ampl.. Salvador: Jus Podium, 2014.

LOUREIRO, Fábio. O Primeiro Interrogatório Judicial do Acusado Detido. In: BELEZA, Teresa Pizarro; COSTA PINTO, Frederico de Lacerda (Coord.). *Prova Criminal e Direito de Defesa. Estudos sobre teoria da prova e garantias de defesa em processo penal*. 3ª reimp. Coimbra: Almedina, 2014, p. 69-89.

MARTINS, Joana Boaventura. *Da valoração das declarações de arguido prestadas em fase anterior ao julgamento. Contributo para a uma mudança de paradigma*. Coimbra: Coimbra, 2014.

MELO, Raphael. *Audiência de custódia no processo penal*. Conforme Resolução 213 do CNJ e Projeto de Lei do Senado 554/2011. Belo Horizonte: D'Plácido, 2016.

MESQUITA, Paulo Dá. *A prova do crime e o que se disse antes do julgamento – estudo sobre a prova no processo penal português, à luz do sistema norte-americano*. Coimbra: Coimbra, 2011.

NOVAIS, Jorge Reis. *Direitos fundamentais*: trunfos contra a maioria. Coimbra: Coimbra, 2006.

NUCCI, Guilherme de Souza. *Provas no Processo Penal*. 4. ed., rev., atual. e ampl. Rio de Janeiro: Forense, 2015.

PAIVA, Caio. *Audiência de custódia e o processo penal brasileiro*. 2ª ed., rev. e ampl. Florianópolis: Empório do Direito, 2017.

PIMENTA, José da Costa. *Introdução ao Processo Penal*. Coimbra: Almedina, 1989.

RAPOZA, Phillip. A experiência americana do *plea bargaining*: a excepção transformada em regra. *Julgar*, Coimbra, v. 19, p. 207-220, 2013.

RISTORI, Adriana Dias Paes. *Sobre o Silêncio do Argüido no Interrogatório no Processo Penal Português*. Coimbra: Almedina, 2007.

SCHÜNEMANN, Bernd. Cuestiones básicas de la estructura y reforma del procedimiento penal bajo una perspectiva global. *Derecho Penal y Criminología*, Bogotá, v. 25, n. 6, p. 175-197, 2004. Disponível em: <http://revistas.uexternado.edu.co/index.php?journal=derpen&page=article&op=view&path[]=1034&path[]=978>. Acesso em: 10 mar. 2016.

——. *Estudos de direito penal, direito processual penal e filosofia do direito*. São Paulo: Marcial Pons, 2013.

SOUSA MENDES, Paulo de. *Lições de direito processual penal*. Coimbra: Almedina, 2013.

——. O Processo Penal Entre a Eficácia e as Garantias – em especial a questão do aproveitamento probatório das declarações processuais do acusado anteriores ao julgamento. *Revista da Faculdade de Direito da Universidade de Lisboa*, Lisboa, vol. LV, n. 1 e 2, p. 405-423, 2014.

TARUFFO, Michele. *Uma simples verdade: o juiz e a construção dos fatos*. São Paulo: Marcial Pons, 2012.

TONINI, Paolo. *A Prova no Processo Penal Italiano*. Tradução Alexandra Martins e Daniela Mróz. São Paulo: Revista dos Tribunais, 2002.

TORRÃO, Fernando. *A relevância político-criminal da suspensão provisória do processo*. Coimbra: Almedina, 2000.

TROIS NETTO, Paulo Mário Canabarro. *Direito à Não Autoincriminação e Direito ao Silêncio*. Porto Alegre: Livraria do Advogado, 2011.

TUCCI, Rogério Lauria. *Teoria do direito processual penal*: jurisdição, ação e processo penal (estudo sistemático). São Paulo: Revista dos Tribunais, 2002.

VALE, Ionilton Pereira do. *Princípios constitucionais do processo penal na visão do Supremo Tribunal Federal*. Rio de Janeiro: Forense, 2009.

Resolução 213 do CNJ – artigo 13

Art. 13. A apresentação à autoridade judicial no prazo de 24 horas também será assegurada às pessoas presas em decorrência de cumprimento de mandados de prisão cautelar ou definitiva, aplicando-se, no que couber, os procedimentos previstos nesta Resolução.
Parágrafo único. Todos os mandados de prisão deverão conter, expressamente, a determinação para que, no momento de seu cumprimento, a pessoa presa seja imediatamente apresentada à autoridade judicial que determinou a expedição da ordem de custódia ou, nos casos em que forem cumpridos fora da jurisdição do juiz processante, à autoridade judicial competente, conforme lei de organização judiciária local.

GUSTAVO NORONHA DE ÁVILA[1]

1. Aplicação a presos cautelares ou em decorrência de sentença

A Resolução nº 213/2015, do Conselho Nacional de Justiça,[2] inicia estabelecendo seu escopo de aplicação. Uma leitura menos atenta poderia gerar dúvida quanto ao objeto de segregação cautelar, cuja legalidade estaria sujeita à confirmação via Audiência de Custódia (artigo 1º).

---

[1] Doutor em Ciências Criminais pela PUCRS. Mestre em Ciências Criminais pela PUCRS. Professor da Faculdade de Direito da UEM. Professor do Mestrado em Direito do UNICESUMAR.

[2] Apesar de importante regulamentação no sentido de uniformizar os critérios de aplicação para a audiência de custódia no Brasil, existem dúvidas, de parte da doutrina, quanto à possível usurpação de competência do Conselho Nacional de Justiça, face a previsão existente no artigo 22, I, da Constituição Federal. Neste sentido, recomendamos a leitura de: MOREIRA, Rômulo de Andrade. *A Resolução 213 do CNJ e as Audiências de Custódia*. Disponível em: http://romulomoreira.jusbrasil.com.br/artigos/294688197/a-resolucao-213-do-cnj-e-as-audiencias-de-custodia. Acesso em 31 de Março de 2016. Em tese, o controle de convencionalidade concentrado exercido pelos magistrados seria suficiente para a implementação da Audiência de Custódia em nosso país. Porém, alguns julgados têm ameaçado a efetividade do instituto, com a relativização quanto à necessidade de realização da audiência. Neste sentido, citamos: BRASIL. Superior Tribunal de Justiça. Acórdão no Recurso Ordinário em Habeas Corpus n. 67296/PI. Relator: FONSECA, Reynaldo Soares da. Publicado no DJe de 16-03-2016. Disponível em: http://www.stj.jus.br/SCON/jurisprudencia/doc.jsp?livre=audiencia+e+de+e+cust%F3dia&b=ACOR&p=true&t=JURIDICO&l=10&i=1 Acessado em 31 de março de 2016.

As dúvidas são dissipadas no artigo 13, pois a previsão é taxativa quanto à possibilidade de extensão *também às prisões cautelares* (preventiva e temporária), bem como, às *definitivas*. Não é demais lembrar que a Convenção Interamericana de Direitos Humanos não fez qualquer restrição quanto ao tipo de prisão que deve ensejar a realização de audiência de custódia.

Quanto ao conteúdo, primeiramente, é necessário delimitar o âmbito de aplicação e a finalidade do dispositivo ora em análise. Sabe-se que os objetivos originais das audiências de custódia são, fundamentalmente: 1) preservar a integridade física e psíquica do conduzido/acusado; 2) analisar a legalidade da prisão; e 3) decidir sobre a possibilidade de utilização de medidas cautelares de ordem pessoal (artigo 319 do Código de Processo Penal).

O *caput* do artigo não explicita quais dessas finalidades seriam almejadas. Por outro lado, levando em consideração que já houve decretação anterior de prisão (seja cautelar ou definitiva), não é possível falar, em regra, sobre nova análise de legalidade dessa segregação ou sobre a aplicabilidade de medidas cautelares pessoais. Estes aspectos apenas poderiam ser revistos, caso os motivos existentes para a decretação e prisão provisória não mais subsistissem.

A *finalidade* primordial, parece-nos, é justamente a higidez física e mental da pessoa presa. O objetivo, portanto, é prevenir ocorrências relativas à violência policial na condução do preso.

De acordo com o levantamento realizado pela organização *Human Rights Watch*,[3] a preocupação é justificada. Em 2014, no Brasil, mais de 3.000 pessoas foram mortas pelas polícias.

Justamente por este motivo é que o prazo para a apresentação, em leitura conjunta com o parágrafo único, deva ser entendido como *imediato* ao juiz responsável pela ordem. Não deve ser superior, salvo a hipótese do parágrafo, a 24 horas desde o momento da apreensão do conduzido.

Poderá ser objeto de audiência de custódia, ainda, a prisão decorrente de condenação definitiva. Até recentemente, a posição dominante no Supremo Tribunal Federal (STF) era a exarada no *Habeas Corpus* 84.078/MG: a execução provisória da pena atenta contra o estado de inocência constitucionalmente estabelecido (art. 5, LVII, da Constituição Federal).

Por maioria, em fevereiro de 2016, porém, os Ministros do STF entenderam que o juízo de culpabilidade já poderia ser considerado como

[3] HUMAN RIGHTS WATCH. *World Report 2016*. Disponível em: https://www.hrw.org/sites/default/files/world_report_download/wr2016_web.pdf Acesso em 31 de março de 2016.

consistente a partir da decisão colegiada, ou seja, de Tribunal. Apesar das inúmeras críticas possíveis ao notório eficientismo com o qual agiu a Suprema Corte,[4] com as quais certamente concordamos, certo é que foi aberta a possibilidade de realização da audiência de custódia logo após o julgamento em segundo grau.

Quanto à *obrigatoriedade*, a audiência também deve ser exigível nas hipóteses do artigo 13. Em que pesem as dificuldades de deslocamento, decorrentes de problemas estruturais-orçamentários em nossas polícias, não parecem ser estes argumentos suficientes para afastar a necessidade da audiência de custódia.[5] Além disso, o próprio *caput* nos traz a aplicabilidade subsidiária das demais disposições, inclusive da obrigatoriedade prevista no artigo 1º, às hipóteses de prisão cautelar e definitiva.

Mesmo que o número de presos cautelares em nosso país seja absolutamente preocupante, e revele flagrante e generalizado descomprometimento com o estado de inocência constitucional, não parece ser a audiência de custódia motivo suficiente para pensarmos em um horizonte promissor. *In casu*, a audiência de custódia decorre justamente de uma prisão provisória já estabelecida. Ainda que sejam analisados novamente os motivos ensejadores, os critérios legais para concessão da custódia cautelar seguem os mesmos.

Mauro Fonseca Andrade e Pablo Rodrigo Alflen referem essa preocupação quanto ao entusiasmo conferido à audiência de custódia e sua forma de implementação no Brasil: "(...) os requisitos permanecem os mesmos para as prisões provisórias, o que nos remete à convicção que cada magistrado possui quanto à necessidade, ou não, de seu decreto".[6] Mesmo ressalvando os distanciamentos teóricos que sustentam nossas hipóteses e as daqueles autores, diferenciando nossos percursos, o ponto de chegada acaba sendo o mesmo: "(...) A audiência de custódia não se presta a abrandar a forma como cada juiz interpreta os requisitos legais para aqueles tipos de prisão cautelar, muito menos, para diminuir o contingente de presos provisórios que temos no país".[7]

---

[4] Sobre críticas possíveis à (in)constitucionalidade da decisão do Supremo Tribunal Federal, recomendamos: BAHIA, Alexandre Gustavo Melo Franco de Moraes; SILVA, Diogo Bacha e; PEDRON, Flávio Quinaud; OLIVEIRA, Marcelo Andrade Cattoni de. *Presunção de Inocência: uma contribuição crítica à controvérsia em torno do julgamento do Habeas Corpus n.º 126.292 pelo Supremo Tribunal Federal*. Disponível em: http://emporiododireito.com.br/presuncao-de-inocencia-uma-contribuicao-critica_/ Acesso em 31 de Março de 2016. Acerca dos (ab)usos nas concessões de prisões cautelares, nos reportamos à leitura do nosso: MADEIRA, Luiz Henrique Bianchi; ÁVILA, Gustavo Noronha de. *Sistema Cautelar Brasileiro: Medidas de Segurança para Inimigos Imputáveis?*. In: Érika Mendes de Carvalho. (Org.). Direitos Fundamentais e Sistemas de Justiça. Rio de Janeiro: Lumen Juris, 2014, v. 1, p. 281-296.

[5] ANDRADE, Mauro Fonseca; ALFLEN, Pablo Rodrigo. *Audiência de Custódia no Processo Penal Brasileiro*. Porto Alegre: Livraria do Advogado, 2015, p. 59.

[6] Idem, p. 53-55.

[7] Ibidem.

O otimismo com a aparente eficácia desencarceradora do instituto não pode nos cegar: é bastante provável que sucumba, como sucumbiram tantos outros instrumentos político-criminais minimalistas, ante os subjetivismos meticulosamente pensados. Nos últimos anos, em nosso país, é possível citar os Juizados Especiais Criminais, a ampliação das hipóteses de aplicação das penas alternativas e a própria Lei nº 12.403/2011 (medidas diversas da prisão cautelar), como fracassos antecedidos de cândido entusiasmo.

2. Determinação expressa de apresentação imediata à autoridade judicial

O parágrafo único nos traz a necessidade de inclusão de determinação expressa, nos mandados de prisão, para que a pessoa presa seja imediatamente apresentada à autoridade judicial responsável pela expedição de ordem. Existe, neste ponto, um reforço na *obrigatoriedade* de realização da audiência de custódia, mesmo nas hipóteses de prisões cautelares ou decorrentes de sentença.

Quanto à segunda parte do parágrafo ("nos casos em que forem cumpridos fora da jurisdição do juiz processante, à autoridade judicial competente, conforme lei de organização judiciária local"), cabem algumas digressões. Aqui existem, em tese, duas questões em aparente confronto: de um lado, como vimos, a obrigatoriedade de realização da audiência de custódia; de outro, a sua presidência pelo Juiz Natural (artigo 5, LIII, da Constituição Federal).

A questão se mostra bastante delicada, especialmente quando há necessidade de decidir sobre a (des)necessidade de manutenção da prisão cautelar ou substituição por alguma medida diversa (artigo 319 do CPP). Neste momento, a cognição se torna imprescindível para os encaminhamentos a serem dados pelo juiz.

Parece-nos que a Resolução estabelece essa possibilidade em caráter estritamente excepcional. A regra é que a pessoa presa seja imediatamente apresentada à autoridade judicial competente, responsável pela ordem de prisão: o Juiz Natural.

Quanto às consequências de não ser realizada a audiência de custódia nos momentos referidos no artigo 13, precisamos retomar o objetivo primordial de sua existência quanto ao tipo de preso em discussão: preservar sua integridade física e psíquica. Desta forma, considerando que os requisitos da prisão cautelar foram analisados em momento anterior pelo, em regra, mesmo magistrado ou durante a formação da prova no processo (condenação definitiva), não haveria motivos para cogitar da liberdade do acusado/condenado como consequência de sua não realização.[8]

A liberdade, portanto, como consequência da (de)mora na realização da audiência de custódia, seria possível apenas para os casos em que os motivos da prisão cautelar não mais subsistam. Em tese, poderíamos cogitar a incidência do crime de abuso de autoridade (artigo 3º da Lei 4.898/65)[9] para os casos de o preso injustificadamente não ser apresentado à autoridade competente dentro do prazo legal.

Bibliografia

ANDRADE, Mauro Fonseca; ALFLEN, Pablo Rodrigo. *Audiência de Custódia no Processo Penal Brasileiro*. Porto Alegre: Livraria do Advogado, 2015.

BAHIA, Alexandre Gustavo Melo Franco de Moraes; SILVA, Diogo Bacha e; PEDRON, Flávio Quinaud; OLIVEIRA, Marcelo Andrade Cattoni de. *Presunção de Inocência: uma contribuição crítica à controvérsia em torno do julgamento do Habeas Corpus n.º 126.292 pelo Supremo Tribunal Federal*. Disponível em: http://emporiododireito.com.br/presuncao-de-inocencia-uma-contribuicao-critica_/ Acesso em 31 de março de 2016.

BRASIL. Superior Tribunal de Justiça. Acórdão no Recurso Ordinário em Habeas Corpus n. 67296/PI. Relator: FONSECA, Reynaldo Soares da. Publicado no DJe de 16-03-2016. Disponível em: http://www.stj.jus.br/SCON/jurisprudencia/doc.jsp?livre=audiencia+e+de+e+cust%F3dia&b=ACOR&p=true&t=JURIDICO&l=10&i=1 Acessado em 31 de Março de 2016.

HUMAN RIGHTS WATCH. *World Report 2016*. Disponível em: https://www.hrw.org/sites/default/files/world_report_download/wr2016_web.pdf Acesso em 31 de Março de 2016.

MADEIRA, Luiz Henrique Bianchi; ÁVILA, Gustavo Noronha de. *Sistema Cautelar Brasileiro: Medidas de Segurança para Inimigos Imputáveis?* In: Érika Mendes de Carvalho. (Org.). Direitos Fundamentais e Sistemas de Justiça. Rio de Janeiro: Lumen Juris, 2014, v. 1, p. 281-296.

MOREIRA, Rômulo de Andrade. *A Resolução 213 do CNJ e as Audiências de Custódia*. Disponível em: http://romulomoreira.jusbrasil.com.br/artigos/294688197/a-resolucao-213-do-cnj-e-as-audiencias-de-custodia. Acesso em 31 de Março de 2016.

[8] STJ AgRg no HC 353.887/SP, rel. Ministro Sebastião Reis Júnior, Sexta Turma, julgado em 19-5-2016, DJe 7-6-2016; STJ, RHC 76.906/SP, 6ª T., rela. Mina. Maria Thereza de Assis Moura, j. 10-11-2016, DJe de 24-11-2016.

[9] Art. 3º. Constitui abuso de autoridade qualquer atentado: a) à liberdade de locomoção; b) à inviolabilidade do domicílio; c) ao sigilo da correspondência; d) à liberdade de consciência e de crença; e) ao livre exercício do culto religioso; f) à liberdade de associação; g) aos direitos e garantias legais assegurados ao exercício do voto; h) ao direito de reunião; i) à incolumidade física do indivíduo; j) aos direitos e garantias legais assegurados ao exercício profissional.

Resolução 213 do CNJ – artigos 14 a 16

Art. 14. Os tribunais expedirão os atos necessários e auxiliarão os juízes no cumprimento desta Resolução, em consideração à realidade local, podendo realizar os convênios e gestões necessárias ao seu pleno cumprimento.
Art. 15. Os Tribunais de Justiça e os Tribunais Regionais Federais terão o prazo de 90 dias, contados a partir da entrada em vigor desta Resolução, para implantar a audiência de custódia no âmbito de suas respectivas jurisdições.
Parágrafo único. No mesmo prazo será assegurado, às pessoas presas em flagrante antes da implantação da audiência de custódia que não tenham sido apresentadas em outra audiência no curso do processo de conhecimento, a apresentação à autoridade judicial, nos termos desta Resolução.
Art. 16. O acompanhamento do cumprimento da presente Resolução contará com o apoio técnico do Departamento de Monitoramento e Fiscalização do Sistema Carcerário e Execução das Medidas Socioeducativas.

Orlando Faccini Neto[1]

1. Direcionamento aos Tribunais

O artigo 14 da Resolução 213, do Conselho Nacional de Justiça, começa por lançar comando aos "tribunais", no sentido de que expeçam os atos necessários ao seu cumprimento. Embora à primeira vista se pudesse pensar que tais atos devam aludir exclusivamente ao modo de cumprimento da Resolução pelos juízes de primeira instância, há mais temas a serem disciplinados.

Com efeito, observando-se o § 3° do artigo 1° da Resolução, por exemplo, vê-se que a "apresentação do preso", nos casos de flagrante delito da competência originária de Tribunal, poderá ser feita "ao

[1] Doutor em Ciências Jurídico-Criminais pela Faculdade de Direito da Universidade de Lisboa Mestre em Direito Público pela Unisinos/RS. Especialista em Direito Constitucional pela Ulbra/RS. Professor da Escola Superior da Magistratura/RS. Professor dos Cursos de Pós Graduação do IDC – Porto Alegre-RS e do IDP – Brasília-DF. Representante da AMB – Associação dos Magistrados Brasileiros – junto à ENCCLA – Estratégia Nacional de Combate à Corrupção e à Lavagem de Dinheiro, nos anos de 2014 a 2016. Juiz de Direito/RS; durante o ano de 2016 atuou como Juiz Auxiliar, junto ao Gabinete do Ministro Felix Fischer, no Superior Tribunal de Justiça.

juiz que o Presidente do Tribunal ou Relator designar para este fim". Desde logo, se podem vislumbrar indagações relevantes: ora, se essa designação não for prévia – o que realmente torna a Resolução discutível quanto à possibilidade de designação de magistrado pelo Relator do caso –, o que se terá é uma clara violação ao princípio do Juiz Natural, visto que, apenas posteriormente à prisão em flagrante, estar-se-ia indicando a quem caberia a apreciação de sua legalidade. Também problemática, sob essa perspectiva, será a atuação do magistrado designado, o qual, naturalmente, não poderá conceder liberdade provisória ao flagrado, ou mesmo determinar o arquivamento das peças informativas, se depreender atipicidade, porquanto estaria, destarte, a usurpar competência da instância superior.

Deste modo, os objetivos da audiência de custódia claramente são fragilizados, com essa possibilidade conferida pela Resolução, e, portanto, os Tribunais deverão atuar com cautela, para que as normatizações expedidas para o cumprimento da regulamentação do CNJ também compreendam as suas atividades como Cortes Penais originárias, nos casos assim estabelecidos por nossa Constituição. Virtualmente essas serão as situações mais complexas, e, assim, geradoras de maior atenção, de maneira que arriscar potenciais nulidades nunca será o melhor alvitre.

2. Atos a serem expedidos

A Resolução em comento não especifica quais haverão de ser "os atos necessários", a serem expedidos pelos Tribunais, para o efeito de lhe ser dado o devido cumprimento. Com isso, ficará na órbita da discricionariedade de cada Corte a formalização tendente ao atendimento do que foi disposto pelo CNJ. De indagar-se, contudo, se a via eleita pelo Conselho Nacional de Justiça, ela sim, está afinada aos parâmetros constitucionais que conformam a sua atuação. Trata-se, este, de tema fundamental, e que, por isso, não pode ser olvidado. Por um lado, não é possível desconsiderar que a determinação de apresentação das pessoas presas, perante a autoridade judicial, era matéria cuja discussão realizava-se no Parlamento brasileiro.

O Projeto de Lei 554/11, do Senado Federal, almejava alterar o artigo 306 do Código de Processo Penal, e, com isso, instituir a audiência de custódia. Não se tratava, diga-se mais, de temática a que estava alheia a comunidade jurídica, visto que diversas entidades lançaram Notas Técnicas, concernentes a seu conteúdo e àquilo que, com mudanças apostas no próprio Senado, vieram a se configurar como substitutivos.[2] De outra banda, e como veremos mais detalhadamente a seguir, em nenhum país do mundo onde se consagrou mecanismo similar de apresentação do preso, isto se fez sem o amparo de Lei. Fala-se, aqui, de Lei em seu sentido estrito, vale dizer, na perspectiva da *Vorbehalt des Gesetzes* (reserva de lei), a qual, na dicção de CANOTILHO, pretende delimitar um conjunto de matérias ou de âmbitos materiais que "devem ser regulados por lei".

Ora, essa "reserva de matérias", entre as quais, no Brasil, indubidosamente, se situa o Direito Processual (artigo 22, I, da Constituição Federal), significa "logicamente, que elas não podem ser reguladas por normas jurídicas provenientes de outras fontes diferentes da lei". Numa palavra: "existe reserva de lei quando a constituição prescreve que o regime jurídico de determinada matéria seja regulado por lei e só por lei, com exclusão de outras fontes normativas".[3]

3. Resolução (?)

Resoluções, mesmo as do Conselho Nacional de Justiça, não se qualificam como leis. Conforme a lição de GASPARINI, Resolução é a "fórmula de que se valem os órgãos colegiados para manifestar suas deliberações em assuntos da respectiva competência ou para dispor sobre seu próprio funcionamento".[4] De modo que o desatendimento de seus limites implica inconstitucionalidade.[5]

Dir-se-á que, em relação às audiências de custódia, a questão não é exatamente processual. Este argumento, contudo, está equivocado, e assim o profligamos, seja porque, deveras, está-se a instituir e determinar a realização de um ato processual, qual seja a audiência em si – a implicar obrigações processuais para diversos intervenientes –, seja porque, e isso a Resolução não refere, sempre surgirá a discussão sobre qual a consequência de se não realizar a apresentação do preso, no modo como preconizado.

[2] Entre tantas Notas Técnicas, cumpre referir a do Instituto Brasileiro de Ciências Criminais, a do Ministério Público Federal e a da Associação Nacional dos Defensores Públicos, favoráveis à alteração legislativa, e a da AJUFE – Associação dos Juizes Federais do Brasil –, que se manifestou contrariamente aos termos do projeto de Lei.

[3] CANOTILHO, J.J. Gomes. *Direito Constitucional e Teoria da Constituição*. Coimbra: Almedina, 2003, p. 724.

[4] GASPARINI, Diógenes. *Direito Administrativo*. São Paulo: Saraiva, 1995, p. 85.

[5] BANDEIRA DE MELLO, Celso Antônio. *Curso de Direito Administrativo*. São Paulo: Malheiros, 2002, p. 337.

4. Resolução (??)

Ora, se se disser que a não realização da audiência de custódia nenhum efeito produz, estar-se-á a compactuar com o risco de que simplesmente não ocorra; se se disser que a sua ausência implicará uma qualquer nulidade, ou a potencial determinação de soltura do preso, então isto é inegavelmente uma matéria do Direito Processual, que, como tal, submete-se à reserva legislativa de que já cogitamos. Entre as duas alternativas aqui apontadas, *tertium non datur*.

Decisões recentes, de mais de uma Câmara Criminal, do Tribunal de Justiça do Rio Grande do Sul, sinalizam o seguinte:

> (i) "Em relação à necessidade de realização de audiência de custódia (condução do preso, sem demora, à autoridade judicial), destaca-se que está previsto na Convenção Americana de Direitos Humanos de 1969 (Pacto de San José da Costa Rica) que ´...toda pessoa detida ou retida deve ser conduzida, sem demora, à presença de um juiz ou outra autoridade autorizada pela lei a exercer funções judiciais´. No ordenamento jurídico pátrio, em que pese o Delegado de Polícia não integrar o Poder Judiciário, é certo que lhe é atribuída a função de receber e ratificar, se for o caso, a ordem de prisão em flagrante, conforme se observa do artigo 304 do CPP. E, na espécie, verifica-se que o paciente foi apresentado à autoridade competente (Delegado de Polícia), sendo sua prisão comunicada à autoridade judicial (respeitando-se, assim, as disposições do artigo 5º, inciso LXII, da Constituição Federal e do artigo 306, *caput*, do CPP), sendo o auto encaminhado ao juiz de direito (na forma do artigo 306, § 1º, do CPP), o qual homologou a prisão em flagrante do acusado.
>
> Mesmo se assim não fosse, devemos lembrar que não pode haver sobreposição dos pactos internacionais (que tem status supralegal) sobre a Constituição Federal, que determina somente a imediata comunicação da prisão à autoridade judicial. A ausência de regulamentação no âmbito processual de apresentação do preso à autoridade judicial impede a declaração da nulidade do auto de prisão em flagrante.
>
> Ressalta-se, neste passo, que a providência, caso aderida à sistemática processual, traria desnecessária delonga à conclusão das investigações e indevido tumulto aos demais procedimentos que tramitam sob a condução da autoridade judicial, além de demandar invencível atividade policial para resguardar a integridade dos membros do Poder Judiciário e dos próprios custodiados, circunstâncias que manifestamente contrariariam os princípios constitucionais do devido processo legal e da razoável duração do processo". (Habeas Corpus nº 70067810242, Sexta Câmara Criminal, Tribunal de Justiça do RS, Relator: Vanderlei Teresinha Tremeia Kubiak, Julgado em 04/02/2016).
>
> (ii) "A não realização da audiência de custódia, como prevista em convenções das quais o Brasil é signatário, não tem o condão de tornar ilegal a prisão preventiva do paciente. Inicialmente, porque a própria Constituição Federal prevê, em seu art. 5º, LXII, que a prisão de qualquer pessoa e local onde se encontre serão comunicados imediatamente ao juiz competente e à família do preso ou à pessoa por ele indicada, enquanto o art. 306, *caput* e §1º, do CPP, dispõe que a prisão será imediatamente comunicada ao juiz competente, encaminhando-se a este, em até 24h, o respectivo auto de prisão em flagrante, determinações estas que, diante da homologação do flagrante, pelo juízo a quo, foram devidamente observadas, in casu. Em segundo lugar, há que se considerar que, ainda que se admitisse eventual irregularidade do flagrante, diante da não apresentação judicial do paciente, tal

mácula já estaria superada, em razão da existência de novo título judicial, consistente na decretação da prisão preventiva do paciente, devidamente fundamentada, a tornar legal a sua custódia cautelar". (Habeas Corpus nº 70067794693, Oitava Câmara Criminal, Tribunal de Justiça do RS, Relator: Isabel de Borba Lucas, Julgado em 27/01/2016).

5. Autorização para o descumprimento da Resolução

No julgamento do Recurso de Apelação nº 70066812884, em 23.02.2017, o relator Ivan Leomar Bruxel transcreveu, para o efeito de acolher, parecer da lavra do representante do Ministério Público, em que se consignou:

> Por conseguinte, enquanto não aprovado o Projeto de Lei do Senado Federal nº 554/2011, que propõe a alteração do parágrafo 1º do artigo 306 do Código de Processo Penal , não se tem, no ordenamento jurídico pátrio, a necessária regulamentação acerca do modelo e da validade processual do ato, que está sendo implementado, repita-se, em caráter experimental, somente na Comarca da Capital deste Estado.
>
> Cabe lembrar que a existência do precitado termo de cooperação não tem, nem de longe, o condão de acarretar a invalidade dos feitos em que não realizada a referida solenidade, haja vista que, nos termos do artigo 22, inciso I, da Constituição da República, compete à União legislar, privativamente, sobre direito processual.
>
> Nesse contexto, à míngua de previsão legal para a audiência de custódia, não há falar em ilegalidade da prisão ou nulidade decorrente da não realização do ato.

Assim também decidiu a Quinta Turma do Superior Tribunal de Justiça, no RHC 78.304/MG, da relatoria do Ministro Felix Fischer:

> I – Não se vislumbra ilegalidade passível de concessão da ordem de ofício quando não realizada a audiência de custódia, uma vez que a jurisprudência desta Corte é firme no sentido de que eventual nulidade do flagrante fica superada com a superveniência do decreto de prisão preventiva (precedentes).

Essa autorização para que não se cumpra a Resolução, ou a compreensão de que apenas nas capitais dos Estados se a possa cogitar, em ordem a limitar para apenas alguns dos detidos a realização da audiência de custódia, também se extrai de precedentes da Sexta Turma do Superior Tribunal de Justiça. Vejamos:

> 1. Conforme orientação firmada no âmbito da Sexta Turma desta Corte, "a não realização de audiência de custódia não é suficiente, por si só, para ensejar a nulidade da prisão preventiva, quando evidenciada a observância das garantias processuais e constitucionais" (AgRg no HC 353.887/SP, Rel. Ministro SEBASTIÃO REIS JÚNIOR, SEXTA TURMA, julgado em /05/2016, DJe 07/06/2016). Ademais, a posterior conversão do flagrante em prisão preventiva constitui novo título a justificar a privação da liberdade, restando superada a alegação de nulidade decorrente da ausência de apresentação do preso ao Juízo de origem (HC n. 363.278/SP, Sexta Turma, Relª. Minª. Maria Thereza de Assis Moura, DJe de 29/8/2016).

Com efeito, a força normativa das Resoluções, como parece evidente, não ostenta o impulso necessário à formalização dos atos tendentes à efetivação da audiência pretendida, ao contrário do que, supomos, dar-se-ia a partir da alteração normativa pela via própria e adequada, que é a lei.

6. Resolução e Direito Internacional

Evidentemente, a referência sobre a inexistência de Lei, a balizar a Resolução 213, deve enfrentar o argumento segundo o qual a sua derivação dá-se de comandos internacionais, mormente o artigo 7.5 da Convenção Interamericana de Direitos Humanos e o artigo 9.3 do Pacto dos Direitos Civis e Políticos. Essa linha, aliás, com invocação expressa desses dispositivos, foi seguida pelo Supremo Tribunal Federal, no julgamento da Medida Cautelar na Arguição de Descumprimento de Preceito Fundamental 347.

Duas observações, contudo, sobressaltam: (i) para o favorecimento deste argumento, deveriam, os seus defensores, desincumbirem-se do ônus explicativo a respeito da pura inércia, em mais de duas décadas, no cumprimento dos dispositivos internacionais. E deveriam mais, como seja, dar conta da virtual ilegalidade de todas as prisões ocorridas no país, desde a incorporação interna dessas normas, e para cuja manutenção não se realizou qualquer audiência de custódia; (ii) além disso, importa esclarecer, como ônus argumentativo inerente a este entendimento, as razões pelas quais se impõe um certo tipo de decote nas normas da Convenção Americana sobre Direitos Humanos, olvidando-se, ainda hoje, alguns de seus tópicos problemáticos. Enumeremos apenas dois deles: (*a*) se a Convenção houver de ser aplicada na íntegra, remanescerá duvidosa a exclusão de ilicitude que nosso Código Penal, em seu artigo 128, preconiza para os casos de interrupção da gestação, pois, expressivamente, a norma internacional, em seu artigo 4.1, assevera que "toda pessoa tem direito que se respeite sua vida" e que esse direito deve ser protegido "desde o momento da concepção".[6] Ademais, (*b*) de forma mais estreita do que reconheceu o próprio Conselho Nacional de Justiça, o artigo 17.2 da Convenção aduz que é "reconhecido o direito do homem e da mulher de contraírem casamento e de fundarem uma família", tudo a sinalizar que para o próprio CNJ, mais de duas décadas depois aspectos singulares da normativa devem ser atendidos, e outros nem tanto.

[6] Amplamente, sobre a interrupção da gravidez, e dando conta de que este entendimento encerraria, em última análise, um retrocesso aos direitos da mulher gestante, Cf. FACCINI NETO, Orlando. *Relações entre o constitucionalismo contemporâneo e o Direito Penal: um estudo a partir do bem jurídico*. In: O bem jurídico-penal: duas visões sobre a legitimação do Direito Penal a partir da teoria do bem jurídico. André Mauro Lacerda Azevedo; Orlando Faccini Neto (Org.). Porto Alegre: Livraria do Advogado, 2013, p. 125-138.

7. Notas de Direito Comparado

Naturalmente que, nos limites destes comentários, não poderíamos esmiuçar as diretrizes encontradas noutros países, a respeito do modo como se há de proceder na apresentação judicial dos indivíduos presos.[7] Uma premissa, porém, é inafastável, e converge com aquilo que, anteriormente, veiculamos: em nenhuma outra nação regulou-se o tema por via diferente da Lei.[8]

Dito isso, também é necessário lembrar que o sistema brasileiro, até então vigente, consistia, basicamente, na remessa dos autos da prisão em flagrante a um magistrado, o qual poderia (i) relaxá-lo, se constatada ilegalidade ou ausência efetiva das hipóteses de flagrante, ou (ii) homologá-lo, caso em que (*a*) concedia a liberdade provisória, com ou sem medidas cautelares, ou (*b*) decretava a prisão preventiva. Com este modelo, cumpre esclarecer, a rigor não se deveria manter encarcerado aquele que, não obstante em situação de flagrante, deixasse de revelar, em seu desfavor, os requisitos para a decretação da prisão preventiva. Com a Resolução 213, contudo, um impasse de ordem lógica[9] exsurgiu: é que o seu teor dá conta da necessidade de apresentação de "toda pessoa presa em flagrante delito", ou seja, aqueles indivíduos que, consoante o formato anterior, beneficiar-se-iam da liberdade provisória com brevidade, por decisão do magistrado que examinasse o flagrante, permanecerão, agora, mais tempo detidos do que efetivamente ficariam, pois, ao prazo dado à autoridade policial para a remessa do auto de prisão em flagrante, soma-se o prazo para a realização da audiência de custódia. Mercê dessa constatação, não se pode sustentar, tal qual vem ocorrendo no Estado do Rio Grande do Sul, da possibilidade de, a rigor, coexistirem os dois momentos, de modo que haveria o exame do flagrante pelo magistrado e, apenas quando este não concedesse a liberdade provisória, determinar-se-ia a realização da audiência.

[7] Com remissões às disposições normativas específicas de variadas nações, Cf. ANDRADE, Mauro Fonseca; ALFLEN, Pablo Rodrigo. *Audiência de custódia no processo penal brasileiro*. Porto Alegre: Livraria do Advogado, 2016, p. 41.

[8] Não nos convencemos com o argumento de ANDRADE e ALFLEN, sobre ter o artigo 2º da Convenção Americana de Direitos Humanos autorizado a edição de medidas administrativas para a efetividade de suas disposições (ANDRADE; ALFLEN. *Audiência de custódia...*, p. 99). É que, não obstante assevere o documento internacional a possibilidade de adoção de "medidas legislativas ou de outra natureza" que forem necessários para a sua concretização, isto, todavia, direciona-se aos Estados que tomaram parte, como signitários, de seu texto; não a órgãos específicos, judiciais ou administrativos, aos quais, destarte, não incumbiria a vocalização do que inegavelmente diz respeito com questões de soberania.

[9] No sentido de que a análise abstrata de seu conteúdo, e deixando de lado, portanto, as contingências do caso concreto, já em si sugere dificuldades e contradições. Sobre isso, Cf. ALVES, Alaôr Caffé. *Lógica: pensamento formal e argumentação. Elementos para o discurso jurídico*. São Paulo: Quartier Latin, 2011, p. 90-1.

É que, além de isso descumprir a Resolução, no que categoricamente fala da apresentação de toda pessoa que for presa em flagrante, estar-se-ia, também, a olvidar o que se aponta ser a base normativa internacional do instituto, ou seja, o artigo 7.5 da Convenção Americana sobre Direitos Humanos. Ora, ficaria afastado o exame de virtuais abusos na prisão daquele que ulteriormente foi liberado, e, assim, o campo numérico mesmo de pessoas abrangidas pela audiência de custódia ficaria minimizado. Sem contar que tal ponto de vista faria despoletar uma perigosa via pragmática, qual seja, a de que, concedendo-se desde logo a liberação do flagrado, desincumbir-se-ia o magistrado da necessidade de realizar a audiência.[10]

Isto tudo para dizer, agora que abordaremos notas de Direito Comparado, que o sistema das audiências de custódia derivado da Resolução 213 consente com a extensão do período de encarceramento justamente daquelas pessoas que não deveriam estar encarceradas de jeito algum. Imaginemos um caso de mera embriaguez ao volante, ou um simples porte de arma de fogo, cujas condições do flagrado não permitam a fixação de fiança pela autoridade policial; num caso assim, invariavelmente dar-se-ia a liberação do detido no ensejo da homologação do flagrante e, agora, essa mesma liberação sucederá apenas após vinte e quatro horas, visto que este é o interregno para a realização da audiência de custódia.

Que advirá o problema sobre em que local deve permanecer o flagrado, até a feitura da audiência, é algo de que não temos dúvida, o que propenderá virtualmente à retomada de uma prática, felizmente já inexistente em alguns Estados brasileiros, da utilização de Delegacias de Polícia para esse desiderato.

8. Notas de Direito Comparado (II)

Portanto, é do modelo em que nos situávamos, para o que se almeja estabelecer, que devemos partir. E, deste cotejo, é que nos será dado mirar o Direito Comparado.

Em Portugal, por exemplo, a Constituição da República assevera que "a detenção será submetida, no prazo máximo de 48 horas, a

[10] Um dos modos de superar-se a dificuldade pragmática apontada, sem, todavia, onerar com a segregação da liberdade justamente aqueles que a deveriam alcançar de pronto, é manter-se a avaliação prévia dos autos do flagrante pelo Juiz, que, em concedendo a liberdade provisória, intima o flagrado para, no prazo de vinte e quatro horas – conviria que os magistrados estabelecessem horários fixos de audiência de custódia em suas pautas diárias –, comparecessem para efeitos de concretização da solenidade. Parece-nos que, a ausência de comparecimento do intimado situar-se-ia no âmbito de sua liberdade de atuação, o que tornaria prejudicada a realização da audiência, sem qualquer peia.

apreciação judicial, para restituição à liberdade ou imposição de medida de coacção adequada" (artigo 28, 1), sendo certo que, nestes casos, conforme os artigos 141 e 254 do Código de Processo Penal português, para algumas hipóteses já é possível, nessa apresentação, o julgamento imediato do caso, e, para outros, dar-se-á o "primeiro interrogatório judicial de arguido detido", no qual apenas o juiz pode fazer perguntas, e não o advogado ou o representante do Ministério Público, dando-se ao acusado a possibilidade de "confessar ou negar os factos ou a sua participação neles".

Na Itália, há o dever de a "polizia giudiziaria" colocar o flagrado à disposição do Ministério Público, e é o representante do Ministério Público quem realiza o "interrogatorio dell´arrestato", no qual, inclusive, pode determinar por sua liberação. Nos casos em que essa não sucede, requer o Ministério Público que, em quarenta e oito horas, o magistrado realize audiência de convalidação do flagrante ("richiesta di convalida dellárresto o del fermo"), na qual o imputado será ouvido, inclusive a respeito do fato criminoso que lhe é atribuído (artigos 386 a 391 do *Codice di Procedura Penale*).[11]

No caso da Alemanha, a apresentação do preso rende ensejo a audiência (*Vorführung vor den zuständigen Richter*), na qual, expressamente, sucede a possibilidade de que se manifeste sobre os termos da acusação e os motivos pelos quais foi preso (artigo 115 do *Strafprozessordnung*). Essa audiência, cumpre salientar, é decorrência de previsão da Constituição alemã (*Grundgesetz*), cujo artigo 104, 3, acentua a necessidade de apresentação a um juiz até o dia seguinte à prisão (*am Tage nach der Festnahme*) do indivíduo detido.[12]

9. Auxílio aos juízes

Além da expedição de atos, destinados ao cumprimento da Resolução, cumpre aos Tribunais a missão de auxílio aos magistrados. Não se cuida, naturalmente, este auxílio, apenas da capacitação teórica e

[11] Curiosamente, o Código de Processo Penal do Chile, mais vinculado à Convenção Americana, também assinala caber, a primeira apresentação do detido em flagrante, ao representante do Ministério Público, no prazo de doze horas; assim que poderá o "fiscal" deixar sem efeito a detenção, ou encaminhar o flagrado para audiência perante o magistrado, caso em que a solenidade deverá ocorrer em vinte e quatro horas, para avaliação das medidas cautelares pertinentes (artigos 131 e 132 do Código de Processo Penal chileno).

[12] Para mais detalhes, inclusive sobre o entendimento doutrinário segundo o qual, nessa audiência, haverá o preso de manifestar-se contra a acusação, Cf. ANDRADE; ALFLEN. *Audiência de custódia...*, p. 61, nota 113. Os autores, aliás, acentuam que a inovação normativa constante no artigo 8, VIII, da Resolução, no fim acaba criando um dever de atuação para o juiz, aludindo, ainda, a um tipo de "vedação probatória", que, naturalmente, somente poderia advir de Lei, tudo a caracterizar, no ponto, uma "infringência gritante aos termos do inciso I do artigo 22 da CF". IDEM, p. 139.

prática, relacionada às particularidades da audiência de custódia. Mais do que isso, será necessária a disponibilização de meios adequados para que o ato se concretize de maneira profícua.

Na comarca de Porto Alegre, por exemplo, a regulamentação expedida pelo Tribunal de Justiça do Rio Grande do Sul, antes do advento da Resolução 213, fixava que as audiências de custódia se realizariam no Presídio Central, nos casos de flagrado homem, e no Presídio Madre Pelletier, quando a flagrada fosse mulher.

Diversas dificuldades derivam deste modo de atuação: (i) a audiência de custódia deixa de ser pública, visto que terceiros interessados em seu acompanhamento não ingressarão nas Casas Prisionais, (ii) um excessivo gasto público se apresenta, dada a necessidade de deslocamento de magistrado, membro do Ministério Público e Defensor, em geral integrante da Defensoria Pública, (iii) há questões de segurança, evidentemente relevantes, para todos os envolvidos, e, finalmente, (iv) mormente no Presídio Central de Porto Alegre, cuja segurança interna é feita pela Brigada Militar, tornar-se-á constrangedor, para o flagrado, relatar qualquer virtual abuso no momento de sua prisão, a rigor realizada por policiais militares, quando potencialmente restará encarcerado em Presídio cuja guarda é feita por membros da mesma corporação.

10. Auxílio aos Juízes (II)

Nas comarcas interioranas, as dificuldades serão ainda maiores. Pesquisas revelam que cerca de 40% das comarcas brasileiras contam com apenas um magistrado. Claro que, nestas cidades, o índice de prisões em flagrante é bastante reduzido, se cotejado às capitais. Mas não podemos nos esquecer de que as audiências de custódia devem ser realizadas, também, nas hipóteses de cumprimento de mandados de prisão, cautelar ou definitiva, o que já intensifica o número de audiências potencialmente realizáveis.

Algumas comarcas sequer possuem estabelecimentos prisionais, e se a audiência de custódia se for realizar no lugar da prisão, competente para o processamento dos demais atos, virtualmente o flagrado simplesmente não contará com local adequado para permanecer as vinte e quatro horas até a realização do ato – os riscos de que isso passe a se dar em Delegacias de Polícia é inolvidável, conforme já referimos.

De outra parte, a opção pela realização das audiências na comarca em que o flagrado haverá de ficar preso, se for este o caso, ademais de sobrecarregar os juízes das cidades onde há presídios, implicará franca violação aos termos da própria Resolução 213, porquanto essa determina, às expressas, que a "apresentação da pessoa presa em flagrante delito" dar-se-á perante a unidade judiciária competente para o exame do flagrante (artigo 7º, § 2º), exceto se estabelecidos sistemas de "plantão regional", que, todavia, somente se podem realizar no âmbito daquilo que é alusivo aos plantões, ou seja, fora do horário do expediente forense e nos finais de semana.

Sistemas de plantão, com audiências de custódia realizadas por magistrados plantonistas, durante o horário do expediente forense, simplesmente violam o princípio do Juiz Natural, e favorecem que a designação de quem serão os plantonistas obedeça a lógicas administrativas, as quais, para o lado que forem, não poderiam ser consideradas.

11. Realidade local

O equacionamento das audiências de custódia, diante da extensão territorial brasileira, não esconde dificuldades práticas significativas.

Nos casos de comarcas situadas em capitais, com maior número de policiais e servidores públicos de apoio, a própria pluralidade de juízes, com variadas competências, mesmo na esfera criminal, garante a exequibilidade do que se almeja com a Resolução. No vasto interior do país, contudo, serão inequívocas as dúvidas e plurais as dificuldades. Tudo a cobrar adequada gestão dos Tribunais, em especial quando, por exemplo, em algumas cidades sequer há estabelecimentos carcerários, uma vez que os presos respectivos cumprem a sua segregação em comarcas vizinhas, geralmente de maior porte.

Em tal situação, a quem competirá realizar a audiência de custódia? Sendo, como parece lícito supor, a competência do juiz em cuja comarca se deu a prisão em flagrante, onde haverá de permanecer o preso – ou presos – durante as vinte e quatro horas que antecedem a solenidade? A circunstância de algumas Delegacias de Polícia simplesmente não possuírem estrutura adequada, máxime naqueles casos de detidos com risco concreto de evasão, pode acabar estimulando tentativas de resgate e produção de risco à coletividade. Além disso, é cediça a determinação de que os magistrados devem, salvo exceções bem fundamentadas, residirem nas comarcas em que atuam. Todavia, isto não lhes impõe a vedação a viagens ou passeios, sobretudo nos finais de semana.

Certo que o artigo 3º da Resolução busca solucionar tais casos, determinando que será o substituto legal quem realizará a audiência. Mas, e nos casos de férias regulamentares? E nos casos em que a comarca do substituto legal se localize a distância relevante? Enfim, ao aludir à consideração da realidade local, na expedição dos atos e na prestação de auxílio pelos Tribunais, são essas as questões que deverão ser resolvidas.

Quanto mais padronizados os procedimentos, melhor fluidez encontrará o andamento das audiências, e mais segurança, para a sua atuação, terão os diversos profissionais envolvidos, como sejam policiais, servidores da administração penitenciária e funcionários do Poder Judiciário.

12. Convênios e gestões

A plena concretização dos objetivos almejados com as audiências de custódia requer a integração de diversas instituições, entre as quais o Poder Judiciário, o Ministério Público, a Defensoria Pública e os serviços inerentes à atividade policial. Poder-se-ia aduzir que, nos limites da atuação do Conselho Nacional de Justiça, mais propriamente vocacionado à atuação relativa ao Poder Judiciário, não seria lícita a imposição de condutas e participação em atos não previstos em lei. Novamente, assim pensando, esbarraríamos numa inafastável situação de inconstitucionalidade, similar, nos argumentos, àquela de que anteriormente nos ocupamos.

Seguramente fica difícil compreender que órgão concernente ao Poder Judiciário esteja a determina modos de atuação ao Ministério Público e à Defensoria Pública, pelo menos. A causa, evidentemente, é boa, e os objetivos postulados são razoáveis. Mas, isto apenas, habilita ao descumprimento da Constituição?

Lembremos dos recentes mutirões carcerários. Em última análise, quando de sua realização, o que se dava era, simplesmente, a retirada de processos das Varas de Execução Penal, e a sua remessa ou entrega a um corpo de juízes, em geral selecionados pelo Conselho Nacional de Justiça ou pelos Tribunais específicos, os quais avaliavam os casos e concediam benefícios prisionais ou solturas anteriormente já analisados, e provavelmente negados, pelo juiz competente. De notar-se que os mutirões carcerários não diziam respeito a processos com atraso ou com morosidade no andamento; abrangiam todos os processos das Varas de Execução Penal. Assim é que se relegou ao olvido o princípio do Juiz Natural, a pretexto de diminuição do índice de encarceramento.

O tempo passou, e hoje já é possível analisar a distância o sucedido, para concluir que, tirante a fragilização da força normativa constitucional, empiricamente nada mudou: os presídios continuam com lotação excessiva, e, na maior parte, as suas condições de habitabilidade são simplesmente degradantes. Contamos com a possibilidade de errarmos; porém, o futuro dirá, a nossa suposição é a de que, também no descumprimento constitucional quanto à forma, para a adoção das audiências de custódia não colheremos, efetivamente, melhores frutos.

13. Prazo para a implantação das audiências de custódia

Curiosamente, a Resolução 213, em seu artigo 15, desonerou os Tribunais Superiores de atuarem no sentido da implantação das audiências de custódia, ao menos em termos de fixação de um prazo para que isso viesse a suceder. Como se extrai do dispositivo, o prazo de noventa dias alude, exclusivamente, aos Tribunais de Justiça dos Estados e aos Tribunais Regionais Federais. Ter-se-á, com isso, evidentemente, o risco de que, justamente o Supremo Tribunal Federal e o Superior Tribunal de Justiça, nos casos de prisões em flagrante concernentes a pessoas com prerrogativa de foro, ou no caso de segregações por mandados de prisão por eles expedidos, mostrem-se dissonantes do alvitre segundo o qual é, a apresentação do preso, medida imperiosa.

Já anotamos que, nestes casos, pode também a audiência de custódia ter serventia meramente simbólica, em vista da possibilidade de se designarem juízes de instância inferior, para a sua realização, os quais, naturalmente, não poderão conceder liberdade provisória ou qualquer outra medida cautelar, uma vez que, para tanto, não ostentam competência. Algum esforço, também de parte dos integrantes dos Tribunais Superiores, poder-se-ia esperar para que o princípio do juiz natural não fosse violado, em ordem a que neles mesmos se realizassem as audiências de custódia no âmbito de sua competência.

14. Prazo para a implantação das audiências de custódia (II)

É notável que a Resolução 213 não observou, em bom rigor, o comando exarado pelo Supremo Tribunal Federal, na decisão cautelar proferida na Arguição de Descumprimento Fundamental (ADPF) 347. É que, no dia 09 de setembro de 2015, decidiu o Supremo Tribunal Federal, por maioria, que em noventa dias os juízes e Tribunais do país haveriam de realizar audiências de custódia, viabilizando o comparecimento do preso perante a autoridade judiciária, no prazo máximo de 24 horas, contados do momento da prisão.

Alguns Ministros, no sentido minoritário, a exemplo de Roberto Barroso e Teori Zavascki, *delegavam* ao Conselho Nacional de Justiça a regulamentação sobre os prazos da realização das audiências de custódia. O Conselho Nacional de Justiça, entretanto, parece ter ignorado a posição majoritária, e estabeleceu, como claramente se verifica, o prazo de noventa dias, contados, contudo, a partir "da entrada em vigor desta Resolução". Quer dizer, a eficácia vinculante da decisão proferida em sede de ADPF, pelo Supremo Tribunal Federal, não vinculou o Conselho Nacional de Justiça, e, assim, é a partir do mês de maio de 2016 que deverão estar implantadas as audiências de custódia, no âmbito das jurisdições dos Tribunais de Justiça dos Estados e dos Tribunais Regionais Federais.

15. Tribunais Estaduais e Tribunais Regionais Federais

Foi com alguma ironia que, no ensejo da prisão do Senador Delcídio do Amaral, manifestações houve, sobre ter, o Supremo Tribunal Federal, olvidado o entendimento que manifestara no julgamento da ADPF 347. A extensão da Resolução 213 não dissipou essas dúvidas.

Conforme referimos, a designação permitida pelo artigo 1º, § 3º, da Resolução, faz letra morta a previsão do artigo 8º, § 1º, da mesma Resolução, exceto se admitirmos que um magistrado de primeiro grau, designado que seja, possa decretar a prisão preventiva de Deputado Federal ou Senador, ou ainda conceder-lhes a liberdade provisória, se tiverem sido presos por mandado expedido pelo Supremo Tribunal Federal. Mas não é só; como compatibilizar a Resolução 213 com a previsão expressa no artigo 53, § 2º, da Constituição Federal?

Ora, nestes casos, sabidamente a Constituição determina que, havendo a prisão em flagrante, por crime inafiançável, de membro do Congresso Nacional, em vinte e quatro horas os autos serão remetidos à Casa respectiva, para que, pelo voto da maioria de seus integrantes, resolva sobre a prisão. Apenas uma suposição de ubiquidade dos autos torná-los-ia aptos a, nas mesmas vinte e quatro horas, serem remetidos para a audiência de custódia e para uma das Casas do Congresso Nacional.

A verdade é que, neste aspecto, por demasia, a Resolução 213 apenas criou dúvidas, onde elas não se deveriam apresentar. Isto porque, no caso da prisão em flagrante de parlamentares, o rito a ser atendido é fixado constitucionalmente, e, por óbvio, a Constituição não é suscetível de ser alterada por Resolução do Conselho Nacional de Justiça. Isto nos levaria a dizer que, ao menos no que concerne à prisão em flagrante, para Deputados Federais e Senadores, não se há de cogitar da audiência de custódia, porquanto a análise do auto respectivo, pela Câmara dos Deputados ou pelo Senado Federal, já produz este mesmo efeito.

O mesmo raciocínio, seja dito, aplica-se nos casos de prisão em flagrante de magistrados, na medida em que o artigo 33, inciso II, da Lei

Orgânica da Magistratura Nacional (Lei Complementar 35/79), estabelece como prerrogativa dos juízes não serem presos, exceto por ordem escrita do Tribunal ou do Órgão Especial competente para o seu julgamento, salvo nos casos de prisão em flagrante por crime inafiançável, hipótese em que "a autoridade fará imediata comunicação e apresentação do magistrado ao Presidente do Tribunal a que esteja vinculado".

A Resolução, finalmente, não tem força para afastar a disposição específica do Código Eleitoral brasileiro, em cujo artigo 236, § 2º, já se fazia determinar que "ocorrendo qualquer prisão", evidentemente por crimes eleitorais, o preso "será imediatamente conduzido à presença do juiz competente", que, neste caso, é o magistrado eleitoral, o qual "se verificar a ilegalidade da detenção a relaxará e promoverá a responsabilidade do coator".

16. Pessoas presas antes da implantação da audiência de custódia

Em seu artigo 15, parágrafo único, a Resolução pretende assegurar às pessoas presas antes da implantação da audiência de custódia, a apresentação perante a autoridade judicial, acaso ainda não tenham comparecido a alguma outra audiência. Para tanto, aduz que isso dar-se-á "no mesmo prazo", o que evidentemente convoca o prazo de noventa dias, previsto no *caput*, para a implantação das audiências. Noutros termos, mais simples agora, o que o dispositivo fixa é a necessidade de apresentação ao juiz dos presos em flagrante cujos processos não tenham produzido a realização de nenhuma audiência.

Nas hipóteses em que alguma audiência já se tenha realizado, ter-se-á como suplantada a ausência da audiência de custódia. É de se notar que a previsão normativa não aborda a situação dos presos por decorrência de mandado judicial, para os quais, embora noutro momento ressalte a necessidade da audiência, fica a solenidade afastada até sua efetiva implantação. Não está clara, também, a determinação de competência para as audiências a serem realizadas nessa hipótese. Pois, sabidamente, algumas capitais contam com Serviços de Plantão, ou Departamentos definidos para atuação nos casos de flagrante delito, sendo que, potencialmente, na situação aqui analisada os autos já terão sido distribuídos às Varas específicas.

Destarte, serão os juízes respectivos, aparentemente, os que deverão conduzir a audiência de apresentação, pela simples razão de que já sob a sua jurisdição se encontram o Inquérito Policial ou os autos do processo.

17. Cumprimento da Resolução e seu acompanhamento

O acompanhamento a ser realizado pelo Departamento de Monitoramento e Fiscalização do Sistema Carcerário e Execução das Medidas Socioeducativas, na forma erigida pelo artigo 16 da Resolução, há de ser efetivo, para que se cumpram os intentos da audiência de custódia. Seguramente, a estrutura burocrática e a demanda de pessoal, para o atendimento cabal da resolução, implicarão gastos públicos relevantes, e apenas um virtual sucesso da medida a tornará justificável, superando, assim, os efeitos de um concreto *marketing* positivo que notavelmente vem sendo desenvolvido num plano institucional. Isto significa, antes de tudo, que a declarada minimização da alcunhada violência policial deve se fazer concreta.

Para tanto, a sugestão de Protocolos de atuação, por parte das polícias, associada à necessidade de formalização de seus diversos atos, como buscas pessoais e em residências, por exemplo, permitirão um controle posterior à legalidade dos atos coativos, os quais, atualmente, em termos empíricos, redundam meramente nos depoimentos prestados em Juízo. Além disso, caberia maior integração dos magistrados que realizarão as audiências de custódia com os Juizados de Execução Penal e com a Administração Penitenciária, para aquelas hipóteses em que, convertido que seja o flagrante em preventiva, se possa definir com maior correção em que estabelecimento prisional será alocado o preso, dando-se ênfase à necessária separação entre aqueles detidos cautelarmente e os já definitivamente condenados.

Finalmente, e já agora mesmo nas hipóteses de concessão de liberdade provisória ao flagrado, certas medidas assistenciais, como encaminhamento a instituições de tratamento da drogadição ou alcoolismo, podem ser tomadas na audiência, em benefício do sujeito preso em flagrante. De maneira que, onde for possível, o incremento do pessoal técnico, e a presença eventual de psicólogo ou assistente social, convergiriam em favor de uma minimização dos fatores que deram seu contributo à prática delitiva.

18. Questões estatísticas

A determinação para a realização das audiências de custódia, com todas as implicações de ordem material que encerra e os virtuais consectários para o âmbito dos processos criminais, induvidosamente conta com uma razão de fundo, de resto louvável, no sentido de reduzirem-se os índices de encarceramento no Brasil, máxime aqueles relacionados à prisão cautelar. É, contudo, necessário esclarecer que os números comumente apregoados, de que ao redor de 40% de presos que são provisórios, padecem de imprecisão. Isto porque, para o quadro brasileiro, são considerados presos provisórios todos aqueles que se encontram encarcerados, sem que a condenação tenha se tornado imutável.

Ora, neste universo há incontável contingente de indivíduos já sentenciados em primeiro grau de jurisdição, e com apelação interposta ainda pendente de análise, e ainda, mesmo outros que, condenados em primeira e segunda instâncias, ainda estão a discutir as respectivas decisões em Tribunais Superiores. A circunstância de nenhum país civilizado do mundo franquear quatro instâncias de julgamento criminal, como temos no Brasil, eleva, *tout court*, a abrangência daqueles que, por aqui, enquadram-se no conceito de "presos provisórios".

19. Questões estatísticas (II)

Seja como for, evidentemente que a redução nos índices de encarceramento é medida de bom alvitre. A Lei 12.403/11, aliás, já se fez editar com este intento, ampliando expressivamente o catálogo de medidas cautelares, que, assim, destinar-se-iam a substituir decretações de prisão preventiva. O tempo está a demonstrar que essa legislação não produziu melhores efeitos.

Para além de que as razões pelas quais a criminalidade se fomenta não estejam sendo combatidas, o completo descaso quanto à fiscalização das medidas cautelares impostas dá, também, seu contributo, para a fragilização do sistema criminal e a consequente debilidade dos mecanismos de contenção. Cremos que o mesmo haverá de suceder com as audiências de custódia, se bem que devamos registrar que nossa torcida é para que estejamos em equívoco. Nosso ceticismo, o evoluir da nova experiência o avaliará. Já há dados, todavia.

Em pesquisa realizada na Bahia, e que resultou em texto,[13] PRADO assinala que, em Salvador, a "audiência de custódia não representou uma redução do encarceramento cautelar", de sorte que, em suas palavras: "as audiências de custódia não têm surtido efeito significativo nem quanto ao percentual de conversão do flagrante em preventiva, nem quanto ao reconhecimento da ilegalidade da prisão em flagrante".

[13] PRADO, Daniel Nircory do. *Audiência de custódia em Salvador: pesquisa empírica participante em seu primeiro mês de implantação*. Boletim do IBCCrim, ano 23, n. 276, novembro de 2015, p. 02-3.

20. Questões estatísticas (III)

No Estado do Rio Grande do Sul, até a edição da Resolução 213, as audiências de custódia estavam a se realizar somente em Porto Alegre, e, em desobediência ao Pacto de San José, tais solenidades não abrangiam todos aqueles que fossem detidos em flagrante delito; é que, após a remessa do auto de prisão em flagrante, para o Serviço de Plantão, apenas nos casos de homologação e conversão em prisão preventiva é que o mesmo magistrado, já no dia seguinte, deveria realizar a audiência de custódia.[14]

Isso posto, os números coletados pela Brigada Militar gaúcha surpreendem. Por exemplo: em agosto de 2015, foram realizadas 177 audiências de custódia, com 48 concessões de liberdade e 129 decretações de prisão preventiva. A progressiva queda no número de liberações, e o progressivo aumento dos casos de decretação de prisão preventiva, fizeram com que, em dezembro de 2015, das 221 audiências de custódia, 204 tenham revelado situação de decretação da prisão preventiva e somente 17 tenham implicado na concessão de liberdade provisória.

Para que tenhamos uma ideia em termos percentuais, é possível dizer que em agosto de 2015 cerca de 27% das audiências de custódia resultaram na liberação do flagrado, ao passo que em dezembro de 2015 este percentual girou ao redor de 7,6%, numa curva que foi sempre descendente.

21. Questões estatísticas (IV)

Os números do Estado de São Paulo apresentam situação equivalente. Em São Paulo, todavia, diversamente do que estava ocorrendo no Rio Grande do Sul, não se faz uma análise prévia do auto de prisão em flagrante, em ordem a que somente seja realizada a audiência de custódia para aqueles que não foram liberados.

Se, por exemplo, em março de 2015, das 574 audiências de custódia realizadas na capital houve 318 conversões da prisão em flagrante em preventiva, o que representa 55%, no mês de setembro de 2015, das 1823 audiências realizadas, 1023 resultaram em decretos de prisão, o que significa cerca de 56%. Ou seja, o número de conversões de prisão em flagrante em preventiva em nenhum momento diminuiu. Ao con-

[14] Portanto, no Rio Grande do Sul, estava-se a descumprir, outrossim, a Resolução 71 do Conselho Nacional de Justiça, que estabelece, de maneira inequívoca, que o Serviço de Plantão tem a sua atuação adstrita aos dias em que não houver expediente forense e, nos dias úteis, apenas nos horários que precedem ou se dão depois de terminado o expediente normal. Sobre essa questão, de modo similar, Cf. ANDRADE; ALFLEN. *Audiência de custódia...*, p. 83.

trário, e a análise das estatísticas paulistas em detalhe bem o revela, o que tem havido, isto sim, é uma elevação na imposição de medidas cautelares, naqueles casos em que a liberdade provisória é concedida.

Apenas a título de exemplo, em março de 2015, o número de liberações sem fiança ou qualquer cautelar foi de 17 – com 574 audiências realizadas –, ao passo que em setembro, ainda que com 1823 audiências realizadas, o número de liberações incondicionadas, sem fixação de cautelares, foi de apenas 7.[15] Numa relação de custos e benefícios, consideradas todas as dificuldades – normativas, pragmáticas e mesmo financeiras – para a sua efetiva implantação, a audiência de custódia ainda não mostrou a que veio.

Bibliografia

ALVES, Alaôr Caffé. *Lógica*: pensamento formal e argumentação. Elementos para o discurso jurídico. São Paulo: Quartier Latin, 2011.

ANDRADE, Mauro Fonseca; ALFLEN, Pablo Rodrigo. *Audiência de custódia no processo penal brasileiro*. Porto Alegre: Livraria do Advogado, 2016.

BANDEIRA DE MELLO, Celso Antônio. *Curso de Direito Administrativo*. São Paulo: Malheiros, 2002.

CANOTILHO, J. J. Gomes. *Direito Constitucional e Teoria da Constituição*. Coimbra: Almedina, 2003.

FACCINI NETO, Orlando. *Relações entre o constitucionalismo contemporâneo e o Direito Penal: um estudo a partir do bem jurídico*. In: O bem jurídico-penal: duas visões sobre a legitimação do Direito Penal a partir da teoria do bem jurídico. André Mauro Lacerda Azevedo; Orlando Faccini Neto (Org.). Porto Alegre: Livraria do Advogado, 2013.

GASPARINI, Diógenes. *Direito Administrativo*. São Paulo: Saraiva, 1995.

PRADO, Daniel Nircory do. Audiência de custódia em Salvador: pesquisa empírica participante em seu primeiro mês de implantação. *Boletim do IBCCrim*, ano 23, n. 276, novembro de 2015.

[15] A notícia veiculada no sítio do Conselho Nacional de Justiça, sob a manchete de que: "Audiência de custódia evita mais de 6 mil prisões desnecessárias", simplesmente precisa ser cotejadas com os dados aqui enunciados. Provavelmente, o caráter propagandístico da matéria tenha apresentado os números de pessoas que foram liberadas neste período, mas que provavelmente o seriam em patamar totalmente equivalente, consoante o modelo de análise da prisão em flagrante pelos juízes, sem que a audiência se tivesse realizado. A economia de custos, referida na matéria, precisa ser comparada com os custos da implantação das audiências, à vista, agora sim, do incremento ou não, e até agora não constatado efetivamente, da redução do número de prisões por conta da apresentação do preso ao juiz. A notícia aqui referida se encontra em: http://www.cnj.jus.br/noticias/cnj/80470-audiencia-de-custodia-evita-mais-de-6-mil-prisoes-desnecessarias.

Impressão:
Evangraf
Rua Waldomiro Schapke, 77 - POA/RS
Fone: (51) 3336.2466 - (51) 3336.0422
E-mail: evangraf.adm@terra.com.br